金融機関のための
不祥事件対策
実務必携

甘粕　潔
宇佐美 豊
川西 拓人
吉田 孝司

［編著］

一般社団法人 金融財政事情研究会

はしがき

　本書は、銀行、協同組織金融機関等において発生する不正・不祥事件について、法令・犯罪心理・内部監査といったさまざまな面から検討を加え、想定される問題点等について実務担当者の方々により深くご理解いただくために、一問一答形式で解説したものです。

　金融機関にとって、不正・不祥事件は組織の存続にかかわる重大なリスクであることはいうまでもありません。しかし、それにもかかわらず、不正・不祥事件リスクへの対策について体系的に解説した書籍等は少なく、あったとしても情報が古かったり、必要な情報を十分に得られなかったりと、ご苦労をなさっている方も多いのではないでしょうか。

　こうした点をふまえ、本書では、金融機関における不正・不祥事件について現状考えられるあらゆる問題点について、金融実務に通じた弁護士、内部監査の専門家でもある金融実務家、公認不正検査士協会（Association of Certified Fraud Examiners, ACFE）が認定する国際資格、公認不正検査士（CFE）の資格保有者が、これまでの経験等をふまえ、実務担当者が直面する課題、初任者が陥りやすい問題等についてわかりやすく解説いたしました。

　全106問のQ&Aで、実務に即したテーマを設定していますので、不正・不祥事件対策に深く関係する内部監査部門、コンプライアンス統括部門、人事部門、事務部門の方々はもちろん、金融業務に携わるすべての方々に幅広くご活用いだけるものと確信しております。

　金融機関にとって、不正・不祥事件は永遠の課題といえるでしょう。これまでも、さまざまな対策等が実施されてきましたが、不正・不祥事件はなくなりません。それはなぜか。どうすればより有効な対策を講じ

られるのか。本書がその答えにたどり着くための一助になれば幸いです。

　また、本書の校正作業が終了した後、2017年1月10日に銀行法施行規則の改正案が金融庁より公表され、不祥事件の定義に変更が生じることが見込まれています。その影響について本書では触れられていない点にはご留意ください。

　なお、本書の内容は執筆者が現在所属する組織、過去に所属した組織の見解ではなく、筆者の個人的見解であり、その内容に係る責任はすべて執筆者各自が負うものであることをお断りしておきます。

　最後になりましたが、各執筆者の日々の業務をサポートしていただいている皆さまのご協力に感謝申し上げます。また、企画から執筆までつど適切な助言と励ましをいただきました金融財政事情研究会出版部の田島正一郎氏、池田知弘氏には大変お世話になりました。

　この場を借りて、厚く御礼申し上げます。

2017年1月

筆者一同

【編著者紹介】

甘粕　潔（あまかす　きよし）

公認不正検査士（CFE）
昭和63年東京外国語大学卒。平成7年米国デューク大学経営大学院修了（MBA）。昭和63年横浜銀行に入行し、国内外支店、人事部等を歴任。平成15年株式会社ディー・クエスト取締役に就任し、組織のコンプライアンス体制強化支援事業を統括。平成19年同社と米国公認不正検査士協会（ACFE）とのライセンス契約に基づき設立された日本公認不正検査士協会の専務理事に就任し、日本におけるCFE資格の普及活動に従事。平成22年コンサルタントとして独立。現在、株式会社メンバーズ社外監査役、株式会社アルプス技研コンプライアンス委員会委員、研修講師等を務める。

宇佐美　豊（うさみ　ゆたか）

金融監査コンプライアンス研究所代表・公認不正検査士（CFE）
昭和61年明治大学経営学部卒。同年東海銀行（現三菱東京UFJ銀行）入行、国内営業店勤務の後、融資第二部、融資管理部、資産監査部、業務監査部各調査役、UFJ銀行内部監査部調査役、三菱東京UFJ銀行監査部業務監査室上席調査役を経て、平成18年3月退職。同年十六銀行入行、リスク統括部、コンプライアンス統括部各主任調査役、コンプライアンス統括部法務室長、十六総合研究所部長主席研究員（エグゼクティブフェロー）を歴任。平成28年9月から現職。
著書・論稿として、「よくわかる金融機関の不祥事件対策」（共著）、「金融検査事例集の解説」（共著、いずれも金融財政事情研究会）ほか多数。

川西　拓人（かわにし　たくと）

のぞみ総合法律事務所・弁護士
平成14年京都大学法学部卒業、平成15年弁護士法人御堂筋法律事務所入所、平成20年金融庁検査局出向（金融証券検査官、専門検査官）、平成22年弁護士法人御堂筋法律事務所東京事務所復帰、平成27年よりのぞみ総合法律事務所、金融庁検査局では金融検査における金融機関の不祥事件防止態勢の検証等の業務に従事、現在は金融機関のコンプライアンスに関する業務を主として取り組むとともに、銀行、証券会社、J-REIT資産運用会社等のコンプライアンス委員等を務める。
著書として、「金融検査事例集の解説」（共著、金融財政事情研究会）、「日常業務のコンプライアンス」（共著、全国地方銀行協会）など。

吉田　孝司（よしだ　たかし）

みなと銀行監査部次長
昭和57年関西学院大学商学部卒。同年兵庫相互銀行（現みなと銀行）入行。営業店勤務後、審査企画部調査役として自己査定を担当。その後営業店支店長を経験後、企画部・リスク統括部各主任調査役としてJ-SOXのプロジェクト責任者を務め、平成21年7月より現職。公認内部監査人（CIA）資格を取得。

目　次

第Ⅰ編　不祥事件に関する基礎知識

- Q1　不祥事件とは。不祥事、不正の関連は……………… 3
- Q2　不祥事件の発生状況…………………………………… 8
- Q3　不祥事件の重大性……………………………………… 12
- Q4　不祥事件の発生原因と根絶…………………………… 16
- Q5　不祥事件の発生原因の分析…………………………… 21
- Q6　不正防止と「倫理観」………………………………… 27
- Q7　横領防止と性善説・性悪説…………………………… 33
- Q8　不祥事件防止の要点…………………………………… 38
- Q9　不正リスクの管理……………………………………… 44
- Q10　不祥事件と内部統制の関連…………………………… 51
- Q11　不祥事件対策に関連する資格………………………… 58

第Ⅱ編　不祥事件に関する法令・ルール

- Q12　銀行法における不祥事件……………………………… 67
- Q13　不祥事件（金員の着服等）における刑罰…………… 72
- Q14　不祥事件（金員の着服以外）における刑罰………… 77
- Q15　不祥事件への対応……………………………………… 81
- Q16　浮貸し………………………………………………… 89
- Q17　反社会的勢力対応に関連する不祥事………………… 96
- Q18　顧客情報漏洩等に関する不祥事……………………… 106

Q19	インサイダー取引	112
Q20	行政処分の基準	117
Q21	不祥事件（金員の着服等）に係る行政処分の実例	122
Q22	不祥事件届出義務	126
Q23	金融検査等への対応	131
Q24	内部通報・外部通報	136

第Ⅲ編　最近の金融機関の不祥事件の傾向

Q25	近年の不祥事件の特徴	143
Q26	横領事件の特徴	146
Q27	詐欺事件の特徴	149
Q28	浮貸しの特徴	152
Q29	バスケット条項に該当する不祥事件の特徴	155
Q30	投資信託販売に関係する不祥事件の特徴	159
Q31	保険販売に関係する不祥事件の特徴	162
Q32	階層別にみた不祥事件の特徴	167
Q33	経営陣による不祥事件の特徴	170
Q34	担当係別にみた不祥事件の特徴	172
Q35	パートタイマーによる不祥事件の特徴	175
Q36	技術革新と不祥事件	178
Q37	業態別にみた不祥事件の特徴	180
Q38	本部における不祥事件の特徴	182
Q39	子会社・関係会社の不祥事の特徴	186

第Ⅳ編 本部各部門と営業店職員の役割

- Q40 支店長に求められる対応………………………………… 191
- Q41 支店の職員に求められる対応…………………………… 194
- Q42 内部監査部門に求められる対応………………………… 196
- Q43 人事部門に求められる対応……………………………… 199
- Q44 コンプライアンス統括部門に求められる対応………… 201
- Q45 事務部門に求められる対応……………………………… 204
- Q46 広報部門に求められる対応……………………………… 207
- Q47 営業部門に求められる対応……………………………… 209
- Q48 経営陣に求められる対応………………………………… 211
- Q49 社外取締役、非常勤理事への報告……………………… 215
- Q50 不祥事件に係る苦情対応………………………………… 217

第Ⅴ編 不祥事件への対応

第1章 不祥事件の未然防止・事前抑止

- Q51 未然防止と事前抑止の違い……………………………… 222
- Q52 窓口業務・後方業務での不祥事件と未然防止………… 226
- Q53 出納業務での不祥事件と未然防止……………………… 232
- Q54 ATMでの不祥事件と未然防止…………………………… 236
- Q55 融資業務での不祥事件と未然防止……………………… 241
- Q56 公金業務での不祥事件と未然防止……………………… 247
- Q57 渉外業務での不祥事件と未然防止①…………………… 252
- Q58 渉外業務での不祥事件と未然防止②…………………… 259

Q59 その他の営業店業務での不祥事件と未然防止………………… 265
Q60 本部業務および子会社での不祥事件と未然防止…………… 270
Q61 システム業務での不祥事件と未然防止……………………… 277
Q62 各種センター業務での不祥事件と未然防止………………… 282
Q63 人事ローテーションと職場離脱……………………………… 289
Q64 福利厚生とカウンセリング…………………………………… 294
Q65 他の金融機関・他業態の事例の活用………………………… 297
Q66 未然防止策のモニタリング…………………………………… 300
Q67 未然防止策の見直し…………………………………………… 303
Q68 抜打ちでのチェックの有効性………………………………… 307
Q69 コンプライアンス教育………………………………………… 310
Q70 事前抑止としての罰則強化…………………………………… 315
Q71 未然防止・事前抑止としてのコミュニケーション強化…… 318
Q72 行員の預金口座のモニタリング……………………………… 322

第2章 不祥事件の早期発見

Q73 不正発覚のきっかけ…………………………………………… 328
Q74 不正への対応と「懐疑心」…………………………………… 334
Q75 不正の兆候……………………………………………………… 339
Q76 横領事件（不正）を行っている職員の行動特性…………… 345
Q77 横領事件（不正）を行っている外交・営業・渉外担当職員の行動特性………………………………………………… 348
Q78 横領事件（不正）を行っている融資担当職員の行動特性…… 350
Q79 横領事件（不正）を行っている窓口・預金・為替担当職員の行動特性………………………………………………… 352

Q80	横領事件（不正）を行っている支店長・管理職職員の行動特性	354
Q81	横領事件（不正）を行っている本部職員の行動特性	356
Q82	不祥事件の早期発見	359
Q83	内部通報制度の活用	365
Q84	苦情対応と不正の早期発見	372
Q85	管理帳票等による不祥事件の早期発見	377
Q86	自店検査による不祥事件の早期発見	381

第3章　不祥事件発生・発覚時の対応

Q87	不祥事件発生時の初動対応（営業店）	388
Q88	不祥事件発生時の初動対応（本部）	394
Q89	不祥事件の調査①：留意事項	400
Q90	不祥事件の調査②：ヒアリング	409
Q91	調査の留意点	418
Q92	不祥事件の相手先への対応	427
Q93	不祥事件の外部への公表の対応	429
Q94	人事処分	433
Q95	刑事・民事上の責任追及	439

第4章　不祥事件の再発防止

Q96	不祥事件の再発防止	446
Q97	再発防止に向けた内部管理態勢の強化	451
Q98	再発防止に向けた経営者の役割	458
Q99	再発防止に向けた本部各部の役割	463
Q100	再発防止に向けた営業店の役割	469

Q101	再発防止に向けた研修の実施	476
Q102	「金融検査結果事例集」から得られる教訓	482
Q103	渉外業務における再発防止のポイント	489
Q104	融資業務における再発防止のポイント	492
Q105	預金・出納業務における再発防止のポイント	495
Q106	個人情報漏洩・紛失の再発防止のポイント	498

第 I 編

不祥事件に関する基礎知識

Q1 不祥事件とは。不祥事、不正の関連は

設問

不祥事件とは何ですか。不祥事や不正とはどう違うのでしょうか。

ポイント　不祥事件は、銀行法、保険業法などのいわゆる業法において定義された法律用語です（詳しくはQ12を参照してください）。不祥事は「関係者にとって好ましくない出来事」全般を意味する言葉です。したがって、不祥事は不祥事件よりも広い概念であり、不祥事件は、金融機関の業務に関連して発生する特に重大な不祥事として法律で定められたものといえます。一方、不正とは、個人や組織が、不当な利益を得るために法令等に意図的に違反する行為をいい、横領やデータ偽装、贈収賄などがその典型です。いうまでもなく、役職員による不正はすべて不祥事に該当し、不正が業務において行われた場合には、基本的に不祥事件に該当します。

1　定　義

　不祥事件、不祥事、不正という3つの言葉は、それぞれ金融機関にとって「よくない」出来事であり、共通の概念が含まれていますが、まったく同じではありません。大まかに整理すると、不祥事が最も広範な事象を含む定義で、不祥事件、不正となるにつれて、意味合いが限定的に

なるといえます。それぞれの言葉の定義と関連を解説します。

2 不祥事

　広辞苑によれば、不祥事とは「関係者にとって不名誉で好ましくない事柄・事件」と定義されます。キーワードは「関係者」です。では、金融機関（で働く役職員）にとって、関係者とはだれを指すでしょうか。それはステークホルダー、すなわち利害関係者となります。

　金融機関が業務において配慮すべきステークホルダーには、お客さま（より広くはご利用者）、株主・出資者、外部委託先等のお取引先、地域住民、職員など多岐にわたります。ですから、極論すれば、これらステークホルダーのいずれかが「好ましくない」と感じてしまうようなことを金融機関の役職員が行えば、それらはすべて不祥事になるのです。たとえば、ご利用者からの苦情は、金融機関の対応をその方が「好ましくない」と感じたために生じるものですから、基本的に不祥事として受け止め、改善に向けて誠実に努力しなければなりません。

　広辞苑の定義をふまえると、関係者に対する感度が鈍かったり、関係者を狭く、自己中心的にとらえてしまったりする人や組織は、不祥事を起こしやすくなるといえるでしょう。不都合な事実やデータの改ざんや隠蔽という行為は、まさにステークホルダーを無視した自己中心的な行動ですし、お客さまのニーズを無視して自分たちが売りたい商品を売りつけようとする行為も不祥事を引き起こしがちです。

3 不祥事件

 「不祥事」に1文字追加されただけですが、不祥事件という用語は、銀行法、信用金庫法、保険業法などのいわゆる業法で定義されている法律用語です。詳細は**Q12**で解説しますが、たとえば、銀行法施行規則では、35条8項において、業務遂行に際しての役職員による詐欺、横領、背任その他の犯罪行為、100万円以上の現金・小切手等の過不足などが不祥事件として定義されています。

 不祥事と比較すると、不祥事件に該当する事象は限定的になります。たとえば、金融機関職員が退社後に酔っ払って暴力行為や痴漢行為に及んだとしましょう。そのような行為は、被害者の方はもちろん、行為者本人、双方の家族、勤務先の金融機関にとって「不名誉で好ましくない事柄」ですから、当然不祥事に該当し、刑事事件に発展する可能性もある重大な事象です。しかし、金融機関の業務遂行に関連するものではないため、業法が定める不祥事件として監督官庁に届け出る事象には該当しない可能性が高いといえます。

 つまり、不祥事件は、各業法において定義された、金融機関の業務に関連して生じる重大な不祥事と位置づけることができるでしょう。

4 不　正

 不正を広辞苑で引くと「ただしくないこと。正義でないこと。よこしまなこと」と定義されていますが、これでは漠然としていますので、企業における不祥事との関連で考えてみましょう。公認会計士のための実

務指針として、日本公認会計士協会が定めている監査基準委員会報告240「財務諸表監査における不正」は、不正を「不当又は違法な利益を得るために他者を欺く行為を伴う経営者、取締役等、監査役等、従業員又は第三者による意図的な行為」と定義しています。不正を特徴づけるのは「不当利得のために、意図的に他者を欺く」という点であり、意図的な虚偽の説明によりお客さまを欺いて契約を獲得する行為や、お客さまから集金した現金を横領する行為、データを改ざんして不都合な事実を隠蔽する行為などがその典型です。

たとえば「事務ミスによる現金100万円の紛失」も「集金現金100万円の横領」も不祥事件に該当し、100万円の不足が生じるという点では同じ事象ですが、2つの事象には、意図的な（悪意をもった）行為であるかどうかという点において決定的な違いがあります。したがって、事務ミスによる100万円の紛失は、不祥事件には該当しますが、悪意によるものではないため不正行為には該当しません。一方、集金現金の横領は、不当利得のためにお客さまを欺く典型的な不正行為であり、多くのステークホルダーに損害を及ぼすという点で業務上の重大な不祥事に該当し、金額の多寡にかかわらず不祥事件として届出が義務づけられる行為でもあります。

あらためてまとめると、「不祥事件」とは、銀行法等の各業法において明確に定義された、金融機関の役職員が業務遂行に絡んで引き起こす事故・事件で、当局への届出や是正措置の策定・実施が義務づけられるものです。「不祥事」は、関係者（ステークホルダー）にとって好ましくない事象全般を指す言葉であり、「不正」とは、行為者が不当に利益を得たり損失を回避したりするために、関係者を欺いて意図的に引き起こす事象を指します。

図に示したとおり、3つの言葉のなかでは「不祥事」が最も広い概念

図 不祥事件、不祥事、不正の関連

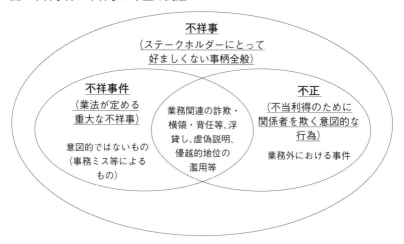

であり、不祥事件も不正もすべて不祥事に該当します。一方、不祥事件と不正には共通点はありますが、意図的に引き起こされた事件かどうか、金融機関の業務遂行に関連するかどうかなどにより、分類されます。

大切なことは、最も広い概念である不祥事の定義における「関係者」すなわち、お客さま、ご利用者、株主・出資者、職員、さらには社会の人々などのステークホルダーを幅広く見据えて、ステークホルダーにとって好ましくない事態を起こさないよう、役職員一人ひとりが常に誠実な行動を心がけることです。そのうえで、残念ながらそのような事態が生じてしまった場合には、不祥事件に該当するか否かにかかわらず、迅速かつ公正に是正措置を講じることができる態勢を築くことが必要です。

(甘粕　潔)

Q2 不祥事件の発生状況

設問

金融機関では、年間どのくらいの不祥事件が起きているのでしょうか。

ポイント 金融機関において不祥事件が発生すると、当該金融機関は、銀行法等の定めにより監督官庁に届け出なければなりません（詳細はQ22等を参照してください）。しかし、監督官庁は不祥事件の届出件数や内容を公表しません。また、金融機関にも不祥事件を公表することは義務づけられていないため、公開情報から年間の発生件数を正確に把握することは不可能です。ここでは、金融機関がニュースリリース等により公表している不祥事件（主として詐欺・横領等の犯罪行為）をもとに、発生状況を概観します。

1 不祥事件の全容把握は困難

銀行法その他の各業法の定めにより、役職員等による不祥事件が発生した金融機関は、その事実を把握してから30日以内に監督官庁に届け出る義務があります。したがって、金融機関による不祥事件の届出件数がわかれば、届出もれや隠蔽がない限り、発生件数を正確に把握することができるでしょう。

しかし、監督官庁は、各金融機関から届け出られた不祥事件の件数や

内容を公表していません。また、金融機関には不祥事件の届出義務は課せられていますが、事件の内容を公表するかどうかは、基本的に金融機関の判断によります。そのため、公表されている情報からだけでは不祥事件の発生件数を確認することはできません。

実態としては、詐欺・横領・背任等の犯罪行為および出資法違反（浮貸し）による不祥事件は、そのほとんどが当該金融機関のニュースリリースや記者会見により公表されていると考えられます。一方、紛失や盗難による100万円以上の現金等の過不足については、通常は公表されません。

2 公開情報からの件数把握

そこで、平成23～27年の5年間に公表された、金融機関の役職員による横領等の犯罪行為の件数をみることにより、最近の不祥事件の動向を概観してみましょう。金融総合専門紙ニッキンの取りまとめによると、金融機関（銀行、信用金庫、信用組合、労働金庫、JAバンク、証券会社、保険会社、郵便局）が公表した横領等の内部事件の件数（暦年ベース）は表1のとおり推移しています。

年間の公表件数は、平成23年の78件から平成26年には37件へとほぼ半減しており、内部管理態勢強化への取組みの効果が表れているとも考え

表1　横領等の内部事件の件数

年	平成23年	平成24年	平成25年	平成26年	平成27年
件数	78	75	62	37	46

（出所）　ニッキンが毎年8月、12月に掲載している事件特集から筆者が集計（金融機関の子会社、代理店等で発生した事件を含む）

られます。しかし、平成27年は増加に転じており、横領・着服による不祥事件のリスクは、金融機関にとって継続的に取り組むべき重要な課題の1つであることに変わりはありません（ちなみに、筆者の集計によると、平成28年1～10月に公表された横領等の内部事件は32件です）。

また、最近2年間の公表件数を業態別にみると、表2のとおりとなっています。

上述のとおり、現金等の過不足事故については基本的に公表されないため、その件数を推測するのは困難ですが、いわゆるバスケット条項（その他、金融機関の業務の健全かつ適切な運営に支障をきたす行為またはそのおそれがある行為、**Q12**参照）に基づく不祥事件に該当しうる顧客情報の紛失・漏洩については、ニュースリリース等により公表される場合が少なくありません。そこで、参考までに、情報セキュリティ関連のニュースメディアSecurity NEXTがまとめている「個人情報漏洩事件・事故一覧」に平成27年に掲載された、金融機関（子会社、代理店等を含む）における顧客情報の紛失・漏洩の件数を業態別に集計したものを表3に示します。

表2 業態別にみた横領等の内部事件の件数

	銀行	信用金庫	信用組合	労働金庫	JA	その他	合計
平成26年	10	8	5	1	12	1	37
平成27年	14	10	7	0	10	5	46

（出所） 図表1と同じ

表3 業態別にみた顧客情報の紛失・漏洩の件数（平成27年）

銀行	信用金庫	信用組合	労働金庫	JA	証券	保険	合計
14	7	1	2	1	1	5	31

（出所） Security NEXT（http://www.security-next.com/category/cat191/cat25）

あくまで概算ですが、これらの数値より平成27年の不祥事件は46件（横領等）＋31件（顧客情報の紛失・漏洩）＋ a（100万円以上の現金等の過不足の発生件数）くらいのレベルと推定することができるでしょう。なお、顧客情報の紛失・漏洩については、それらがすべて不祥事件として届け出られているとは限らないという点に留意する必要があります。

（甘粕　潔）

Q3 不祥事件の重大性

設問
不祥事件の重大性をどのように理解すればいいでしょうか。

ポイント 不祥事件は、お客さまをはじめとするステークホルダー（利害関係者）に損害をもたらし、金融機関の生命線である「信用」を失墜させる事態を招きます。また、不祥事件が発生した金融機関においては、被害を受けた方へのお詫び、損害金の補償、事実究明のための調査、再発防止策の策定・実施など、時間的、金銭的に多大なコストが生じます。さらに、横領等の犯罪行為をした者は、懲戒解雇等の処分を受けることはもちろん、刑事責任を問われる可能性もあり、自分のキャリアを台無しにするだけでなく、家族の人生をも狂わせてしまいます。

1 不祥事件による悪影響

不祥事件は、金融機関における不祥事のなかでも特に深刻なものであり、その重大性は次の3つの観点から強調することができます。

(1) ステークホルダーへの不利益発生およびそれによる金融機関の信用失墜

不祥事件の重大性は、何よりもまず、お客さまをはじめとする大切な

ステークホルダーに不利益をもたらし、金融機関の存立基盤である「ステークホルダーからの信用」を揺るがすという点にあります。事務ミスによる現金等の過不足、集金現金の横領、大量の顧客情報の紛失・漏洩など、いずれの不祥事件も、被害者に対しては金銭的被害や精神的苦痛などを生じさせ、他のステークホルダーにも不安感や不信感を与えます。特に、不祥事件を相次いで起こした金融機関は、監督官庁から業務改善命令等の処分を受け、ステークホルダーの不信感はさらに高まるでしょう。その結果、取引の解約や縮小などが相次ぎ、最悪は経営に行き詰まってしまうおそれもあります。そうなれば、何万人、何十万人というお客さまにご迷惑をかけることになるのです。

(2) 金融機関の組織風土悪化および職員のモチベーション低下

1件の不祥事件で経営が破綻するというのは大げさかもしれません。しかし、不祥事件を起こした金融機関には、被害者へのお詫び、損害金の補償、お客さまからの苦情や照会への対応、紛失・盗難物の捜索、事実究明のための調査、事故者の処分、訴訟対応、再発防止策の策定・実施などのさまざまな対応が「待ったなし」で求められ、時間的、金銭的に多大なコストが生じます。さらに、そうした対応を迫られるなかで、職員は心身ともに疲弊し、仕事へのモチベーションや組織に対するロイヤルティが低下するなど、組織内部の活力も徐々に奪われてしまうでしょう。そのような組織風土の悪化が、金融機関の競争力低下に拍車をかけるという悪循環に陥るおそれがあります。

(3) 事故者本人およびその関係者への悪影響

そして、当然のことながら、不祥事件はそれを起こした本人（事故

者）にも不名誉で好ましくない事態をもたらします。軽微なミスであれば、その場で注意を受ける程度ですむかもしれませんが、不祥事件に該当するような重大な問題を起こした事故者には、なんらかの懲戒処分が下されます。特に、詐欺・横領・背任等の犯罪行為をしてしまった者は、まず間違いなく懲戒解雇処分を受け、それまで築いてきた金融機関職員としてのキャリアを台無しにしてしまいます。行為の悪質性が高ければ、事故者は告訴・告発を受け、逮捕、起訴、有罪判決、服役と自らを奈落の底に突き落とし、その罪を一生背負い続けなければならなくなります。さらに、自分の上司も懲戒処分を受けることになりますし、愛する家族も悲しませ、肩身の狭い思いをさせるなど、さまざまな人たちの人生を狂わせてしまうのです。

2 コンプライアンスの必要性

　上記(1)～(3)の3つのポイントは、冷静に考えればだれにでもわかることでしょう。また、多くの人は、まさか自分が不祥事件を起こすことはないと思っているかもしれません。しかし、**Q2**でみたとおり、毎年多くの不祥事件が発生しているのが実態です。一人ひとりが不祥事件の重大性を十分に認識し「金融機関で働く以上、だれもが起こしてしまう可能性がある」という緊張感をもって、誠実かつ慎重に業務を遂行しなければなりません。

　各金融機関においては、倫理規範や行動基準などに「コンプライアンス（法令等遵守）を最優先せよ」「ステークホルダーに対して常に誠実であれ」という価値基準を明示し、研修等により周知徹底を繰り返して、人材評価、業績評価にも的確に反映させる必要があります。あわせて、

経営トップがあらゆる機会(年頭所感、社内報、入行式・入庫式、部店長会議など)をとらえてコンプライアンスやステークホルダーへの誠実な対応の重要性を強調するメッセージを発信するとともに、現場の管理職が日頃の言動を通じて、それらの価値基準を具現化し続けなければなりません。また、業界内の不祥事例を研修等で取り上げ、不祥事件がいかに重大な事態をもたらすかを具体的に認識する機会を設けることも大切です。

(甘粕　潔)

Q4 不祥事件の発生原因と根絶

設問

不祥事件の発生原因は何でしょうか。根絶することは可能でしょうか。

ポイント 不祥事件の原因を把握する際には、事件を起こした者（事故者）およびその関係者の人的要因に着目し、特に、事故者が意図的に起こしたものかどうかを考慮する必要があります。横領などの意図的な行為については、事故者が犯罪行為に至った動機の分析が不可欠です。また、不祥事件の発生原因を事故者の個人的な資質のみに求めるのではなく、組織としての問題（内部管理態勢の不備等）も徹底的に検証し、改善を図らなければなりません。残念ながら不祥事件を根絶することは不可能といわざるをえません。なぜならば、人間はだれでも意図せずにミスをしてしまったり、不正を犯す動機を抱いてしまったりする可能性があり、そのようなリスクを完全に除去することはできないからです。

1 オペレーショナル・リスクの観点からの原因把握

不祥事件は、金融機関の業務を取り巻くリスクの1つであるオペレーショナル・リスクが顕在化することによって起こる事象と考えることができます。金融庁の「金融検査マニュアル」では、オペレーショナル・

リスクが以下のとおり定義されています。

> オペレーショナル・リスクとは、金融機関の業務の過程、役職員の活動若しくはシステムが不適切であること又は外生的な事象により損失を被るリスク（自己資本比率の算定に含まれる分）及び金融機関自らが「オペレーショナル・リスク」と定義したリスク（自己資本比率の算定に含まれない分）をいう。

(出所)　金融庁「金融検査マニュアル（預金等受入金融機関に係る検査マニュアル）」（平成27年11月）311頁

　この定義によれば、不祥事件の主な発生原因は以下の4つの要素における不適切性にあると整理することができます。
① 金融機関の業務プロセス（事務処理の手順やチェック体制などに関する不備）
② 役職員の活動（知識・スキル、正確性、注意力、誠実性など個人の資質、役職員相互のコミュニケーションなどに起因する問題）
③ システム（サーバーダウン、誤作動などの障害）
④ 外生的な事象（外部者による盗難、システムへの不正アクセス、自然災害など）

　これらの要素の不適切性は、多くの場合、人為的な問題によって生じるといえるでしょう。まず、「業務プロセス」における不備は、業務分掌やマニュアルの策定および周知徹底に携わる部署の責任者・担当者が適切な対応をしなかったために生じます。不適切な「役職員の活動」は人為的な問題そのものですし、「システム」に係る不備もその多くはシステムの構築・運用にかかわる人々のミス等により生じます。「外生的な事象」のうち、自然災害は人知の及ばない問題ですが、その他につい

第Ⅰ編　不祥事件に関する基礎知識

ては、組織外部の人によって引き起こされる事象です。

そこで、以下においては、不祥事件を金融機関の役職員が引き起こす人為的問題ととらえて、その原因を掘り下げて考えます（内部の役職員に焦点を絞るため「外生的な事象」については割愛します）。

2 人的リスクの複合要因と根絶のむずかしさ

金融検査マニュアルは、オペレーショナル・リスクの主たる類型として、「事務リスク」を以下のとおり定義しています。

> 事務リスクとは、役職員が正確な事務を怠る、あるいは事故・不正等を起こすことにより金融機関が損失を被るリスクをいう。

この定義は、上記の要素のうち「役職員の活動」に特に着目していますが、「業務プロセス」や「システム」における不備も、基本的には役職員が業務処理手順の策定やシステムの構築・運用において適切に活動しないことによって生じる問題ですから、3つの要素を包含しているといえるでしょう。

事務リスクの定義から不祥事件の原因を整理するためのキーワードは、「怠る」および「事故・不正を起こす」です。まず「怠る」とは、広辞苑によれば「すべきことをしないでおく。おろそかにする」という行為を指しますが、人はなぜ正確な事務を怠ってしまうのでしょうか。

すぐに思い浮かぶ原因は、知識不足、スキル不足、不注意によるミス、ルール軽視など、事故者の個人的な資質の問題ではないでしょうか。「その事務処理が必要だということを知らなかった」「事務処理経験

が浅かったので間違えてしまった」「忙しくて失念してしまった」「慣れから気の緩みが生じた」「急いでいたので省略してしまった」等々、初心者からベテランまで、さまざまな理由によって人は行うべきことをおろそかにしてしまいます。ここで注意したいのは、同じ「怠る」にも意図せずに行ってしまうもの（知らなかった、失念してしまったなど）と意図的に行うもの（省略したなど）があるという点です。

　「正確な事務を怠る」原因の分析には、ヒューマンエラーの発生要因の考え方を活用することができます。詳しくは、**Q 5**において解説しますが、ヒューマンエラーの原因を究明する際に注意しなければならないのは「すべての原因を個人の資質に求めてはならない」という点です。鉄道や航空などの交通機関に係る重大インシデントの再発防止を検討するために国土交通省が組成した専門家委員会は、その答申において以下のように述べています。

> 　従来、事故やトラブルが発生するとエラーをおかした人間のみが問題視されがちであるが、有効な対策のためには、エラーの背後関係を調べ、システム全体で事故防止策を検討することが重要である。

（出所）　国土交通省「公共交通に係るヒューマンエラー事故防止対策検討委員会最終とりまとめ」（平成18年4月）

　オペレーショナル・リスクの定義に即して考えると、ヒューマンエラーの原因を徹底的に分析するためには、金融機関の業務プロセスやシステムなどが事故者個人の活動にどのような影響を及ぼしたのかを多面的に考えることにより、不祥事件の背後関係を調べることが大切です。

　一方、「事故・不正を起こす」という行為は、単に怠るのではなく、

第Ⅰ編　不祥事件に関する基礎知識

他人や組織に損害を与えると知りながら悪意をもって行うもので、その原因分析はヒューマンエラーとは異なる角度から行う必要があります。具体的には、不正行為の原因を分析する際には、悪意を抱いて不正に及ぶ「動機」を解明しなければなりません。不正行為の発生要因については「不正のトライアングル」と呼ばれる3つの要素に着目した分析手法が有名です。なお、不正行為の原因分析にあたっても、事故者本人の問題だけでなく組織の問題も究明する必要があります。

　このような原因で発生する不祥事件を根絶することはできるでしょうか。残念ながら、それは不可能といわざるをえません。なぜならば、人間はだれでもミスをしてしまったり、不正を犯す動機を抱いてしまったりする可能性があるからです。そして、組織の内部管理も人間が行う以上、どれだけ強化しても不祥事件発生のリスクをゼロにすることはできません。金融機関としては、役職員がヒューマンエラーや不正行為により不祥事件を起こしてしまう原因を十分に把握したうえで、職場風土や内部管理態勢を継続的に改善しなければなりません。

　なお、リスクの考え方として、最近は「コンダクト・リスク」という概念が重視されてきています。コンダクト・リスクには絶対的な定義はありませんが、三菱UFJフィナンシャルグループでは「法令等への不適切な対応、顧客視点の欠如などにより、公益・有効な競争・市場の健全性・顧客保護に悪影響を及ぼした結果、企業価値の毀損につながるリスク」と定義しています（三菱UFJフィナンシャルグループ「MUFG Report 2015」）。

　コンダクト（conduct）とは人の行為を意味しますから、役職員による不適切な行為が原因となって生じる不祥事件はコンダクト・リスクの最たるものといえるでしょう。

（甘粕　潔）

Q5 不祥事件の発生原因の分析

設問

不祥事件の発生原因を分析する手法としてはどのようなものがありますか。

ポイント

Q4で解説したとおり、不祥事件の発生原因は、事故者が意図的に起こしたものか否かに分けて検討する必要があります。事務ミスによる現金過不足のように、事故者が意図せずに引き起こしてしまう不祥事件については、ヒューマンエラーを誘発する要因に着目して原因を考察することができます。一方、詐欺・横領・背任などの悪意ある犯罪行為の原因分析には、犯罪学者が横領犯に関する研究に基づいて提唱した「不正のトライアングル」の仮説を活用した分析が普及しています。

「事務ミスによる現金不足」と「集金現金の横領」はどちらも現金の損失ですが、その原因は、事故者が意図的に起こしたものか否かという点で大きく異なります。事務ミスは基本的に意図せずに起こしてしまう不祥事件で、その原因はヒューマンエラー（人的なミス）を誘発する要因の多面的な検討により分析できます。

ヒューマンエラーを誘発する4つの要因

 ヒューマンエラーの原因を究明する際の留意点は、事故者本人のみに原因を求めないということです。事故者の不注意や能力不足などが一因であることは間違いありませんが、「○○さんが悪い」で終わらせてしまうと徹底的な原因究明はできません。「事故者になぜそのようなミスをさせてしまったのか」という観点から、事故者の上司や同僚に不手際はなかったか、事故者の所属部署や金融機関全体として正すべき不備はないかなどを複合的・多面的に検討する必要があります。

 では、多面的な原因分析はどのような切り口で行えばいいでしょうか。ヒューマンエラーの原因分析手法にはさまざまなものがありますが、ここでは、Men（事故者・関係者個人）、Machine（業務プロセスに用いられる機器・システム）、Media（事故者の就業環境・職場規律）、Management（経営管理）という4つの要因に着目した分析方法を紹介します（各要因を示す英単語の頭文字がすべてMであることから、ヒューマンエラーを誘発する4Mと呼ばれることもあります）。

(1) Men（事故者・関係者個人）

 「事故者本人のみに原因を求めてはならない」とはいえ、本人に原因があるのは紛れもない事実です。加えて、事故者に指示・命令を出していた管理職や一緒に事務処理をしていた同僚にもなんらかの責任があるかもしれません（そのため、Manの複数形であるMenとしています）。この要因は、個人レベルの問題、すなわち知識、スキル、注意力、慎重さ、仕事への意欲、コンプライアンス意識、配慮などの不足により顕在化するものです。

(2) **Machine**（機器・システム）

　金融機関における事務は、オンラインシステムや端末、電子メールなどの機器やシステムなしには処理できません。そのため、端末の操作手順や入力キーの配置などが複雑でわかりにくかったり、システムの老朽化により不具合が生じやすかったりすると、それを扱うMenによる事務ミスを誘発してしまうリスクが高まります。

(3) **Media**（就業環境・職場規律）

　事故者を取り巻く環境もヒューマンエラーを誘発する要因となる可能性があります。以下のような状況下では、事務ミスが生じやすくなるでしょう。
① 仕事に追われて忙しい。
② 複数の仕事を同時に処理しなければならない。
③ 物理的な環境（温度、明るさ、作業スペース、静かさなど）が整っていない。
④ 職場の4S（整理、整頓、清掃、清潔）ができておらず、雑然としている。
⑤ 職場の風通しが悪く、上司や同僚とコミュニケーションがとりづらい。
⑥ 事務ルールを軽視する風潮がある。

(4) **Management**（経営管理）

　この要因は、他の3つのMすべてに影響を及ぼします。たとえば、人材の採用・配置・教育訓練・評価などに関する方針や制度はMenに、設備投資の方針はMachineに、内部統制の全社的な整備・運用状況および

現場における内部管理態勢などはMediaに、それぞれ大きな影響を及ぼします。したがって、あらゆるヒューマンエラーの原因はつまるところマネジメントの不備にあると考える必要があります。

(5) 原因分析

事務ミスが発生した場合、必要により該当部署の責任者が事故報告書を作成します。報告書には必ず発生原因を記載することになりますが、その際に4Mを切り口にして検討すれば、事故者の責任追及に終始しない、多面的な原因分析が可能となります。それにより、再発防止策の有効性も高まるでしょう。

2 不正のトライアングル

一方、詐欺・横領・背任などは、事故者が悪いと知りながら意図的に行う不正行為であり、その原因は「不正のトライアングル」と呼ばれる3つの要因に着目した分析手法が一般的です。

不正のトライアングルは、米国の犯罪学者ドナルド・R・クレッシー（Donald R. Cressey、1919～1987年）が横領犯の研究に基づいて提唱した仮説です。研究成果が発表されたのは1953年ですが、それから半世紀以上が経過した現在でも「人はなぜ悪いと知りながら横領や偽装などの不正行為に及んでしまうのか」について検討する際のフレームワークとして定評があります。

トライアングルと呼ばれる理由は、クレッシーが3つの心理的要因に着目したからです。すなわちクレッシーは、ある人の心のなかに、①問題の抱え込み、②不正を実行し隠蔽できる機会の認識、③不正を正当化

する理由づけという3つの要因が同時に生じた場合に、その人は横領行為への動機を高めるとの結論に至りました。したがって、金融機関の役職員による横領の原因を把握し、その防止を図るためには、これら3つの心理的要因に着目することが有効といえます。各要因を理解するためのポイントは以下(1)～(3)のとおりです。

(1) 問題の抱え込み

クレッシーはこの要因を"non-shareable financial problems"つまり「他人と共有（シェア）できない金銭的問題」と表現しました。たとえば、ギャンブルに溺れて借金の返済に困っている人が、だれにも相談できずに金銭的プレッシャーを1人で抱え込んでしまうような状況に陥るのが典型例です。そして追い詰められた結果、プレッシャーから逃れるために手段を選ばなくなってしまうのです。また、昇給や昇進などの処遇に関する不満を鬱積させるというのも金銭的問題の一種であるとクレッシーは指摘しています。

(2) 機会の認識

横領が見つかったら懲戒解雇や告訴・告発などの厳しい事態に直面します。しかし、現金や預金の事務処理を1人で完結できたり、上司のチェックが甘かったり、顧客から全幅の信頼を得ていたりすると、「横領しても気づかれない」「隠し通すことができる」と認識してしまう可能性があります。そのような人は、金銭的プレッシャーや不満に直面した際に横領を犯しやすい心理状態になるといえます。

(3) 正 当 化

クレッシーは"vocabularies of adjustment"つまり横領行為の重大性

を「(都合よく)調整する言葉遣い」という表現を用いてこの要因を説明しています。つまり、横領を犯そうとする者が、心のなかで横領を「正当な理由のある行為」にすり替える理由づけをするのです。典型的な正当化は「横領ではなく一時的な借用である」というものです。また、自分の処遇に強い不満を抱いている人は「これは不十分な処遇を埋め合わせる正当な報酬である」などと正当化するかもしれません。さらに「家族を養うためには仕方がない」「顧客は預金の管理を自分に一任している」「厳しくチェックしない上司が悪い」など、正当化の理由づけには際限がありません。人間の弱さ、身勝手さの産物といえるでしょう。なお、正当化は横領を犯してから後づけで行われるのではなく、横領行為に踏み切るために必要な要因であるという点に注意が必要です。

(4) 不正が起きる要因

クレッシーは「3つの要因が併存しなければ不正は起きにくい」と主張しています。たとえば、ある職員が多額の借金による問題(金銭的プレッシャー)を抱えていても、業務上現金や預金にタッチする機会がいっさいなければ、横領行為には及ばないでしょう。また、たとえその職員が毎日現金の事務処理を1人で行っているとしても、高い倫理観や誠実性の持ち主であれば、横領を正当化することはないでしょう。

「不正のトライアングル」は、現在も仮説と呼ばれています。その理由は、不正を犯してしまう人間の心理を理論的に説明し尽くすことはできないからです。しかし、3つの要因に関する理解を深め、不正のトライアングルがつくられやすい状況への感度を高めることにより、不正の防止・発見への有効な対応策を講じることができます。

(甘粕　潔)

Q6 不正防止と「倫理観」

設問

不正防止に必要な「倫理観」とは何でしょうか。

ポイント 倫理観とは「倫理についての考え方、捉え方」（デジタル大辞泉）のことです。倫理の定義にはさまざまなものがありますが「1人の人間、または一企業として、自らのステークホルダー（利害関係者）に配慮して誠実に行動するための規範」ととらえることができるでしょう。コンプライアンスとの関連では、法令等遵守の「等」の領域をできるだけ広くとらえることが倫理観の高さにつながります。また、倫理観は「不正のトライアングル」の3要素すべてに影響を及ぼすため、役職員の倫理観を向上させることは、不正防止への取組みに欠かせません。

1 倫理観の定義

倫理の定義にはさまざまなものがありますが、デジタル大辞泉は関連用語を以下のとおり定義しています。

倫　理：人として守り行うべき道。善悪・正邪の判断において普遍的な規準となるもの。道徳。モラル。

倫理学：共同体における人と人との関係を律する規範・原理・規則

> など倫理・道徳を研究する哲学の一部門。
> 倫理観：倫理についての考え方、捉え方。

　加えて、以下のような記述も、倫理とは何か、倫理観を高めるにはどうすべきかを理解するうえで参考になるでしょう。
・「人間の関係性におけるあるべき姿」（舩橋晴雄『「企業倫理力」を鍛える』252頁）
・倫理とは、そもそも何か。哲学の分野では、その根本は「相手の立場に立つこと」にあると考えられている（河野哲也「ビジネス倫理学からみた不正会計：多様性と対話で組織を成長させる」企業会計2016年5月号52頁）。

　これらの記述から、倫理とは「社会における他者とのかかわりのなかで、相手の立場に立って適切に行動するために必要な規範」であると理解することができます。つまり、倫理に対する考え方すなわち倫理観は、常に相手との関係性のなかで高めていく必要があるのです。

　金融機関の業務における「相手」とはステークホルダー（利害関係者）のことであり、したがって、金融機関の役職員に求められる倫理観とは「ステークホルダーの立場を尊重しつつ、自らを律して誠実に行動しようとする姿勢」ととらえることができるでしょう。

2 コンプライアンス徹底と倫理の役割

　「コンプライアンスは法令遵守ではなく、法令等遵守である」――金融機関の役職員にとって、これは常識でしょう。たとえば、法令で禁止されていなければ何をしてもいいのかというと、もちろん答えは否で

す。「法律は道徳の最低限を定めるのみ」といわれるとおり、法令の整備には時間を要しますし、あらゆる事態を想定して条文に盛り込むことは不可能ですから「法令に違反していなくても社会的に不適切な行為」はどうしても発生してしまいます。そのような行為も立派なコンプライアンス違反であるという意識をもって、法令等遵守の徹底を図らなければなりません。

では「等」には何が含まれるのか。つまり、コンプライアンスを徹底するためには、法令に加えて何を遵守することが求められるのでしょうか。金融機関の業務に関しては、業界の自主規制規則や組織内のルール（規程、規則、基準、要領、マニュアル等々）などが該当します。これらは、関連法令に準拠して実務上の要点をさらに細かく定めたものであり、日常業務におけるコンプライアンスの基本となるものです。

したがって、業務においてコンプライアンスを徹底していくためには、まず、法令および明文化された諸規則を十分に理解し遵守することが求められます。しかし、お客さまをはじめとするステークホルダーとのやりとりにおいては、明文化されたルールではカバーしきれない問題が発生し、待ったなしで対応が求められる場合があります。そこで求められてくるのが「相手との関係性を律する規範」としての倫理です。

つまり、コンプライアンス＝法令＋諸規則＋倫理の遵守であり、役職員の倫理観が不適切であれば、金融機関としてのコンプライアンスは決して徹底できません。

3 不正防止への取組みと倫理観

Q4およびQ5で解説したとおり、不正防止への取組みを強化するた

めには、不正のトライアングルを形成する3つの要因に即して不正の発生原因を把握する必要があります。では、それら3要因と倫理観にはどのような関係があるでしょうか。

結論からいうと、以下に示すとおり、金融機関の役職員の倫理観は不正のトライアングルの3要因すべてに影響を及ぼします。

(1) 「問題の抱え込み」と倫理観

この要因は、横領に関していえば借金返済のプレッシャーや処遇面での不満が高まり、それをだれとも共有できずに鬱積させてしまうことにより生じます。そのような問題を抱え込んだ人が、強いプレッシャーや不満に耐えかね追い詰められたときに、悪いと知りながら不正行為に走ってしまうのです。

一概にはいえませんが、倫理観の高い人は自律心が強く、そもそもギャンブルやハイリスク投資などにのめり込んで多額の借金を抱えるようなことはしにくいでしょうし、処遇に対して一方的に不満を鬱積させることも少ないでしょう。また、たとえそのような事態に直面したとしても、問題と誠実に向き合い、抱え込んでしまう可能性は低いと考えられます。

(2) 「機会の認識」と倫理観

不正を犯す機会の認識は、「だれにもみられていない。こうすれば見つからない」という状況で生じます。ある不正対策の専門家は「倫理とは、みんながみているからではなく、みんながみていないからこそ正しい決断をしようとすること」であると述べています。つまり、倫理観の高い人は、たとえ見つからずに不正を犯せる立場に置かれたとしても、それを悪用して私利私欲に走らないよう自らを律することができるとい

えるでしょう。

(3) 「正当化」と倫理観

3つの要因のなかでは、倫理観は正当化の要素と最も密接に関連するといえるでしょう。不正の正当化は、人が自分の都合ばかり考え、自分の行動により影響を受ける人々、すなわちステークホルダーの立場を軽視するために生じてしまいます。「横領ではなく一時的な借用である」「不当な処遇に対する仕返しである」「他の職員も同じような違反をしている」「上司の指示だから仕方がない」など、典型的な正当化理由はすべてその人の倫理観の問題に起因します。

不祥事を起こした個人や企業が「不適切だが違法ではない」という趣旨の釈明をすることがありますが、そのような言動もステークホルダーの立場を無視した非倫理的な言動であり、許されるものではありません。ましてや、人の上に立って範を示すべき人がそのような言い訳に終始するのは言語道断です。

(4) 倫理観の浸透

不正防止への取組みと倫理観についてまとめると、ルールやチェックを厳しくすれば不正を犯す「機会」は低減できるかもしれませんが、チェックをするのも人間であり、費用対効果の限界もあります。したがって、不正防止を徹底するためには、内部管理態勢を強化すると同時に、役職員一人ひとりが「たとえプレッシャーや不満に直面し、だれにもみられていなくても、正当化の誘惑に負けない」心の強さを養えるように育成していかなければなりません。

金融機関においては「倫理規範」「行動基準」などのかたちで、役職員一人ひとりが備えるべき倫理観を明文化しています。しかし、組織内

に健全な倫理観を浸透させるためには、それだけでは不十分です。経営者、管理職など指導的立場にある人が、自らの行動によって規範の趣旨を具現化し、部下に範を示し続けなければなりません。

(甘粕　潔)

Q7 横領防止と性善説・性悪説

設問

横領を防ぐためには「性悪説」で考える必要がありますか。

ポイント 性善説か性悪説か。どちらの考え方にも一理あるといえますが、横領等の不正を防止するための管理のあり方は、本来の意味での性善説によって立つのが望ましいのではないでしょうか。性善説は「人は生来、善の素養を備えているが、放っておくと善に反する行為に及んでしまう弱さがあるので注意せよ」という意味合いをもちます。つまり「部下の誠実さを信じて仕事を任せるが、チェックは怠らない」というスタンスで臨むのが性善説による管理であり、不正防止のあるべき姿といえるでしょう。一方、性悪説は「人は生来、利己的で欲深く、放っておくと悪さをするので注意せよ」という発想であり、そのようなスタンスで管理をすると、上司と部下との信頼関係や職場の雰囲気が損なわれてしまうおそれがあります。

1 性善説と性悪説

　横領や偽装などの企業不祥事が相次ぐと、新聞記事などには「日本の企業も性善説から性悪説に転換しなければならない」という論調が目立ちますが、はたしてそうでしょうか。そもそも、性善説、性悪説とはどのような考え方なのでしょうか。

(1) 性善説とは

性善説と聞くと「人はみんな善人で、悪いことはしないから、安心して仕事を任せてよい」という考え方だと思うかもしれません。しかし、それは正しい解釈ではありません。

性善説は、中国の思想家孟子が唱えたもので、「人は生来、善の素養（他人への思いやり、善悪の分別、不正を恥じる気持ちなど）を備えている」という考え方ですが、それだけではありません。「しかし、放っておくと外部の影響を受けて善に反する行為をしてしまうおそれがあるため、教育や規範づくりなどによって善の素養を高め続けなければならない」と続くのです。つまり、性善説は「みんな善人だから大丈夫」という楽天的な発想ではなく、「人が本来備えている善の素養を信じつつ、それに反するような行為に及ばないように注意せよ」という考え方だといえます。

(2) 性悪説とは

同様に、性悪説は「人はみんな悪人で、放っておくと不正をするから、厳しく監視しなければならない」という考え方だと思うかもしれませんが、これも十分な解釈とはいえません。

性悪説は、中国の思想家荀子が唱えたもので、「人は生来、利己的になったり他人を恨んだりするものであり、放っておくと善に反する行為をしてしまう」という考え方に基づきます。しかし、これにも続きがあり、荀子は「よって、教育や規範づくりなどによって（後天的に）善の素養を備えさせなければならない」と説いています。つまり、性悪説は「人はみんな悪人だから目を離すな」という人間不信に満ちたものではなく、「人が生来備えてしまっている悪が顕在化しないように注意せよ」

という考え方だと解釈できます。

このように、性善説と性悪説は正反対の考え方ではなく、「部下が道を誤らないように、上司が部下の行動を見守らなければならない」という点では共通しているといえます。両者の根本的な違いは、人間の生まれながらの性質すなわち性（さが）のとらえ方にありますが、どちらも「人の弱さ」に着目し、それが不正行為に結びついてしまわないように教育や規範づくりを怠るなと強調しているのです。「性弱説」という造語が使われることがありますが、言い得て妙かもしれません。

では、金融機関における横領防止のためのマネジメントは、どちらのスタンスで行うべきなのでしょうか。

2 性悪説による管理の弊害

性悪説に基づく業務管理とはどのようなものでしょうか。まず、上司は「部下はだれでも不正を犯す可能性がある」という警戒心をもって部下の仕事を細かくチェックするでしょう。そのようなリスク感覚をもつことは決して悪いことではありませんが、行き過ぎてしまうと部下を疑ってかかるようになり、部下に対する不信感が前面に出てしまうおそれがあります。極論すれば「私利私欲に満ちた部下が悪さをしないように、常に厳しく見張り続ける」というスタンスになってしまうかもしれません。

そうなると、上司は部下に仕事を任せなくなり、あらゆる行動をチェックしないと気がすまなくなります。一方、上司から常に疑いの目でみられている部下は、「上司は自分のことを信頼していない」というわだかまりを感じ、仕事に対するモチベーションを低下させてしまいま

す。さらには「上司は自分のことをまったく理解していない」という不信観や反抗心を上司に対して抱くようになるかもしれません。

　Q5で解説した不正リスクを高める3つの要因（不正のトライアングル）に当てはめて考えると、上司が部下に仕事を任せず厳しくチェックすれば「見つからずに不正を犯せる機会の認識」は大幅に低減することができるでしょう。しかし、複数の部下を常に見張り続けるのは不可能ですから、機会をゼロにすることはできません。

　一方、上司から常に疑いの目を向けられ、自分に対する処遇に不満を抱いている人には、残る2つの要因「問題（プレッシャーや不満）の抱え込み」および「不正の正当化」が生じやすくなります。不正のトライアングルの仮説を提唱した米国の犯罪学者ドナルド・R・クレッシー（Donald R. Cressey、1919～1987年）は、処遇への不満を抱え込んだ人は「会社や上司に対するリベンジだ」と考えて不正を正当化する場合もあると指摘しています。性悪説による管理は、部下の心のなかにそのような不満を鬱積させ、結果として不正リスクを高めてしまうかもしれません。

　少なくとも、上司と部下の信頼関係は形成されにくくなり、職場全体もぎすぎすした雰囲気になるでしょう。そのような不健全な環境は、ミスや不正の温床となってしまいます。

3 「本来の性善説」による不正防止への取組み

　金融機関の管理職としては、本来の意味での性善説に基づいて横領防止のための管理を行うのが望ましいといえるでしょう。つまり、部下は基本的に「誠実に仕事をする素養を備えた人材である」という前提に立

って接することにより、部下は「上司は自分のことを信頼してくれている」と考え、その期待に応えようと前向きに仕事に取り組むことができるようになります。それにより、部下は健全な精神状態を保ちやすくなり、不正のトライアングルは形成されにくくなるのではないでしょうか。

　しかし、「信頼し、任せる」だけでは単なる放任になってしまいます。本来の性善説による管理を実践するには「人はだれでも私利私欲に負けてしまう弱さももっている」という認識をもって、部下の仕事ぶりをチェックすることも欠かせません。つまり、信頼とチェックのバランスを適切にとれるかどうかが、性善説による管理の勘所といえるでしょう。

　松下幸之助の名言に「(権限委譲は) 任せて任さず」というものがあり、現在でもパナソニックの管理職研修における重要なキーワードになっていると聞いたことがあります。部下に任せるだけならだれにでもできる。任せつつも責任をもって見守り、導かなければならないのが管理職の辛いところであり、マネジメントの醍醐味でもあるのです。

（甘粕　潔）

Q8 不祥事件防止の要点

設問

不祥事件を防止するには、とにかくチェックを厳しくすればよいでしょうか。

ポイント　Q5において解説したとおり、不祥事件は、ヒューマンエラーを誘発する4つの要因や不正を誘発する3つの要因（不正のトライアングル）などが複合的に絡み合って発生します。チェックを厳しくすることは、不祥事件防止のための重要な取組みですが、それだけではすべての要因に十分対応することはできません。役職員の教育訓練や就業環境の整備により、そもそもミスや不正が起こりにくい健全な組織づくりを進めることが、何よりも大切です。

　事務ミスなどの意図しない行為であるか、横領などの意図的な行為であるかにかかわらず、不祥事件を防止するためにはチェックの厳正化は非常に重要です。しかし、**Q5**で解説した不祥事件の発生原因の分析方法をふまえると、チェックを強化するだけでは不十分だといえます。人がミスや不正を犯してしまう心理状態や就業環境に着目し、防止策を多面的に検討・実施することが求められます。

チェック強化の限界

　不正の発生原因を3つの心理的要因に関連づけて説明する「不正のトライアングル」の仮説を提唱した米国の犯罪学者ドナルド・R・クレッシー（Donald R. Cressey、1919～1987年）は、企業経営者向けの講演で次のように述べて、横領防止におけるチェックの役割とその限界を指摘しています。少し長いですが引用してみましょう。

> 　企業におけるすべての取引を詳細にチェックすれば、横領を防止できるであろうということには同意せざるをえませんが、横領という犯罪行為をチェックの不備によって「説明」できるかどうかについては疑問に思います。そもそも、最も「確実」な会計手続ですら、不正行為を完全に排除することはできません。横領犯たちは驚くほど多才であり、その点はまったく過小評価されています。また、商取引はかなりの程度の信頼に基づいて行われるということが、社会の前提になっています。いかなる会計システムが使われようと、信頼という要素は残り続けるのです。

（出所）　Cressey, Donald R. "THE RESPECTABLE CRIMINAL, Why some of our best friends are crooks", *CLIMINOLOGICA*, May 1965, p.13（筆者訳）

　たしかに、企業において日々の事務処理をすべて即時にダブルチェックすることは不可能です。金融機関の事務プロセスは、他業種に比べてチェックが厳重に組み込まれていますが、とはいえチェックをするのも人間ですから、異常を見逃してしまうことはあるでしょう。また、クレッシーが指摘するとおり、業務を効率的に進めるためには、担当者に

一定の信頼を置いて仕事を任せることも必要です。すべての事務をいちいち細かくチェックしようとすれば、業務は非常に非効率になりますし、部下は「自分は信頼されていない」「自分にはまったく裁量が与えられていない」という不満を抱いてモチベーションを低下させてしまうかもしれません。

したがって「チェックさえ厳重に行っていればミスも不正もなくなる」と考えるのは現実的ではありません。では、不祥事件を有効に防止するためには、チェックの厳正化に加えて何が必要でしょうか。ヒューマンエラーと不正行為に分けて要点を示します。

2 ヒューマンエラー防止のポイント

Q 5 では、ヒューマンエラーを誘発する要因として、Men（事故者・関係者個人）、Machine（機器・システム）、Media（就業環境、職場規律）、Management（経営管理）という「4 M」をあげました。それに対して、ヒューマンエラーを防止するための対策の要点は、以下(1)〜(4)に示す「4 E」で示すことができます（4 M－4 Eマトリクスとも呼ばれます）。

(1) Education（教育訓練）

この要素は、Menの業務知識やスキル、コンプライアンス意識、倫理観、コミュニケーション能力、リスク感度などを高めるための取組みです。Menによって引き起こされるヒューマンエラー防止策の根幹となる要素だといえるでしょう。また、Machineの操作マニュアルを整備したり、操作訓練を実施したりすることもこの要素に関連します。

(2) Engineering（技術の活用）

これは、Machineと最も関連の深い要素です。人工知能（AI）の活用など情報技術が急速に進化し続けるなかで、人にかわってソフトウェアがすべての取引をもれなくダブルチェックできるようになれば、ヒューマンエラーも不正も大幅に減らすことができるかもしれません。ただし、システム投資には相当なコストがかかりますから、費用対効果の検討が必要となります。また、金融機関の業務を完全に自動化することはできませんので、最後はMenの要素をどう強化するかにかかってくるといえるでしょう。

(3) Enforcement（ルールの徹底）

Enforcementには「法律などを執行する」という意味があります。したがって、この要素は決められたルールにのっとった確実な事務処理を徹底する取組みを強化することを意味します。具体的には、規程やマニュアルの整備と周知徹底、ダブルチェックや承認プロセスの厳正化、セルフチェックや内部監査によるモニタリングの徹底などが含まれます。「チェックの厳正化」はこの要素に最も関連深いといえます。

(4) Example（率先垂範、事例の共有）

Exampleは「例」のことですが、模範や手本という意味もあります。この要素は、第一にManagement層（経営トップ、部門長、管理職等）が、自己研鑽を怠らず、常に倫理観の高い言動をとるなどの「良き手本」を組織内に示し続けることを意味します。それに加えて、組織内や業界内における好事例は手本として、失敗事例は教訓として、通達や研修により周知徹底する取組みも大切です。

3 不正防止のポイント

　不正防止への取組みは、役職員の心のなかに不正のトライアングルをつくらせない取組みと言い換えることができます。つまり、以下の点に注力して不正を誘発する3つの要因がそろわないようにする対応を強化していく必要があります。

(1) 機会を認識させない

　「チェックの厳正化がすべてではない」とはいうものの、不正防止のためには、チェックにより機会を認識させない取組みを徹底することが最も重要であることは間違いありません。金融機関の内部管理態勢においては、職務分掌による相互牽制、人事異動や係替えによる長期滞留防止、職場離脱などが、不正を実行・隠蔽する機会を認識させにくくするための典型的な対策です。

　「抜打ちチェック」を適切に組み込むことも非常に有効です。いつ、だれに、何をチェックされるかわからないという環境をつくることで、「自分の仕事は常にみられている」「不正は必ず発覚する」という緊張感を醸成できれば、不正の抑止力を高めることができます。

(2) 問題を抱え込ませない

　クレッシーはこの要素を「他人と共有できない金銭的問題」と表現しました。このことから、横領防止の観点からは、①金銭的問題が生じないよう、節度ある生活を促す、②それでも問題が生じてしまった場合に相談しやすい環境を整えるという2つの取組みが重要になります。上司が常日頃から部下とのコミュニケーションを積極的にとり、部下の仕事

ぶりや私生活に対する関心を高めるとともに、部下にとって「問題を共有しやすい相手」となれるよう努力することが必要です。

(3) 不正を正当化させない

正当化とは「身勝手な言い訳」をすることです。「盗むのではなく一時的に借りるだけ」と横領行為の重大性を矮小化しようとしたり、「自分の努力に報いてくれない会社が悪い」などと責任転嫁したりするのが典型例です。

正当化を防止するための鍵は倫理観です。倫理とは基本的には「相手の立場に配慮して誠実に行動すること」であり、身勝手な正当化をしないための原動力となります。正当化を防ぐためには、以下のような点に留意した対応を徹底することが重要です。

① 倫理規範、コンプライアンス方針、行動基準などを定め、何が正しい行いであり、何が不正行為に該当するのかをできる限り明文化する。

② 経営トップや管理職の率先垂範および継続的な倫理教育により、組織内の倫理的な風土を向上させる。

③ 信賞必罰を徹底する(倫理的行為を称賛し、非倫理的行動は見過ごさずに厳正に対処する)。

Q5で解説したとおり、クレッシーは、3つの要素がそろわない限り横領は起きにくいと主張しています。厳しいチェックは「機会の認識」の要素を最小化することができますが、ゼロにすることはできず、他の2つの要素には十分な効果を発揮できません。管理職としては、厳しいチェックに加えて、やさしい目配りと率先垂範により不正のトライアングルをつくらせない努力を続けることが大切です。

(甘粕　潔)

Q9 不正リスクの管理

設問

「不正リスク」とは何ですか。どのように管理すればいいのでしょうか。

ポイント 不正リスクとは「組織の内部者または外部者が、違法行為や非倫理的行為を犯してしまう可能性と当該行為が組織およびそのステークホルダーに及ぼす悪影響の度合いの組合せ」と定義することができます。不正リスクの管理は、全社的なリスク管理の一環として行われますが、行為者が悪いと知りながら意図的に引き起こすという特異性を有するリスクであるため、独自の取組みが必要となります。不正リスク管理については、5原則からなるフレームワークが知られています。

1 不正リスクとは

不正リスクを適切に管理するためには、まず、不正リスクとは何かを的確に把握しなければなりません。ここでは、「不正」と「リスク」それぞれの定義を確認します。

(1) 不正の定義

金融庁企業会計審議会が制定した公認会計士監査に係る「不正リスク

対応基準」によると、不正とは「不当又は違法な利益を得る等のために、他者を欺く行為を伴う、経営者、従業員等又は第三者による意図的な行為」をいいます。この定義のキーワードは「意図的な」です。つまり、自己の利益を追求するために、正しくないことであると知りながら相手を欺くというのが不正行為の特徴であり、事務ミスなどのヒューマンエラーとは大きく異なる点です。

公認不正検査士協会（ACFE）では、組織の役職員が自らの職務上の立場や権限を悪用して犯す不正を「職業上の不正（occupational fraud）」として定義し、以下の3つに類型化しています。

① 資産の不正流用（現預金、棚卸資産、備品、情報資産などの横領、窃盗、不正利用など）
② 汚職（贈収賄、不正なキックバックの受領、優越的地位の濫用など）
③ 不正な報告（財務データの偽装および検査結果などの非財務データの偽装）

これらの組織内部者による不正に加えて、外部の第三者が役職員を欺いて金銭や商品・サービスを詐取したり、企業のシステムに不正アクセスして情報を盗み出したりする不正行為にも注意する必要があります。

(2) リスクの定義

国際標準化機構（ISO）が2009年に発行したリスクマネジメントの国際規格（ISO 31000：2009）は、リスクを以下のとおり定義しています。

> あらゆる業態及び規模の組織は、自らの目標達成の成否及び時期を不確かにする外部及び内部の要素並びに影響力に直面している。この不確かさが組織の目的に与える影響を"リスク"という。

(出所) 日本規格協会編『対訳ISO 31000：2009（JIS Q 31000：2010）リスクマネジメントの国際規格［ポケット版］』19頁

　この定義から、リスクは、①組織の目標達成に影響を及ぼすものであり、②その影響は組織の内外からもたらされ、③もたらされる影響の良否や程度は不確かであるという特性を読み取ることができます。

　金融機関でいえば、毎期融資や預貯金、投資型商品等に関する数値目標を設定し、その達成を目指します。目標を達成できるかどうかは、役職員の職務遂行という内部要因および競合金融機関の動向や政治・経済情勢などの外部要因によるさまざまな影響を受けます。そのため期初および期中においては、目標をどの程度達成できるかは不確かな状態にあります。

　不確かさは、ある結果が生じる「可能性」とその結果が組織の目標達成に及ぼす「影響度」という2つの要素から考えることができます。それらの要素がどうなるかが確実に見通せればリスクを完全にコントロールできますが、現実には、組織活動はさまざまな不確実性に直面しています。

(3) 不正リスクの定義

　上述した「不正」および「リスク」の定義より、金融機関における不正リスクとは「金融機関の役職員または外部者が、自己の利益のために意図的に違法行為や非倫理的行為を犯してしまう可能性と当該行為が金融機関およびそのステークホルダーに及ぼす悪影響の度合いの組合せ」

と定義することができるでしょう。

　不正リスクは、投資に係るリスクとは異なり、好ましい結果をもたらす可能性はゼロであり、不正リスクが顕在化した場合には、確実に金融機関およびそのステークホルダーに悪影響（損害）を及ぼすと認識しなければなりません。そのため、金融庁企業会計審議会の「財務報告に係る内部統制の評価及び監査の基準」は、リスクを「組織目標の達成を阻害する要因」と限定的にとらえています。

2　不正リスク管理の方法

　上記の定義を念頭に置いて、不正リスクを具体的にどう管理すべきでしょうか。不正リスクは、全社的なリスク管理活動（ERM）の一環として行われますが、組織の役職員または外部者が悪いと知りながら意図的に引き起こすという特異性を有するリスクであるため、個別の管理が必要となります。そこで、まず、ISOによる一般的なリスクマネジメントのフレームワークを概観したうえで、不正リスク管理に特化したフレームワークの概要も示します。

(1)　全般的なリスク管理のフレームワーク

ISO 31000は、リスクマネジメントを「リスクについて、組織を指揮統制するための調整された活動」と定義し、そのプロセスを以下のとおり定めています。

> 　コミュニケーション、協議及び組織の状況の確定の活動、並びにリスクの特定、分析、評価、対応、モニタリング及びレビューの活

> 動に対する、運用管理方針、手順及び実務の体系的な適用

　つまり、リスクマネジメントとは、リスクに関する組織内のコミュニケーション、協議を基盤として、以下のプロセスを通じたリスクアセスメントおよび対応状況の見直しを繰り返していく取組みとしてとらえることができます。

① リスクの**特定**：組織に内在するリスクおよびそれらが顕在化する原因を洗い出し、具体的に記述する。
② リスクの**分析**：特定したリスクの「発生可能性」と「発生時の影響度」を検討し、リスクの度合い（リスクレベル）を算定する。分析結果は、リスクの評価、対応のプロセスに活かされる。
③ リスクの**評価**：分析したリスクが、自組織のリスク基準と比較してどの程度許容できるかどうかを判定する。評価結果に基づいて、リスク対応に関する意思決定を行う。
④ リスクの**対応**：評価結果に基づいて、以下のいずれかの方法によりリスクを修正する計画を策定し、実践する。

・回避：リスクを生じさせる活動を開始または継続しない。
・増加：目的達成に好ましい結果が生じる可能性を追求するために、リスクをとる（不正リスクについては、この対応の選択肢は検討してはならない）。
・低減：リスクを生じさせる要素の除去などの取組みにより、リスクが顕在化する可能性や顕在化した場合の影響度を減じる。
・移転（転嫁）：保険加入や業務委託などの対応により、リスクの一部を外部に移転する。
・保有：評価結果に基づき、費用対効果などをふまえて現状の対応を維持する（単なる放置とは異なる点に注意）。

⑤ モニタリングおよびレビュー：リスクへの対応状況をセルフチェック、内部監査等により継続的にモニタリングし、その結果をもとに改善を図る。

(2) 不正リスク管理のフレームワーク

不正リスクのマネジメントについては、不正リスク対策において主導的な役割を果たす米国の3つの専門職団体（内部監査人協会、公認不正検査士協会、米国公認会計士協会）の支援を受けた専門家チームが2008年に公表した「企業不正リスク管理に関する実務ガイド（Managing the Business Risk of Fraud：A Practical Guide)」が参考になります。同ガイドは、企業における不正リスク管理の要点を以下の5原則により明示しています。

① 不正リスクのガバナンス：組織のガバナンスの構成要素として、不正リスクに対する経営トップの明確な方針を含む「不正リスク管理プログラム」を整備・運用する。

② 不正リスクアセスメント：不正リスクに特化して、上記(1)①～③に示されたリスク特定、分析、評価の各プロセスを定期的に実践する。

③ 不正防止：アセスメントの結果に基づいて、低減、移転、回避などの対応を適切に組み合わせて、不正リスクの顕在化をできる限り防ぐ。

④ 不正発見：不正リスクを完全に除去するのは不可能または非効率であることにかんがみ、保有する判断をした不正リスク等が顕在化する際に、それを迅速に発見できる対策を講じる。

⑤ 不正調査および是正措置：不正リスクに関する情報を求めるための報告プロセス（内部通報制度など）を整備し、報告内容に基づく調査ならびに是正措置（処分、再発防止など）を実施するための組織態勢

を整備する。

　なお、2016年9月に、内部統制フレームワークの策定者として国際的に有名なトレッドウェイ委員会支援組織委員会（COSO、**Q10**参照）が、不正リスク対策の分野で世界をリードする公認不正検査士協会（ACFE、**Q11**参照）と共同で「不正リスク管理指針（COSO/ACFE Fraud Risk Management Guide)」を公表しました。同指針は、COSO「内部統制の統合的フレームワーク」の構成要素に関連づけて、上記実務ガイドの5原則を更新した内容となっており、今後、組織における不正リスク管理の実質的な国際標準として普及していくと考えられます。

　日本公認不正検査士協会のウェブサイトに「不正リスク管理指針」の要約が掲載されていますので、参照してください。

（甘粕　潔）

Q10 不祥事件と内部統制の関連

設問

不祥事件の防止と内部統制の強化にはどのような関係がありますか。

ポイント 金融庁企業会計審議会の定義によれば、内部統制には、①業務の有効性および効率性の向上、②財務報告の信頼性の向上、③事業活動にかかわる法令等の遵守（コンプライアンス）の徹底、④資産の保全という4つの目的があります。不祥事件はコンプライアンスの不徹底により発生し、その結果、業務の有効性・効率性、財務報告の信頼性、資産の保全が損なわれてしまいます。したがって、不祥事件の防止は内部統制の目的達成に不可欠な取組みであり、内部統制の強化と不祥事件の防止は密接に関連しているといえます。

1 内部統制とは

内部統制という用語は英語の"internal control"を訳したもので、米国公認会計士協会等5つの団体によって設立されたトレッドウェイ委員会支援組織委員会（the Committee of Sponsoring Organizations of the Treadway Commission, COSO）が1992年に公表した報告書「内部統制の統合的フレームワーク（Internal Control - Integrated Framework）」に由来します。金融機関においては「内部管理態勢」とほぼ同義といえるで

しょう。

　COSOは、1980年代に米国で相次いだ会計不正問題を受けて、財務報告に関する組織内部の管理のあり方を徹底的に見直すために設立され、1992年に上記の報告書を公表しました。

　日本においては、2004年に上場企業における株主情報の虚偽記載が発覚したのをきっかけに、投資者保護強化の観点から金融商品取引法が制定され、そのなかに内部統制報告制度が組み込まれました。そして、金融庁企業会計審議会がCOSOのフレームワークを参考にした「財務報告に係る内部統制の評価及び監査の基準」を策定し、そのなかで内部統制を以下のとおり定義しました。

> 　内部統制とは、基本的に、業務の有効性及び効率性、財務報告の信頼性、事業活動に関わる法令等の遵守並びに資産の保全の4つの目的が達成されているとの合理的な保証を得るために、業務に組み込まれ、組織内のすべての者によって遂行されるプロセスをいい、統制環境、リスクの評価と対応、統制活動、情報と伝達、モニタリング（監視活動）及びIT（情報技術）への対応の6つの基本的要素から構成される。

　つまり、内部統制は「4つの目的」の達成を確実なものとするために「6つの基本的要素」を適切に整備・運用していく取組みであると考えると理解しやすいでしょう。上記の基準は、内部統制の構成要素を以下のとおり解説しています。

① 統制環境：組織の気風を決定し、組織内のすべての者の統制に対する意識に影響を与えるとともに、他の基本的要素の基礎をなし、リスクの評価と対応、統制活動、情報と伝達、モニタリングおよびITへ

の対応に影響を及ぼす基盤をいう。たとえば、次の事項があげられる。
- ・誠実性および倫理観
- ・経営者の意向および姿勢
- ・経営方針および経営戦略
- ・取締役会および監査役または監査委員会の有する機能
- ・組織構造および慣行
- ・権限および職責
- ・人的資源に対する方針と管理

② リスクの評価と対応：組織目標の達成を阻害する要因をリスクとして識別、分析および評価し、当該リスクへの適切な対応を行う一連のプロセスをいう。

③ 統制活動：経営者の命令および指示が適切に実行されることを確保するために定める方針および手続をいい、権限および職責の付与、職務の分掌、内部牽制等の広範な方針および手続が含まれる。

④ 情報と伝達：必要な情報が適時かつ適切に識別、把握および処理され、組織内外および関係者相互に正しく伝えられることを確保することをいう。

⑤ モニタリング：内部統制が有効に機能していることを継続的に監視および評価し、必要な是正を促すプロセスをいう。モニタリングには、業務に組み込まれて行われる日常的モニタリングおよび業務から独立した視点から実施される独立的評価がある。

⑥ IT（情報技術）への対応：組織目標を達成するために定められた方針および手続をふまえて、業務の実施において組織の内外のITに対し適切に対応することをいう。

2 不祥事件の防止と内部統制の関連

　ヒューマンエラーや不正行為による不祥事件は、基本的に「事業活動にかかわる法令等の遵守」の不徹底により発生し、その結果「業務の有効性および効率性」「財務報告の信頼性」「資産の保全」が損なわれます。つまり、不祥事件は内部統制の目的達成に多大な悪影響を及ぼします。したがって、内部統制の基本的要素の強化は、不祥事件を防止し、内部統制の目的を達成するために不可欠な取組みであるといえます。

表1　ヒューマンエラーを誘発する4つの要因と内部統制の基本的要素との関連

4M	内部統制の基本的要素との関連
Men (事故者・関係者個人)	統制環境：事務の厳正化に対する「経営者の意向および姿勢」を明示し、人員配置や育成など「人的資源に対する方針と管理」を徹底する。
Machine (機器・システム)	ITへの対応：費用対効果を見据えながら、ITの利用および統制を適切に進め、人為的ミスの防止に役立てる。
Media (就業環境・職場規律)	統制活動：事務規程、マニュアル等を整備し、職務分掌、相互牽制等を徹底する。 情報と伝達：職場内および現場と本部間のコミュニケーションを円滑化する。 モニタリング：自店検査、内部監査の厳正化により職場規律を高める。
Management (経営管理)	統制環境：組織のガバナンスを強化し、経営者の誠実な意向および姿勢を組織全体に浸透させる。 リスクの評価と対応：全社的なリスクマネジメントを強化する。

(1) ヒューマンエラーと内部統制

事務ミスなどのヒューマンエラーによる不祥事件を誘発する4つの要因（4M）と内部統制の基本的要素のとの間には、表1のような関連を見出すことができます。

(2) 不正行為と内部統制

横領などの不正行為の発生原因となる「不正のトライアングル」の3

表2 「不正のトライアングル」の3要因と内部統制との関連

不正の トライアングル	内部統制の基本的要素との関連
問題（プレッシャー、不満等）の抱え込み	統制環境：「不正はいっさい容認しない」という経営者の意向および姿勢の浸透、役職員の誠実性および倫理観の向上 情報と伝達：コミュニケーション環境の向上による「問題」の抱え込み防止（相談窓口の設置を含む）
機会の認識	リスクの評価と対応：組織内の不正リスクの定期的な評価と内部管理態勢への適切な反映 統制活動：職務分掌、相互牽制、職場離脱、長期滞留防止などの徹底 情報と伝達：不正リスクに関する情報が組織に円滑に伝わる仕組みの整備（内部通報制度など） モニタリング：抜打ちチェックを含む、自店検査、内部監査の厳正化 ITへの対応：監査ツールなどを活用したモニタリングの精緻化
正当化	統制環境：役職員の誠実性および倫理観の向上、倫理的行動を最優先する経営方針や人的資源管理方針、悪しき組織慣行の排除

要因と内部統制との関連は、表2のように整理することができるでしょう。

(3) COSOによる内部統制フレームワークの改訂と不正のトライアングル

COSOが当初のフレームワークを公表した1992年から20年が経過し、国際化、IT化の進展、ガバナンス強化の要請の高まり等、ビジネス環境は劇的に変化しました。それを受けて、COSOは2013年5月に改訂版を公表しました。

改訂版は、内部統制の定義や基本的な考え方は踏襲しつつ、利用者の理解を促すために、内部統制の構成要素を整備するための17の原則および各原則の着眼点を明示しました。それらの原則の1つとして、以下のとおり「不正リスクの評価」の必要性が明記されました。

> 原則8：組織は、内部統制の目的の達成に対するリスクの評価において、不正の可能性について検討する。
>
> 着眼点
> ・さまざまな種類の不正行為の検討
> ・動機とプレッシャーの検討
> ・不正を犯す機会の評価
> ・姿勢と正当化の評価

（出所）　八田進二・箱田順哉監訳、日本内部統制研究学会 新COSO研究会訳『COSO内部統制の統合的フレームワーク　フレームワーク編』日本公認会計士協会出版局、107頁

上記の着眼点には不正のトライアングルの3要因が取り上げられています。このことからも「不祥事件の防止と内部統制の強化」は密接に関

連しているといえます。

(甘粕　潔)

Q11 不祥事件対策に関連する資格

設問

不祥事件を防止、発見する能力を高めるために役立つ資格はありますか。

ポイント 横領等の不正の防止・発見に役立つ資格としては、公認不正検査士（Certified Fraud Examiner, CFE）という国際資格が最も関連深いといえるでしょう。また、財務報告や内部統制の適切性をモニタリングする役割を担う、監査関連の資格も役に立ちます。さらに、資格取得に限らず、セミナーや通信講座の受講、検定試験の受験、書籍の購読などを通じて、不正対策やヒューマンエラー対策に関連する分野（財務、会計、監査、法律、コンプライアンス、犯罪学、社会学、倫理、安全管理など）の知識を高めることも大切です。

1 公認不正検査士（CFE）について

(1) CFE資格誕生の経緯

CFEは、不正対策の分野におけるエキスパートを認定する国際資格で、米国に本部を置く公認不正検査士協会（Association of Certified Fraud Examiners, ACFE）が認定しています。日本では、日本公認不正検査士協会が日本語による試験や会員サービスを提供しています。

ACFEは、1988年に米国テキサス州オースティンにおいて、ジョセフ・T・ウェルズ（Joseph T. Wells）により設立されました。ウェルズは大学で会計学を専攻して公認会計士（CPA）の資格を取得し、大手監査法人に就職しました。その後、米国連邦捜査局（FBI）の特別捜査官となり、かの有名なウォーターゲート事件を含む数多くの詐欺、横領、汚職（いわゆるホワイトカラー犯罪）の捜査に約10年間従事しました。

　FBIを退職後、それまでのキャリアを活かして不正リスク対策のコンサルティング業を始めたウェルズは、自らの経験をふまえて「財務・会計の専門知識をもとに数字から異常値を見抜くことができる会計士と、容疑者の言動から心理状態や犯行の動機などを察知する感度を備えた捜査官の強みを融合すれば、有能な不正対策エキスパートを育成できるのではないか」と考えました。そして、不正のトライアングルの提唱者である犯罪学者クレッシーのアドバイスも得て、現在のCFEの資格体系をつくりあげ、その普及を図るためにACFEを設立したのです。

(2) CFEの資格体系および認定要件

　CFE資格は以下の4分野から成り立っており、不正の防止、発見、調査、是正の各分野における専門知識を修得できるようになっています。CFE資格試験もこれら4科目で構成されています。

① 財務取引と不正スキーム：財務会計の基礎、不正の手口と防止・発見策
② 法律：不正検査に係る法的要素
③ 調査：不正疑惑の解明に必要な知識・スキル（調査計画の立案、文書の分析、面接調査、情報収集、調査報告書の作成等）
④ 不正の防止および抑止：不正の発生原因に関する学説、不正防止における経営者および監査人の責任、不正リスク管理、不正検査士の倫

理等

　CFEとして認定を受けるためには、まず資格試験4科目すべてに合格しなければなりません。受験資格は①、②のとおりです。
① 　ACFEの個人会員または法人会員所属員であること
② 　以下の計算方法による「資格点数」が40点以上あること
　　・学歴（学士号40点、修士号＋5点、博士号＋5点）
　　・関連専門資格（下記2に記載の1資格につき10点）
　　・不正対策関連実務経験（監査、法務、コンプライアンス、不正調査などの分野における常勤職）1年につき5点

　たとえば、大学卒であれば40点となり、資格点数に係る受験資格を満たします。関連実務経験のみの場合は、8年間（5点×8年＝40点）の経験が必要です。学歴については英文の卒業証明書、実務経験については職歴書の提出が必要となります。

　試験は各科目125問の正誤問題または4択問題で、75％以上（94問以上）正解で合格です。初回受験時に全科目受験が義務づけられ、不合格となった場合には、一定期間以内に全科目に合格しなければなりません。

　4科目すべてに合格したら、資格認定を申請することになります。2016年10月末現在の認定要件は以下のとおりです。
① 　2年以上の不正対策関連実務経験があること
② 　資格点数が50点以上あること（例：学士号と2年の関連実務経験で充足）
③ 　申請者の不正対策分野における能力および人柄を知る3人からの推薦状を提出すること

　CFE資格の認定要件等は、随時変更される可能性があります。詳細については、日本公認不正検査士協会のウェブサイト（https://www.

acfe.jp/）をご参照ください。

(3) CFEの役割

CFE資格保有者は、以下のような分野で活躍できる専門能力を有する人材としての役割が期待されています。

① 不正実行の手法および発見方法の解明
② 不正な取引検出のための、帳簿、記録の精査
③ 情報収集能力
④ 効果的なインタビュー手法による面接スキル
⑤ 調査技法
⑥ 的確な調査報告書作成技術
⑦ 調査結果に基づく助言
⑧ 裁判における証言能力
⑨ 犯罪心理に基づく、不正の動機をもたらす根本的な要因への理解

ACFE本部によれば、現在では、世界の主要企業（フォーチュン500）の約75％が、CFE資格保有者を雇用しており、社会的な認知度および人材としての価値が高まっています。また、日本においても、上場企業における不祥事を調査する第三者委員会の委員にCFE資格保有者が加わるケースが増えてきています。

2 その他の関連資格

不祥事件発生のリスクを評価し、内部管理態勢の適切性をモニタリングする能力を養うという点では、監査関連の資格も不祥事件防止・発見に資する資格だといえるでしょう。

上記1(2)に記載したCFE認定のための資格点数制度においては、以下の資格が「関連専門資格」として認められています。

> 公認会計士、弁護士、税理士、米国公認会計士（USCPA）、公認内部監査人（CIA）、システム監査技術者、公認情報システム監査人（CISA）、公認情報セキュリティマネージャー（CISM）、公認システム監査人（CSA）、セキュリティプロフェッショナル認定資格（CISSP）、公認AMLスペシャリスト（CAMS）、情報セキュリティアドミニストレータ、情報セキュリティスペシャリスト、米国公認管理会計士（CMA）、中小企業診断士、社会保険労務士、司法書士、行政書士（順不同）

日本企業における不祥事が相次ぐなかで、公認会計士や内部監査人に対しても不正リスク対応力の向上が強く求められるようになってきています。そのため、公認会計士や内部監査人さらには弁護士などが、CFEの資格を兼ね備えるケースが増えてきています。

3 不祥事件対策に資するその他のリソース

CFEを含む専門資格保有者には、資格取得後も常に知識やスキルを高め続けることが求められます。そのため、多くの専門資格が「継続的専門教育（Continuing Professional Education, CPE）」を資格保有者に義務づけています。CFEは、以下の分野に関連するCPE単位を年間20単位以上取得することが義務づけられています（20単位のうち10単位以上は不正検査に関連する内容、2単位以上は倫理に関する内容でなければなりませ

ん)。
- 不正検査:犯罪学、社会学、行動科学、調査・聴取・尋問に関する技術、不正監査、フォレンジック会計、損失防止、法執行、セキュリティ関連、法律
- 倫理:職業倫理、行動倫理、社会倫理等、倫理に関する諸分野(ACFEでは、倫理に関するCPEを年間2単位以上義務づけています)
- 会計・監査:会計・財務報告関連、基準設定団体による正式な会計原則、財務諸表やオペレーションシステム、プログラムの精査、内部統制や経営管理体制のレビュー、監査結果の報告、税務
- その他の専門分野:経営および管理・監督全般、業界固有の知識・スキルなど

資格保有の有無にかかわらず、自己啓発の一環としてこれらの分野に関するセミナーや通信講座を受講したり、参考図書を読んだり、検定試験に挑戦したりすることによっても、金融機関の現場および本部において不祥事件対策に携わる能力を高めることができます。継続は力なりです。

(甘粕 潔)

第Ⅱ編

不祥事件に関する法令・ルール

Q12 銀行法における不祥事件

設問

銀行法における不祥事件とはどのようなものでしょうか。また、いわゆるバスケット条項の解釈はどのようにすればよいでしょうか。

ポイント 銀行法上の不祥事件とは、銀行法施行規則35条7項において、概要、

① 業務遂行上の詐欺、横領、背任、その他の犯罪行為
② 出資法、不当契約取締法違反
③ 100万円以上の紛失事故
④ 海外発生事案
⑤ その他銀行業務に関する不祥事件

と定められており、これらに該当すれば、監督当局への届出が必要となります。

同項5号は、いわゆるバスケット（包括）条項であり、その解釈が問題となります。解釈には合理的な理由が必要となるため、コンプライアンス部や弁護士によるリーガル・チェック等の判断プロセスを確立しておくことが重要です。

銀行法上の不祥事件とは

　銀行法上の「不祥事件」は、銀行法施行規則35条7項で以下のとおり定義づけられています。

【銀行法施行規則35条7項】
　第1項第25号及び第4項第4号に規定する不祥事件とは、銀行等の取締役、執行役、会計参与（会計参与が法人であるときはその職務を行うべき社員を含む。）、監査役若しくは従業員又は銀行代理業者若しくはその役員（役員が法人であるときはその職務を行うべき者を含む。）若しくは従業員が次の各号のいずれかに該当する行為を行ったことをいう。
　一　銀行の業務又は銀行代理業者の銀行代理業の業務を遂行するに際しての詐欺、横領、背任その他の犯罪行為
　二　出資の受入れ、預り金及び金利等の取締りに関する法律又は預金等に係る不当契約の取締に関する法律（昭和32年法律第136号）に違反する行為
　三　現金、手形、小切手又は有価証券その他有価物の1件当たりの金額が100万円以上の紛失（盗難に遭うこと及び過不足を生じさせることを含む。）
　四　海外で発生した前3号に掲げる行為又はこれに準ずるもので、発生地の監督当局に報告したもの
　五　その他銀行の業務又は銀行代理業者の銀行代理業の業務の健全かつ適切な運営に支障を来す行為又はそのおそれがある

> 行為であって前各号に掲げる行為に準ずるもの

　すなわち、銀行法上の不祥事件は、概要、
① 業務遂行上の詐欺、横領、背任、その他の犯罪行為
② 出資法、不当契約取締法違反
③ 100万円以上の紛失事故
④ 海外発生事案
⑤ その他銀行業務に関する不祥事件
となります。

　銀行法が定める不祥事件が発生した場合には、銀行は、発生を知った日から30日以内に監督当局へ届出を行わなくてはならないこととなります（銀行法施行規則35条8項）。

2 業務遂行上の詐欺、横領、背任、その他の犯罪行為（1号）

　銀行法施行規則35条7項1号については、「銀行の業務……を遂行するに際しての」との文言がポイントの1つです。

　行員が飲酒運転、交通事故、暴力行為、痴漢等の犯罪行為を行った場合、たとえ業務外であっても、銀行の「不祥事」のように報道されることがありますが、銀行法は、あくまで「銀行の業務……を遂行するに際しての」犯罪行為を不祥事件ととらえているため、そのようなケースは銀行法上の「不祥事件」には該当しません。

　また、同号のポイントの2つ目は、同号が、銀行で発生する典型的な不祥事件である詐欺罪、横領罪、背任罪のみならず、「その他の犯罪行為」を含んでいる点です。たとえば、行員が自らのミスを隠蔽するため

に契約書を変造・偽造した場合には私文書偽造等の罪（刑法159条）に該当する可能性があり、契約書を捨ててしまった場合には私用文書等毀棄の罪（同法259条）等に該当する可能性があり、このような場合にも、不祥事件届出が必要となることがあります。

さらに、銀行法施行規則35条7項3号とは異なり、犯罪による被害金額についての基準は設けられておらず、犯罪行為が成立すれば、低額であっても不祥事件届出が必要となる点にも留意を要します。

3 出資法、不当契約取締法違反（2号）、100万円以上の紛失事故（3号）

銀行法施行規則35条7項2号は、出資法および不当契約取締法違反を問題とするものですが、実務的には、出資法3条に定める浮貸しが問題となることが多いといえます。

浮貸しとは、金融機関の役職員が、当該金融機関の資金、役職員自身の資金、もしくは顧客から個人的に預かった資金を、正規の金融機関の勘定を通さずに第三者に貸し付けることをいいますが、その詳細は**Q16**にて述べることとします。

銀行法施行規則35条7項3号は、現金、手形、小切手または有価証券その他の有価物で、1件当り100万円以上の紛失につき定めていますが、同号には、盗難にあうことや過不足を生じさせることを含みます。

4 その他銀行業務に関する不祥事件（5号）

銀行法施行規則35条7項5号は、「その他銀行の業務……の健全かつ

適切な運営に支障を来す行為又はそのおそれがある行為であって前各号に掲げる行為に準ずるもの」とされ、同項1号ないし4号とは異なり、具体的にいかなる行為が「不祥事件」に該当するかは記載されていません（このような条項の定め方を、一般に「バスケット条項」や「包括条項」といいます）。

　どのような例が5号に該当するかの判断は、一義的には各銀行に委ねられていますが、その判断には合理的な理由が必要となります。

　安易な判断で届出を行わなかった結果、後に不適切であると非難されることのないよう、コンプライアンス部や弁護士によるリーガル・チェック等の判断プロセスを確立しておくべきです。

（川西拓人）

Q13 不祥事件（金員の着服等）における刑罰

設問

金融機関で生じる金員の着服等の不祥事件にはどのような刑罰が定められているでしょうか。

ポイント 　金融機関で生じる不祥事件のうち、金員の着服等に適用される代表的な罪として、詐欺罪、横領罪（業務上横領罪）および背任罪があります。

　詐欺罪とは、人を欺いて財物を交付させ、または財産上不法な利益を得る行為等に対する罪です。たとえば、行員が、顧客に架空の金融商品の勧誘を持ち掛けて、その購入代金名目で金員を騙し取る行為があげられます。

　横領罪とは、自身が占有する他人の物を横領する行為に対する罪をいい、横領行為とは、他人の物の占有者が、委託の趣旨に背いて、その物について権限がないのに、所有者でなければできない処分をする意思が外部に表れることをいいます。たとえば、渉外担当の銀行員が、訪問先で預かった集金現金を保管中に自身で着服する行為があげられます。

　背任罪とは、①他人（金融機関）のためにその事務を処理する者が、②自己もしくは第三者の利益を図る目的または本人（金融機関）に損害を加える目的で、③その任務に背く行為をし、④本人（金融機関）に損害を発生させる犯罪をいいます。たとえば、金融機関の職員が、貸付金の回収が危ぶまれることを認識しながら、十分な担保を求めずに貸付を行う行為などがあげられます。

1 代表的な刑罰

金融機関で生じる不祥事件のうち、金員の着服等の事案に適用される代表的な刑罰として、詐欺罪（刑法246条）、横領罪（同法252条、業務上横領罪は同法253条）および背任罪（同法247条）があります。

2 詐欺罪

詐欺罪とは、人を欺いて財物を交付させ、または財産上不法な利益を得るもしくは他人に得させる行為に対する罪です。他人を欺き、結果として相手方の意思に基づいて財物を交付させる点で、相手方の意思に反して財産を奪う窃盗罪や強盗罪とは異なります。

詐欺罪の成立には、①欺罔行為→②相手方の錯誤→③処分行為→④財物・利益の移転の一連の流れが、相当な因果関係にあることが必要となります。詐欺罪に該当する行為としては、たとえば、金融機関の職員が、顧客に架空の金融商品の勧誘を持ち掛けて金員を騙し取る行為などがあります。

詐欺罪が成立すると、10年以下の懲役刑が科されることとなります。

また、金融機関において、金融機関の職員がオンラインシステムの預金端末機を操作して、実際には振替入金の事実がないにもかかわらず、自身の銀行口座に入金処理を行ったような場合、電子計算機使用詐欺罪（刑法246条の2）が適用され、同じく10年以下の懲役に処せられることとなります。

3 横領罪（業務上横領罪）

　横領罪とは、自身が占有する他人の物を横領する行為に対する罪をいいます。横領行為とは、他人の物の占有者が委託の趣旨に背いて、その物につき権限がないのに、所有者でなければできない処分をする意思が外部に表れることをいいます。

　横領行為の具体的態様としては、売買、贈与、質入れ、費消、着服等の行為があげられます。

　業務上自身が占有する他人の物について横領行為を行えば、業務上横領罪が成立します。行員による横領行為の大半については、業務上横領罪の成否が問題となります。

　業務上横領罪に該当する行為としては、たとえば渉外担当の銀行員が、訪問先で預かった集金現金を保管中に、自身で着服する行為があげられます。

　横領罪が成立すると5年以下の懲役、業務上横領罪が成立すると10年以下の懲役が科されることとなります。

4 背任罪

　背任罪とは、①他人（金融機関）のためにその事務を処理する者が、②自己もしくは第三者の利益を図る目的または本人（金融機関）に損害を加える目的で、③その任務に背く行為をし、④本人（金融機関）に損害を発生させる犯罪をいいます。

　①「他人（金融機関）のために事務を処理する者」については、その

事務処理について独立の権限をもち、決裁権を有することまで必要ではなく、補助機関として事務を処理する者であっても、自己の担当する事務の範囲内で任務違背があれば、背任罪は成立しえます。

②の目的は「図利（とり）加害目的」といいます。

金融機関の利益を図る目的と図利加害目的が併存している場合でも、主たる目的が図利加害目的にあれば、背任罪が成立しうると考えられます。なお、自己もしくは第三者の「利益」や金融機関に対する「損害」には、財産上の利益だけでなく、自己の地位の保全や信用・面目の維持といった身分上の「利益」や「損害」も含むと考えられています。

③の任務違背行為とは、事務処理における信認関係に違背する行為、すなわち、その事務の処理者として当該事情のもとで当然に期待される行為を行わないことをいいます。任務違背行為の具体例としては、金融機関の職員による不正貸付行為があげられ、たとえば、金融機関の職員が、貸付金の回収が危ぶまれることを認識しながら、十分な担保を求めずに貸付を行う行為などがあります。

金融機関の職員による行為が、自身の裁量の範囲を超えて背任罪における任務違背行為といえるか否かは、金融機関の内部規程やマニュアル、業界の慣行等を総合的に考慮し、判定されることとなります。

④について、背任罪は任務違背行為を行っただけでは既遂とならず、財産上の損害が生じてはじめて完成することとなります。

ここでいう財産上の損害は、財産上の実害を発生させた場合だけでなく、財産上の実害発生の危険を生じさせた場合（任務違背により無担保で貸付を行った場合など）も含むと解されています。

また、金融機関の職員のなかでも、「支配人」や「事業に関するある種類又は特定の事項の委任を受けた使用人」（会社法960条1項）に当たる者（支店長や融資担当者等）が背任行為を行った場合、特別背任罪が

成立しえます。

　背任罪が成立すると5年以下の懲役または50万円以下の罰金が、特別背任罪が成立すると、10年以下の懲役または1,000万円以下の罰金が科されるおそれがあります。

（川西拓人）

Q14 不祥事件（金員の着服以外）における刑罰

設問

金融機関で生じる不祥事件のうち、金員の着服以外のものにはどのような刑罰が定められているでしょうか。

ポイント 私文書偽造罪とは、行使の目的で、他人の印章または署名を用いて、権利、義務または事実証明に関する文書等を偽造する罪で、たとえば、金融機関の職員が、行使の目的をもって無断で顧客名義の預金の払戻請求書を作成すれば、当該犯罪が成立することがあります。

公文書についても、行使の目的で、公務所、公務員の印章、署名を使用し、または偽造した公務所、公務員の印章、署名を使用して、公文書等を偽造すれば、公文書偽造罪が成立することとなります。

なお、権利または義務に関する他人の文書または電磁的記録を毀棄した場合、私用文書毀棄罪が成立しますが、当該罪は親告罪とされていることに注意が必要です。

1 私文書偽造等および偽造私文書等行使

金融機関で生じる不祥事件のうち、金員の着服以外に関する犯罪としては、私文書の偽変造および同行使があります。

第Ⅱ編　不祥事件に関する法令・ルール　77

(1) 私文書偽造等

私文書偽造罪（刑法159条1項）とは、行使の目的で、他人の印章または署名を用いて、権利、義務または事実証明に関する文書等を偽造する罪です。当該犯罪が成立すれば3カ月以上5年以下の懲役刑が科される可能性があります。

「行使の目的」とは、偽造した文書を、真正の文書として使用する目的をいいます。

銀行業務に用いられる文書の多くは、「権利、義務または事実証明に関する文書」に該当し、たとえば、預金の払戻請求書、融資申込書、諸契約書、約定書、領収証などはこれに当たると考えられます。

「偽造」とは、作成権限を有しない者が、他人の名義を冒用して文書を作成することをいい、たとえば、金融機関の職員が、無断で顧客名義の預金の払戻請求書を作成することは、偽造に当たりえます。

他人が押印または署名した権利、義務または事実証明に関する文書等を「変造」した者も、3カ月以上5年以下の懲役刑が科される可能性があります（同条2項）。

ここでいう「変造」とは、名義人でない者が、真正に成立した文書の内容に改ざんを加えることをいいます。

(2) 偽造私文書等行使罪

偽造私文書等行使罪（刑法161条）とは、偽造・変造された文書を行使する罪です。「行使」とは、偽造文書等を、真正の文書として使用すること、すなわち、他人に認識させ、または認識しうる状態に置くことをいいます。金融機関の職員が、偽造文書等を偽造されたことを知らない者にみせれば、当該行為は「行使」に当たりえます。

他人の印章または署名を用いて偽造した、権利、義務または事実証明に関する文書を行使した場合、3カ月以上5年以下の懲役刑が科される可能性があります。

2 公文書偽造

　私文書のみならず、公文書についても、公文書偽造罪（刑法155条1項）および公文書変造罪（同条2項）が定められています。

　公文書偽造罪とは、行使の目的で、公務所、公務員の印章、署名を使用し、または偽造した公務所、公務員の印章、署名を使用して、公文書等を偽造する罪で、公文書変造罪とは、公務所または公務員が押印しまたは署名した文書等を変造する罪です。

　「行使の目的」や「偽造」「変造」の意義については、私文書偽造等と同様に解され、当該犯罪が成立すれば、1年以上10年以下の懲役刑が科されることとなります。

　たとえば、金融機関の顧客が取引時確認の際に必要な運転免許証等を偽造し、これに金融機関職員が関与していれば、公文書偽造罪の共犯に該当する可能性があります。

3 私用文書毀棄

　権利または義務に関する他人の文書または電磁的記録を毀棄した場合には、私用文書毀棄罪が成立します（刑法259条）。

　「権利または義務に関する文書」とは、権利義務の存否、得喪、変更

等を証明できる文書をいい、契約書、領収書、債権譲渡証等はこれに該当すると考えられます。

また、「権利または義務に関する電磁的記録」としては、金融機関のオンラインシステムにおける預金元帳ファイルの記録等があります。

「毀棄」とは、文書の本来の効用を毀損するいっさいの行為をいい、文書を破る、焼く、丸めて投げ捨てる等によって物理的に毀損する行為のみならず、文書の一部を抹消する行為もこれに含まれます。

たとえば、金融機関の職員が、顧客との金銭消費貸借契約書を破いてしまうといった行為があれば、私用文書毀棄罪の構成要件を満たすことがありえます。

ただし、私用文書毀棄罪は親告罪で、告訴がなければ公訴提起がなされない罪とされています（同法264条）。

（川西拓人）

Q15 不祥事件への対応

設問

不祥事件が判明した場合、金融機関ではどのような対応が必要となりますか。また、監督指針や検査マニュアルでは、不祥事件の防止や発生時の対応についてどのような記載がありますか。

ポイント

不祥事件発生時には、迅速かつ的確に、
① 行内での情報共有
② 事実調査・原因分析
③ 被害拡大の防止
④ 被害者対応
⑤ 不祥事件届出
⑥ 公表の要否の検討
⑦ 再発防止策の策定とフォローアップ

等の対応が必要となります。

　監督指針および検査マニュアルにおいても、不祥事件の未然防止、発生時の報告・連携・届出態勢、責任の明確化等の観点から、監督上の着眼項目や金融検査の検証項目が定められています。

1 不祥事件発生時の対応

不祥事件が発生した場合、金融機関では以下のような対応が必要となります。実際に不祥事件が発生した場合には、きわめて短時間のうちに的確な対応をとることが求められ、対応の担当部署や手順は、あらかじめ定めておくことが望ましいといえます。

(1) 行内での情報共有

行内規程に沿って、すみやかに不祥事件の発生を関係部門や取締役会等に報告し、行内で情報共有を行います。

(2) 事実調査・原因分析

内部監査部門やコンプライアンス統括部門等の、事件から独立した部署によって事実の調査・解明および原因分析を行います。重大な法令違反の疑いがある場合、必要に応じて弁護士や外部専門家等の第三者による調査が必要となる場合があります。

(3) 被害拡大の防止

同種の被害拡大が懸念される場合、すみやかにその防止策がとられる必要があります。たとえば、クレジットカード情報漏洩事案では、すみやかに対策を講じなければ被害がいっそう拡大する可能性があり、顧客への通知等の対策が必要となります。

(4) 被害者対応等

被害者への謝罪や損害賠償等の対応が必要となります。また、不祥事

件が刑事事件に該当する場合、警察への告訴や被害届の提出等も検討します。さらに、行為者への懲戒処分についても検討する必要があります。

(5) 不祥事件届出

銀行法に沿った不祥事件の届出が必要となります。

(6) 公表の要否の検討

レピュテーショナルリスク（風評リスク）を考慮しながら、不祥事件を公表するか否かを検討することとなります。安易に非公表とすることは、不祥事件を「隠蔽」したとの風評を生じさせる可能性があることに留意が必要です。

(7) 再発防止策の策定とフォローアップ

不祥事件の再発防止策を策定します。組織横断的な検証に基づき、同種のリスクを広く防止するような再発防止策の策定が必要です。また、再発防止策は、策定された後、その効果や実施状況をフォローアップすることが必要となります。

2 監督指針の定め

中小・地域金融機関は、不祥事件等に関する監督上の対応（中小・地域金融機関向けの総合的な監督指針Ⅱ－3－1－1）および役員による法令等違反行為への対応（同Ⅱ－3－1－2）として、以下の定めを置いています。

不祥事件の第一報に際し、
・本部の内部監査部門等および取締役会等への報告
・警察等関係機関等への通報
・事件とは独立した部署での調査・解明の実施
が確認点とされているほか、役員による法令違反については、別途、着眼項目が設けられ、第三者による調査に言及されている点が重要といえます。

【Ⅱ－3－1－1　不祥事件等に対する監督上の対応】
　役職員の不祥事件等に対する業務改善命令等の監督上の対応については、以下のとおり、厳正に取り扱うこととする。
⑴　不祥事件等の発覚の第一報
　　銀行において不祥事件等が発覚し、第一報があった場合は、以下の点を確認するものとする。
　①　本部等の事務部門、内部監査部門への迅速な報告及びコンプライアンス規定等に則った取締役会等への報告。
　②　刑罰法令に抵触しているおそれのある事実については、警察等関係機関等への通報。
　③　事件とは独立した部署（内部監査部門等）での事件の調査・解明の実施。
⑵　不祥事件等届出書の受理
　　法第53条に基づき、銀行が不祥事件の発生を知った日から30日以内に不祥事件等届出書が提出されることとなるが、当該届出書の受理時においては、法令の規定に基づき報告が適切に行われているかを確認する。
　なお、銀行から第一報がなく届出書の提出があった場合は、上

記(1)の点も併せて確認するものとする。

　(3)　主な着眼点

　　　不祥事件と業務の適切性の関係については、以下の着眼点に基づき検証する。

　　①　当該事件への役員の関与はないか、組織的な関与はないか。

　　②　当該事件の内容が銀行の経営等に与える影響はどうか。

　　③　内部けん制機能が適切に発揮されているか。

　　④　改善策の策定や自浄機能は十分か。

　　⑤　当該事件の発覚後の対応は適切か。

　(4)　監督上の措置

　　　不祥事件等届出書の提出があった場合には、事実関係、発生原因分析、改善・対応策等についてヒアリングを実施し、必要に応じ、法第24条に基づき報告を求め、さらに、重大な問題があるときは、法第26条に基づく業務改善命令等を発出することとする。

【Ⅱ－3－1－2　役員による法令等違反行為への対応】

Ⅱ－3－1－2－1　意義

(1)　銀行業務を遂行するに際しての役員による組織的な法令違反行為については、当該個人の責任の問題に加え、法人としての銀行の責任も問われる重大な問題であり、信用失墜・風評等により銀行の経営に重大な影響を及ぼすことに留意すべきである。

(2)　さらに、公共性を有し、地域経済において重要な機能を有する銀行において、顧客等とのリレーションシップに基づく信頼関係を阻害するような問題が発生した場合には、地域の

金融システムの安定性に大きな影響を及ぼすおそれがあることを銘記する必要がある。

Ⅱ－3－1－2－2　監督手法・対応

(1)　検査結果、不祥事件等届出書等により、役員による組織的な法令違反の疑いがあると認められた場合には、厳正な内部調査を行うよう要請し、法第24条に基づき報告を求める。

　　特に、重大な法令違反の疑いがある場合には、事案に応じ、弁護士、外部専門家等の完全に独立した第三者（注）による客観的かつ厳正な調査を行うよう要請し、法第24条に基づき報告を求める。

　（注）　例えば顧問弁護士は、完全な第三者には当たらないことに留意する。

(2)　当該調査結果及び銀行の対応等を踏まえ、法第27条に基づく行政処分など、法令に則して、厳正な行政上の対応を検討する。

3　検査マニュアルの検証項目

(1)　法令等違反行為の未然防止および再発防止

　金融検査マニュアルの法令等遵守態勢の確認検査用チェックリストにおける検証項目のうち、不祥事件等（金融検査マニュアルでは、「法令等違反行為」との用語が用いられています）の未然防止および再発防止に関する代表的なものとして、以下の項目があげられます。

- コンプライアンス統括部門の態勢を整備し、牽制機能を発揮させる施策の実施状況（Ⅱ.1.(2)①(ⅰ)）
- コンプライアンス関連情報を収集・分析し、法令等違反行為の未然防止、再発防止を含む法令等遵守態勢の改善のために役立てる態勢の整備状況（たとえば、ヘルプライン、コンプライアンス・ホットライン等）（Ⅱ.1.(2)②）

(2) 報告、連携、届出態勢等の整備

法令等違反行為が発生した場合の対応に関する検証項目として、法令等遵守態勢の確認検査用チェックリストにおいては、以下のような検証項目があげられています。

a 管理者の役割・責任に関する検証項目
- 法令等違反行為の疑いがあると判断された場合の連絡すべき部署等が明確に規定されたコンプライアンス・マニュアルの策定（Ⅱ.1.(1)④）
- 法令等違反行為の疑いがあると判断された場合のすみやかな事実関係の調査、届出対象となる不祥事件該当性の検証、必要な場合にすみやかに届出を行う態勢の整備状況等（Ⅱ.1.(2)⑤）
- 法令等違反行為等に関する情報について、情報を保有する部門等から適切に情報を報告させ、取得し、分析・検討のうえ、顧客サポート等管理責任者等に還元する態勢の整備状況（Ⅱ.1.(2)⑥(ⅱ)）
- 定期的または必要に応じた、取締役会等に対する報告態勢の整備状況。特に、経営に重大な影響を与える、または顧客の利益が著しく阻害される事案についての取締役会等に対するすみやかな報告の実施状況（Ⅱ.1.(2)⑧）

b コンプライアンス統括部門の役割・責任に関する検証項目
- 法令等違反行為等に関する事実確認の実施、または利害関係のない部

署へ事実確認させたうえで法令等違反行為の検証を行っているか（Ⅱ.2.④(ⅰ)）
- 法令等違反行為に該当するまたはそのおそれが強いと判断した事象の管理者への報告状況、および関連部門等との連携状況。不祥事件の届出の要否、疑わしい取引の届出の要否、適時開示の要否等の検討状況（Ⅱ.2.④(ⅱ)）
- 適時適切な法令等違反行為の背景、原因、影響の範囲等についての調査、または事件と利害関係のない部署に調査させたうえでの分析、およびその結果の管理者への報告状況（Ⅱ.2.④(ⅲ)）
- 再発防止の観点からの分析結果の管理者や営業店長等への還元、未然防止措置のすみやかな実施状況（Ⅱ.2.④(ⅳ)）
- 情報を保有する部門等から適切に報告させ、取得した法令等違反行為に関する情報の分析・検討結果についての顧客サポート当管理責任者への還元状況（Ⅱ.2.⑤(ⅲ)）

(3) 責任の明確化等

法令等違反行為に関する責任の明確化等に関する検証項目として、法令等遵守態勢の確認検査用チェックリストにおいては、以下のような検証項目があげられています。

- 法令等違反行為の発生部署とは独立した事実関係の調査・解明、関係者の責任追及、監督責任の明確化を図る態勢の整備状況。法令等違反行為の行為者およびその管理責任者等に対する責任の明確化、責任追及の適切な遂行状況（Ⅲ.3.①）
- 賞罰・人事考課の評価項目における法令等遵守について考慮される態勢の整備状況（Ⅲ.4.②）

(川西拓人)

Q16 浮貸し

設問

浮貸し、導入預金とはどのような犯罪でしょうか。

ポイント

出資法3条は、①金融機関の役職員その他の従業者が、②その地位を利用して、③自己または当該金融機関以外の第三者の利益を図るため、④金銭の貸付、金銭の貸借の媒介または債務の保証を行うことを禁止しており、当該行為が「浮貸し」と呼ばれます。

また、導入預金とは、預金等に係る不当契約の取締に関する法律（以下「不当契約取締法」といいます）における禁止行為で、たとえば、「預金者が、金融機関に預金をするにあたって、あらかじめ資金を必要とする第三者と通謀し、預金を担保に入れないまま、預金の範囲内で当該第三者に融資することを金融機関に要求し、かつ、当該第三者または金融機関との間に裏利息の支払を受けることを約し、金融機関が当該預金を受け入れること」をいいます。

浮貸しおよび導入預金は、いずれも金融機関の健全な運営を目的とする規制で、銀行法上、不祥事件届出の対象とされています。

1 浮貸しと不祥事件

銀行法施行規則35条7項2号においては、以下のとおり、出資法および不当契約取締法違反の行為が不祥事件とされています。

> 【銀行法施行規則35条7項2号】
>
> 　出資の受入れ、預り金及び金利等の取締りに関する法律又は預金等に係る不当契約の取締に関する法律（昭和32年法律第136号）に違反する行為

　同号との関係で、実務的に問題となることが多いのは、出資法3条に定める「浮貸し」の事案です。

2　浮貸し等の禁止

　出資法3条は、
① 　金融機関の役職員その他の従業者が、
② 　その地位を利用して、
③ 　自己または当該金融機関以外の第三者の利益を図るため、
④ 　金銭の貸付、金銭の貸借の媒介または債務の保証を行うこと、
を禁止しており、かかる行為は浮貸しと呼ばれます。
　たとえば、以下のような行為が浮貸しに該当します。
・金融機関の役職員が、窓口で受け入れた預金、掛金等を、金融機関の勘定を通さないで流用し、他人に貸し付けて利益を得ること
・金融機関の役職員が、窓口等で預金の預入れや払戻請求に来た顧客に借主を紹介して貸借の媒介を行い、手数料や謝礼の名目で利得を得ること
・支店長が、本店の承認を得ることなしに、金融機関が手形保証をするように装って、支店長個人として手形保証を行い、保証料や謝金を取

得すること

浮貸しの禁止の趣旨は、金融機関の役職員がサイドビジネスとして金銭の貸付等の行為を行うことで、公共性のある金融機関業務の健全かつ公正な運営が害されること、および金融機関の役職員たる地位を利用して行うことで金融機関の信用を失墜させ、一般預金者に不慮の損害を被らせるおそれがあること、とされています。

したがって、金融機関職員がリベートを受け取ることなどを目的に、貸付の媒介を行った場合、刑事罰の対象となることがあり、3年以下の懲役もしくは300万円以下の罰金、またはこれが併科されることされています（出資法8条3項）。

3　浮貸しに関する判例

銀行の支店長の行為が浮貸しに該当すると判断された事件があります（最高裁判所平成11年7月6日決定・最高裁判所刑事判例集53巻6号495頁）。

同事件において、銀行の支店長は、取引先Xの実質的経営者である仕手筋の大物Yに依頼されて、支店の取引先で、多額の不動産を有する顧客Zらを紹介し、顧客Zらから取引先Xへの高利の融資をあっせんし、顧客Zらには、その資金としてノンバンクからの貸付が受けられるよう、手配しました。

その結果、ノンバンクや顧客Zらから支店に多額の協力預金が預けられ、また、支店長はYから株式情報を得ました。支店は業績表彰を受ける一方で、支店長はYから得た株式情報に基づいて株式の売買により利益を得たうえ、別途、現金での謝礼も受けていました。

また、当該支店長は、転任後の支店においても、顧客（の実質的経営

者）から依頼を受けて、取引先の実質的経営者を紹介し、両者間の融資取引をあっせんし、謝礼を受け取っていました。

同決定は、浮貸しが禁止される趣旨を、「そのような行為が、当該金融機関の信用を失墜させ、ひいては一般預金者大衆に不慮の損害を被らせるおそれがあるため、これを取り締まろうとする点にある」としたうえ、出資法3条の禁止する金銭の貸付、金銭の貸借の媒介または債務の保証は、「金融機関の役職員等が、その業務の遂行としてではなく、自己の責任と計算において行うものであることを要する」としています。本件では、融資資金の一部が銀行から顧客らに貸し付けられ、また、顧客らを紹介したことによりノンバンクが銀行に協力預金をしたことがあるからといって、これのみによって、融資の媒介行為が銀行業務として行われたこととなるとはいえず、自己の責任と計算において行われたものに当たるとして、出資法3条の禁止行為に該当するとの判断が示されました。

4 浮貸しが問題となった例

浮貸しに関しては、以下のように業務改善命令の対象となった事例が存在します。

【行政処分事例】
1．X信用金庫において、元役員が出資法第3条に違反する行為「浮貸し」の容疑で逮捕されたことから、信用金庫法第89条第1項において準用する銀行法第24条第1項の規定に基づき、事実関係等について報告を受けたところ、事故者が常勤理事・営業

推進部長であることに加え、金庫役職員の法令等遵守意識も未だ醸成されていないなど、内部管理態勢に問題があると認められた。
2．このため、本日、同金庫に対し、信用金庫法第89条第1項において準用する銀行法第26条第1項の規定に基づき、下記の内容の業務改善命令を発出した。

記

(1) 法令等遵守態勢を確立し健全な業務運営を確保するため、以下の観点から内部管理態勢を充実・強化すること。
　1　法令等遵守に取り組む経営姿勢の明確化
　2　理事会の機能強化による法令等遵守態勢の確立
　3　役職員の法令等遵守意識の醸成・徹底
　4　監事機能の充実・強化

（以下、略）

（出所）　東海財務局ホームページより抜粋のうえ、一部加工

　また、行政処分には至らないものの、金融機関から公表される不祥事件のなかには、たとえば以下のように、浮貸しが問題となる事例が見受けられます。

・X銀行
　営業店勤務の元行員（男性、30歳代）が、平成27年4月から同年12月までの間、顧客のローンまたは融資の返済資金から総額約3,500万円を不正に流用し、別の顧客に、運転資金等として、正規の事務手続を経ず、融資名目で総額約4,000万円の浮貸しを行っていた。

顧客からの問合せを受けて行った調査により発覚したが、発覚時点での流用残高は約1,500万円であった。

・Y信用金庫

事故者（融資担当役席、40歳代）がA支店在勤中、正規の融資手続を経ずに自己資金で顧客への融通（浮貸し）を行っていたほか、融資返済金等の立替、内部文書の変造および不正使用を行っていた。

浮貸しについては、利息を徴収しておらず、金銭的利益を目的として行ったものではなかったが、事故者に対する人事評価の低下を防ぐなど、保身のために行っていた。なお、顧客の預金等を着服、横領した事実は確認されなかった。

（注）事例は、いずれも平成28年の公表事例を基にしているが、理解の便宜のため、適宜、加工を行っている。

5 導入預金

銀行法施行規則35条7項2号においては、浮貸しのみならず、不当契約取締法違反の行為が不祥事件とされています。同規則違反の行為として、導入預金があげられます。

導入預金とは、たとえば、

・預金者が、金融機関に預金するにあたって、あらかじめ資金を必要とする第三者と通謀し、預金を担保に入れないまま、その預金の範囲内で当該第三者に融資することを金融機関に要求し、かつ、当該第三者または金融機関との間に裏利息の支払を受けることを約し、金融機関が当該預金を受け入れること

・金融機関から融資を受けようとする者が、自身に対する融資を条件として金融機関に預金をあっせんし、かつ、預金者に裏利息を支払うことを約束したうえで預金させ、金融機関がこれを受け入れること

等があります。

　これらの行為が行われると、当該預金が融資の資金源とはなるものの、正式には担保設定されていないため、法律上は融資の返済の引当とならず、結果として、金融機関における経営の健全性が害されるおそれがあることから、禁止行為とされたものです。

（川西拓人）

Q17 反社会的勢力対応に関連する不祥事

設問

金融機関の反社会的勢力対応に関連する不祥事としてどのような事例が存在するでしょうか。また、反社会的勢力の関与する事案に対応する際の留意点は何でしょうか。

ポイント　金融機関において反社会的勢力対応が問題となった不祥事としては、提携ローンに関する反社会的勢力との関係遮断が不十分であった事案や反社会的勢力と知りつつ、融資取引が行われていた事案等があります。

金融機関に対する反社会的勢力との関係遮断の要請は強く、反社会的勢力と取引等の関係を有した場合、取引条件が特に反社会的勢力を利するようなものでなかったとしても、金融機関は、厳しい風評被害や行政処分を受けるおそれがあります。

1　反社対応に関連する不祥事

平成19年6月19日、犯罪対策閣僚会議の申合せとして「企業が反社会的勢力による被害を防止するための指針」が発出され、また、平成23年10月1日までにすべての都道府県でも同日までに暴力団排除条例が施行され、わが国の企業活動において、反社会的勢力との関係遮断の要請は重要なものといえます。

とりわけ、金融取引は反社会的勢力の資金源となったり、マネーローンダリングに利用されたりするおそれが強いことから、金融機関には一般事業会社に比してもより強い反社会的勢力との関係遮断が求められ、監督指針においても、反社会的勢力対応のための態勢整備が厳格に求められています。

このため、金融機関が、反社会的勢力との関係を十分に遮断できていない場合や、反社会的勢力と融資等の関係を有するに至っていたことが判明した場合、報道等で厳しい論調で「不祥事」として論じられるとともに、行政処分等の厳しい行政対応が行われることがあります（なお、反社会的勢力の関与する事案は、必ずしも銀行法が定義する「不祥事件」に該当するものでありません）。

2 反社会的勢力対応が問題となった行政処分事例

(1) 反社会的勢力との関係遮断が不十分であった事例

銀行グループとしての反社会的勢力との関係遮断が不十分であったことが問題とされた平成25年の行政処分事例として、以下のものがあります。

【行政処分事例（主要行等、平成25年）】
　当庁による立入検査（平成25年12月結果通知）及び銀行法第24条第1項の規定に基づく報告やヒアリングによると、以下のような重大な問題点が認められた。
1．平成22年12月にキャプティブローンに多数の反社取引がある

ことを認識した後も、当時の頭取をはじめとする取締役はX社（グループ会社）の営業への配慮や、キャプティブローンに係る取引は比較的短期で解消されるとの認識などから、キャプティブローンに係る入口チェック及び反社取引解消策を含めた課題の洗出しや、課題解決に向けての時間軸の設定等、反社取引排除の態勢整備について、具体的かつ明確な方策を立てることなく、現場（コンプライアンス統括部）任せにして放置していたこと。

2．キャプティブローンを担当する個人グループ担当役員は、キャプティブローンに反社取引が相当数存在し得ることや、その後課題解決が図られていないことを承知していたにもかかわらず、個人業務部及びローン営業開発部に、コンプライアンス統括部と連携してX社の支援・指導を行わせておらず、入口チェック導入等の態勢整備に主体的に取り組んでいなかったこと。

3．旧Y銀行の業務管理部担当役員及び業務管理部は、X社独自の不芳属性先データが極端に少ないことや、事後チェックにより反社認定先が認められている事実を把握していたにもかかわらず、グループ会社の経営管理の観点から、X社に対して、反社管理の態勢整備について適切な指導・管理を主体的に行っていなかったこと。

4．平成23年7月以降、当時の頭取をはじめとする取締役は、反社会的勢力への対応に係る社会的要請が高まる中、金融機関の信頼維持には法令等遵守の徹底が決定的に重要であるにもかかわらず、フロント部署に業務推進を優先させ、反社管理に当事者意識を持つようコンプライアンス意識を醸成していなかったほか、コンプライアンス担当役員等に適材適所の観点から専門

> 性のある適切な人材を配置していなかったこと。
> 　このような中、当時のコンプライアンス担当役員やコンプライアンス統括部長は、キャプティブローンの内容を理解することなく、事後チェック結果のコンプライアンス委員会等への報告や、入口チェック導入及び反社取引解消策の検討を行っていなかったこと。
> 　　　　　　　　　　　　　　　　　　　　　（以下、略）

(出所)　金融庁ホームページより抜粋のうえ、一部加工

　同事例は、銀行グループが取り組んでいた4者提携ローンにおいて、融資先の反社チェックが不十分であった結果、顧客に反社会的勢力が存在することが問題とされた例ですが、報道等でも厳しく論じられるとともに、反社会的勢力対応に係る監督指針の改正にもつながったものです。

　なお、「中小・地域金融機関向けの総合的な監督指針」（以下「中小監督指針」といいます）のうち、当該事例を受けて改正された反社会的勢力対応に係る記載の概要は、以下のとおりです。

> **【中小監督指針Ⅱ－3－1－4－2】**
> (1)　組織としての対応
> 　・反社会的勢力との関係遮断への組織的な対応
> 　・グループ一体としての対応
> 　・グループ外と提携して提供する取引における反社会的勢力排除
> (2)　反社会的勢力対応部署による一元的な管理態勢の構築
> 　①　反社会的勢力データベースの構築・運用、グループ内での

情報共有
　②　警察等の外部専門機関との連携体制の構築
　③　反社会的勢力との取引が判明した場合等の報告体制
(3)　適切な事前審査の実施
　・事前審査の実施、契約書や約款への暴力団排除条項の導入の徹底
　・提携ローンにおける反社会的勢力対応
(4)　適切な事後検証の実施
(5)　反社会的勢力との取引解消に向けた取組み
　①　反社会的勢力との取引判明時の経営陣への報告、経営陣の対応
　②　預金保険機構、整理回収機構を利用した反社会的勢力との取引の解消
　③　取引開始後に相手方が反社会的勢力と判明した場合の対応
　④　反社会的勢力であることが判明した場合の資金提供、取引の防止
(6)　反社会的勢力による不当要求への対処
　①　不当要求の経営陣への報告、経営陣の対応
　②　不当要求があった場合の警察等の外部専門機関との連携
　③　不当要求に対しての民事上、刑事上の対応
　④　不当要求が役職員の不祥事を理由とする場合の対応
(7)　株主情報の管理

(2)　反社会的勢力と関係を有したことによる行政処分事例

また、信用金庫の経営陣が、トラブル回避の観点から反社会的勢力へ

の融資取引等を容認していたこと等を理由として行われた行政処分として以下のものがあります。

> 【行政処分事例（信用金庫、平成22年）】
> 　Ｘ信用金庫については、当局検査において、反社会的勢力に対する融資取引等の対応について、経営陣等が経営方針に反してトラブル回避を優先し、当該取引を容認していることが判明したことから、同勢力との関係遮断に向けた取組みの状況等について、信用金庫法89条１項において準用する銀行法24条１項の規定に基づき報告を求めた。
> 　その結果、法令等遵守態勢の確立に向けた取組みが不十分であるとともに、理事会や監事等による経営監視・牽制機能が働いていないなど、経営管理態勢に重大な問題があると認められた。

　さらに、地方銀行の支店において、支店長が専決権限による融資を反社に行っていた事案でも行政処分が行われています。当該事案では、過剰な接待・贈答にも言及されており、反社会的勢力との不適切な関係が存在したことがうかがわれる事例といえます。

> 【行政処分事例（地方銀行、平成21年）】
> １．株式会社Ｘ銀行が公表した元行員による不祥事件について、銀行法24条１項の規定に基づき報告を求めたところ、以下のような問題が認められた。
> ⑴　経営陣は、営業店において融資の審査過程で相互牽制が機能していないことやコンプライアンス責任者が自ら内部規定に違反していることを把握できていない。また、複数の行員

> が融資先より過剰な接待・贈答を受けているなど法令等遵守意識が欠如しており、行員に対する教育・指導が不十分であるなど、経営管理態勢および法令等遵守態勢が不十分なものとなっている。
> (2) 本部において反社会的勢力に係る情報を積極的に収集・分析していないほか、外部専門機関との緊密な連携が行われていないなど、反社会的勢力による被害の防止に向けた取組みが不十分なものとなっている。
> (3) 支店長権限融資の審査において営業店内の相互牽制がまったく機能していないほか、同融資の本部における管理も形式的なチェックが中心であり、実効性のある相互牽制態勢が構築されていない。
> (4) 内部監査部門は、営業店内の相互牽制機能の有効性や反社会的勢力による被害防止態勢の有効性の検証等を実施しておらず、監査機能が十分に発揮されていない。

3 反社会的勢力の関与する不祥事に関する留意点

(1) 反社会的勢力との取引等による影響

　金融機関に対する反社会的勢力との関係遮断の要請は強く、反社会的勢力と取引等の関係を有した場合、取引条件が特に反社会的勢力を利するようなものでなかったとしても、金融機関は、厳しい風評被害や行政処分を受けるおそれがあります。

金融庁が公表する、行政処分の発出に関する基準「金融上の行政処分について」においても、行為の重大性・悪質性の要素として、

> ◎反社会的勢力との関与の有無
>   反社会的勢力との関与はなかったか。関与がある場合には、どの程度か。

とあるとおり、不祥事に反社会的勢力が関与していた場合、厳しい行政処分が行われる可能性が高まります。

(2) 反社会的勢力の関与する不祥事への対応

反社会的勢力との取引に関連する不祥事が判明し、反社会的勢力との取引解消を行う場合の留意点としては、中小監督指針の以下の記載が参考となります。

> 【中小監督指針Ⅱ-3-1-4-2】
> (5) 反社会的勢力との取引解消に向けた取組み
>   ① 反社会的勢力との取引が判明した旨の情報が反社会的勢力対応部署を経由して迅速かつ適切に取締役等の経営陣に報告され、経営陣の適切な指示・関与のもと対応を行うこととしているか。
>   ② 平素から警察・暴力追放運動推進センター・弁護士等の外部専門機関と緊密に連携しつつ、預金保険機構による特定回収困難債権の買取制度の積極的な活用を検討するとともに、当該制度の対象とならないグループ内の会社等においては株式会社整理回収機構のサービサー機能を活用する

等して、反社会的勢力との取引の解消を推進しているか。
③ 事後検証の実施等により、取引開始後に取引の相手方が反社会的勢力であると判明した場合には、可能な限り回収を図るなど、反社会的勢力への利益供与にならないよう配意しているか。
④ いかなる理由であれ、反社会的勢力であることが判明した場合には、資金提供や不適切・異例な取引を行わない態勢を整備しているか。

また、反社会的勢力から不祥事件に関連して不当要求を受けたような場合の対応については、中小監督指針の以下の記載が参考となります。

【中小監督指針Ⅱ－3－1－4－2】
(6) 反社会的勢力による不当要求への対処
① 反社会的勢力により不当要求がなされた旨の情報が反社会的勢力対応部署を経由して迅速かつ適切に取締役等の経営陣に報告され、経営陣の適切な指示・関与のもと対応を行うこととしているか。
② 反社会的勢力からの不当要求があった場合には積極的に警察・暴力追放運動推進センター・弁護士等の外部専門機関に相談するとともに、暴力追放運動推進センター等が示している不当要求対応要領等を踏まえた対応を行うこととしているか。特に、脅迫・暴力行為の危険性が高く緊急を要する場合には直ちに警察に通報を行うこととしているか。
③ 反社会的勢力からの不当要求に対しては、あらゆる民事上の法的対抗手段を講ずるとともに、積極的に被害届を提

出するなど、刑事事件化も躊躇しない対応を行うこととしているか。
④ 反社会的勢力からの不当要求が、事業活動上の不祥事や役職員の不祥事を理由とする場合には、反社会的勢力対応部署の要請を受けて、不祥事案を担当する部署が速やかに事実関係を調査することとしているか。

(川西拓人)

Q18 顧客情報漏洩等に関する不祥事

> **設問**
>
> 金融機関の顧客情報漏洩等に関連する不祥事としてどのような事例が存在するでしょうか。また、顧客情報漏洩等の事案への対応の留意点は何でしょうか。

ポイント　金融機関において顧客情報漏洩等が問題となった不祥事として、保険会社の顧客のクレジットカード情報漏洩事案、地方銀行の外部委託先社員による、顧客情報を利用したキャッシュカード偽造事案等があげられます。

顧客情報漏洩等が発生した場合、まずは、責任部署に直ちに報告が行われるとともに、二次被害等の発生防止の観点から、対象となった顧客等への説明、当局への報告および必要に応じた公表が迅速、適切に行われることが必要です。

1　顧客情報漏洩に関連する不祥事

顧客情報は、金融機関が有するさまざまな情報のなかでも最も重要性が高く、個人情報保護法や監督指針において、きわめて厳格な管理が求められています。

しかし、現実には、金融機関において顧客情報の漏洩や紛失事故は数多くみられます。このような事故は金融機関に対する信頼を損ねるとと

もに、情報の性質によっては、顧客に深刻な被害を与える場合（機微情報や営業秘密の漏洩など）や、被害拡大につながる可能性があるため（クレジットカード情報の漏洩など）、漏洩等の未然防止はもちろんのこと、漏洩等発生時の迅速、的確な対応が重要となります。

過去に発生した金融機関における大規模な顧客情報漏洩事件のなかには、「不祥事」として広く報道されるとともに、顧客情報管理態勢の改善を求める行政処分等が行われた例があります（顧客情報漏洩事案は、必ずしも銀行法が定義する「不祥事件」に該当するものではありません。ただし、顧客情報漏洩事案については、不祥事件届出とは別途、個人情報保護法の体系および監督指針において、当局への届出が必要とされていることに留意が必要です）。

2 金融機関における顧客情報漏洩事例

行政処分事例【保険会社、平成22年】
- 平成21年7月、クレジット会社から保険会社に対し、保険会社の顧客名義のクレジットカードが不正使用されている疑いがあるとの情報提供を受け、内部調査を実施。調査の結果、個人顧客情報（カード番号、有効期限）が漏洩したことが判明
- 調査の結果、保険会社の業務委託先（中国企業）の従業員が、委託先オフィスのコンピュータ端末からホストコンピュータ（米国）に対し、委託業務遂行のため付与されていたアクセス権限を用いてアクセスし、顧客情報（推定約3万2,000件）を持ち出した。

- 当該業務委託先では日常的にホストコンピュータへのアクセスに必要なID、パスワードの使い回し等が発生していた。
- 業務委託先に対する立入検査においても、個人情報保護の観点から深度ある確認・検証が行われていなかった。
- ホストコンピュータへのアクセス権限の付与範囲について、業務遂行の実態に応じた必要最小限のものになっていなかった。ホストコンピュータへのアクセス権限付与後の事後管理も不十分であった。

上記のほかにも、平成21年に、証券会社において、
- 顧客情報等の検索ツールの開発・運用等の実質的な責任者（システム部元部長代理）が、個人顧客情報約149万件を、委託先職員に、データ処理に必要と偽ってCD－ROMに保存させて借り受けて、うち一部の情報（約5万件）を名簿業者に売却
- 顧客からの「度々業者からの勧誘が入るようになった」との相談により発覚
- 元部長代理は不正アクセス禁止法違反、窃盗で逮捕

との事例が発生し、同証券会社に対しては、金融庁から顧客情報管理態勢に関する業務改善命令が発出されました。

また、銀行においても、平成26年に、地方銀行のATM業務の再々委託先の社員が、ATM保守管理業務における解析作業等に際し、ATM内部の情報を不正取得してカードを偽造等した容疑で逮捕される事件が発生しています。

容疑者は業務の責任者で、偽造したキャッシュカードを用いて、約50の預金口座から約2,400万円を詐取し、約130口座のカード情報を不正取得した旨が報道されました。

3 権限の分断と牽制機能の確保

上記2に記載した証券会社に対する業務改善命令に際しては、当該証券会社の顧客情報管理態勢の問題点として、以下のような重要な指摘が行われており、参考となります（下線は筆者による）。

> 本件行為者については、顧客情報等の検索ツールの開発・運用等の実質的な責任者であったほか、本件委託先職員を指導する立場にもあるなど、個人顧客情報の不正持出しを可能とする一連の権限等が分断されていなかった。
> 本件行為者への管理・牽制も十分ではなく、また、本件行為者による隠蔽行為も可能な状況であった。
> 当社システム部は、内部者による不正行為の潜在的なリスクを認識していたが、監視の強化等の対応は途上であり、本件行為者の不正行為は監視対象外であった。

また、同証券会社には、業務改善命令の内容の1つとして、以下の観点で情報セキュリティ管理態勢の充実・強化を図ることが要請されました（下線は筆者による）。

> 不正行為を可能とする一連の権限等の特定職員への集中状況の検証と、当該権限の分断または幅広い権限等を有する職員への管理・牽制の強化

顧客情報管理に限らず、管理職による不祥事件においては、特定の職

員への「権限の集中」と「管理・牽制の欠如」がみられることが多いといえます。

特に、中小規模の金融機関の営業店においては、不祥事件防止や顧客情報管理を目的とした牽制機能が、営業店長から他の役職員に対する牽制機能に依存する一方、営業店長に対しては、他の役職員からの牽制が十分確保されていないことがあり、注意を要します。

4 顧客情報漏洩時の対応

顧客情報漏洩等が発生した場合、まずは、責任部署に直ちに報告が行われ、金融機関内部で迅速に情報共有が行われることが必要です。金融機関内部で情報共有が遅れれば、被害状況を含めた事実関係の調査も遅滞することとなります。

漏洩した情報がクレジットカード番号、口座番号、暗証番号等といった経済的損失につながりやすい情報、人種および民族、門地および本籍地、保険医療ならびに犯罪歴などのセンシティブな情報であった場合、被害拡大の防止のため、特に迅速な対応が不可欠となります。

また、直ちに、漏洩した情報と同種の顧客情報へのアクセス制限等の二次被害防止の対策を講じたうえ、漏洩の原因調査、顧客への事情説明、当局報告等を行います。事案の重大性や二次被害防止の要請の程度によっては、必要に応じて、ホームページへの掲載等により公表することも必要となります。

なお、中小・地域金融機関向けの総合的な監督指針においては、他の金融機関（他社）における漏洩事故等をふまえ、類似事例の再発防止のために必要な措置の検討が求められ（Ⅱ−3−2−3−2(1)④）、また、

外部委託先において漏洩事故等が発生した場合にも、委託元の所管部署に適切に報告されるような態勢を構築しておくことが必要とされています（Ⅱ－3－2－4－2(1)⑥）。

（川西拓人）

Q19 インサイダー取引

設問

インサイダー取引とはどのようなものでしょうか。また、金融機関においてインサイダー取引が問題となった事例を教えてください。

ポイント

インサイダー取引の規制対象となる行為は、概略、次の3つの行為です。

① 上場会社等の未公表の重要事実を知ったうえで行う売買等
② 未公表の公開買付け等の事実を知ったうえで行う買付け等
③ 未公表の重要事実の情報伝達行為・取引推奨行為

金融機関等におけるインサイダー取引が問題となった例としては、大手銀行の審査部行員がインサイダー取引を行った事例や、公募増資に関する機関投資家等のインサイダー取引の事例があります。

1 インサイダー取引とは

上場会社等に関し、一般に知られていない重要な情報を知った者が、その情報の公表前に株式等の売買を行った場合、情報を知らない一般投資家と比較して著しく有利な取引が可能となります。

このような取引は金融商品市場の公正や一般投資家の市場に対する信頼を損なうこととなることから、金融商品取引法によって、インサイ

ダー取引（「内部者取引」ともいいます）として規制されています。

インサイダー取引の規制対象となる行為は、概略、次の3つの行為です。
① 上場会社等の未公表の重要事実を知ったうえで行う売買等
② 未公表の公開買付け等の事実を知ったうえで行う買付け等
③ 未公表の重要事実の情報伝達行為・取引推奨行為

インサイダー取引規制に違反した場合、個人に対しては5年以下の懲役または500万円以下の罰金が科され、法人に対しては5億円以下の罰金が科されます。

また、インサイダー取引により生じた財産は没収され、没収できないときはその価額が追徴されることとなります。なお、刑事罰とは別途、行政上の措置として課徴金の納付命令を受けることもあります。

金融機関においては、融資業務やアドバイザリー業務等を通じて、取引先の上場会社等の重要事実を公表前に入手する場合があるため、インサイダー取引規制に留意する必要があります。

2 銀行員によるインサイダー取引が問題となった事例

銀行員によるインサイダー取引が問題となった事案として、大手銀行の融資審査部署に勤務し、多数の企業の機密情報を扱う立場にあった行員が、その立場を悪用し、融資先の業務等に関する重要事実に基づいてインサイダー取引を行ったとして、告発の対象となった事案があります。

証券取引等監視委員会が告発の対象とした犯則事実の概要は以下のとおりです。

【告発の対象となった犯則事実】

犯則嫌疑者が、

1 平成18年12月、上場会社A社とX銀行の間で締結していた融資契約の履行に関し、「A社の業務執行を決定する機関が、同社が発行する株式を引き受ける者を募集することについて決定した」旨の重要事実を知り、その公表前に、取引所において、犯則嫌疑者自身の名義で、A社株券合計135株を代金合計約1,160万円で買い付けた

2 平成20年5月ないし同年6月、B社と融資契約締結の交渉をしていたX銀行審査部に所属する職員から、同人が契約締結交渉に関して知った「B社の業務執行を決定する機関が、上場会社C社の株券の公開買付けを行うことについて決定した」旨の公開買付けの実施に関する事実の伝達を受け、その公表前に、知人名義で、C社株券合計3万8,000株を代金合計約1,700万円で買い付けた

3 平成20年8月、D社と融資契約締結の交渉をしていたX銀行審査部に所属する職員が、同契約の締結交渉に関し知った、「D社の業務執行を決定する機関が、上場会社E社の株券の公開買付けを行うことについて決定した」旨の公開買付けの実施に関する事実を、自己の職務に関して知り、その公表前に、知人名義でE社株券合計5,200株を代金合計約1,020万円で買い付けた

4 平成21年3月、上場会社F社とX銀行との間で締結していた融資契約の履行に関し、「F社が新たに算出した平成20年3月から平成21年2月までの事業年度における同社および同社が属する企業集団の当期純利益の各予想値について、同社が事前に公

> 表した予想値と比較して、内閣府令で定める基準に該当する差異が生じた」旨の重要事実を知り、その公表前に、知人名義でＦ社株券合計１万2,500株を代金合計約350万円で売り付けた

(出所) 証券取引等監視委員会ホームページ「告発の現場から②－インサイダー取引の最近の傾向と対策－」の記載に基づく。ただし、理解の便宜等のため一部加工

公募増資に関するインサイダー取引が問題となった事例

　また、平成24年３月以降、証券取引等監視委員会が、機関投資家等に対し、幹事証券会社の職員から公募増資に関する未公表情報を入手して、不正な株式取引を行っていたとして、相次いで課徴金納付命令の勧告を行いました（表参照）。

　かかる事案に対応する目的もあって、平成25年の金融商品取引法の改正により、未公表の重要事実の情報伝達行為・取引推奨行為が禁止されることとなりました。

　禁止される行為の具体的な内容は次のとおりです。

① 　会社関係者または公開買付者等関係者であって、
② 　重要事実または公開買付け等事実を法令に定める方法により知った者が、
③ 　重要事実または公開買付け等事実の公表前に売買等をさせることにより他人に利益を得させ、または、損失を回避させる目的をもって、
④ 　重要事実または公開買付け等事実を伝達し、または、売買等をすることを勧める行為

表 「公募増資に関連したインサイダー取引」の事案

	課徴金勧告日	課徴金納付命令日	上場会社	公募増資公表日	違反行為者	課徴金額	ファンドの得た利益
①	平成24年3月21日	平成24年6月27日	国際石油開発帝石	平成22年7月8日	(旧) 中央三井アセット信託銀行 ((現) 三井住友信託銀行)	5万円	1,455万円
②	平成24年5月29日	平成24年6月26日	日本板硝子	平成22年8月24日	あすかアセットマネジメント	13万円	6,051万円
③	平成24年5月29日	平成24年6月27日	みずほフィナンシャルグループ	平成22年6月25日	(旧) 中央三井アセット信託銀行 ((現) 三井住友信託銀行)	8万円	2,023万円
④	平成24年6月8日	—	東京電力	平成22年9月29日	・ファースト・ニューヨーク証券 ・個人	・1,468万円 ・6万円	—
⑤	平成24年6月29日	—	日本板硝子	平成22年8月24日	ジャパン・アドバイザリー合同会社	37万円	1,624万円

(出所) 金融庁ホームページ

(川西拓人)

Q20 行政処分の基準

設問

金融機関に対する行政処分として、どのようなものがあるか教えてください。また、金融機関に対する行政処分の基準はどのようなものでしょうか。

ポイント　金融機関に対する行政処分としては、業務改善命令、業務の全部・一部の停止命令、役員の解任命令、免許取消処分などがあります。金員の着服等の不祥事件に関してこれまで行われた行政処分としては、業務改善命令があります。

　行政処分の基準として、金融庁は「金融上の行政処分について」との資料を公表しています。金融庁が行政処分を発出するか、発出するとしてどのような内容とするかを判断するに際しては、「行為の悪質性・重大性」「行為の背景となった経営管理態勢及び業務運営態勢の適切性」に加え、「軽減事由」として、金融機関自身が、自主的に対応に取り組んでいるか等の事情が考慮されます。

1　金融機関に対する行政処分

　内閣総理大臣は、銀行の業務、財産の状況等に照らして、業務の健全・適切な運営のために必要があると認めるときは、銀行に以下の処分を命ずることができます（銀行法26条）。

① 銀行の経営の健全性を確保するための改善計画の提出
② 提出された改善計画の変更
③ 期限を付した業務の全部・一部の停止
④ 財産の供託その他監督上必要な措置

また、内閣総理大臣は、銀行が法令、定款もしくは法令に基づく内閣総理大臣の処分に違反したときまたは公益を害する行為をしたときは、以下の処分を命ずることができます（同法27条）。

⑤ 業務の全部・一部の停止
⑥ 役員の解任
⑦ 免許の取消し

金員の着服等の不祥事件において、これまで銀行に行われた行政処分としては、上記①に基づく業務改善命令があります（信用金庫法は89条、協同組合による金融事業に関する法律6条において銀行法を準用しており、農業協同組合法は94条の2および95条においておおむね同様の権限を定めています）。

2 行政処分の基準

金融庁は「金融上の行政処分について」との資料を公表しています。当該資料には、行政処分の要否の判断や、行政処分を行う場合の具体的内容に関し、金融当局としての検証ポイントが示されています。

「金融上の行政処分について」は、不祥事件を認識した場合に検証すべき「当該行為の重大性・悪質性」のポイントとして、以下の要素を示しています。

① 当該行為の重大性・悪質性
　◎公益侵害の程度
　　金融機関が、例えば、顧客の財務内容の適切な開示という観点から著しく不適切な商品を組成・提供し、金融市場に対する信頼性を損なうなど公益を著しく侵害していないか。
　◎利用者被害の程度
　　広範囲にわたって多数の利用者が被害を受けたかどうか。個々の利用者が受けた被害がどの程度深刻か。
　◎行為自体の悪質性
　　例えば、利用者から多数の苦情を受けているのにもかかわらず、引き続き同様の商品を販売し続けるなど、金融機関の行為が悪質であったか。
　◎当該行為が行われた期間や反復性
　　当該行為が長期間にわたって行われたのか、短期間のものだったのか。反復・継続して行われたものか、一回限りのものか。また、過去に同様の違反行為が行われたことがあるか。
　◎故意性の有無
　　当該行為が違法・不適切であることを認識しつつ故意に行われたのか、過失によるものか。
　◎組織性の有無
　　当該行為が現場の営業担当者個人の判断で行われたものか、あるいは管理者も関わっていたのか。更に経営陣の関与があったのか。
　◎隠蔽の有無
　　問題を認識した後に隠蔽行為はなかったか。隠蔽がある場合

> には、それが組織的なものであったか。
> ◎反社会的勢力との関与の有無
> 　反社会的勢力との関与はなかったか。関与がある場合には、どの程度か。

　次に、「当該行為の背景となった経営管理態勢及び業務運営態勢の適切性」として、以下のような点を検証することとしています。

　かかる検証項目は、不祥事件が生じた場合に、それが不正行為者個人や、不祥事件発生店固有の問題なのか、金融機関全体の態勢面に起因する問題であるのかを検証することを目的としています。

> ②　当該行為の背景となった経営管理態勢及び業務運営態勢の適切性
> ◎代表取締役や取締役会の法令等遵守に関する認識や取組みは十分か。
> ◎内部監査部門の体制は十分か、また適切に機能しているか。
> ◎コンプライアンス部門やリスク管理部門の体制は十分か、また適切に機能しているか。
> ◎業務担当者の法令等遵守に関する認識は十分か、また、社内教育が十分になされているか。

　注目すべきは、「金融上の行政処分について」が「軽減事由」としてあげている、以下の項目です。

> ③　軽減事由
> 　以上の他に、行政による対応に先行して、金融機関自身が自

> 主的に利用者保護のために所要の対応に取り組んでいる、といった軽減事由があるか。
>
> 　特に、金融機関が、行政当局と共有されたプリンシプルに基づき、自主的な対応を的確に行っている場合は、軽減事由として考慮するものとする。

　かかる記載から、不祥事件が生じた場合にも、当局からの指導を待たず迅速な事実調査を行い、再発防止策の策定への動きがとられている場合、軽減事由として考慮される可能性があることがわかります。

　かかる記載からは、金融機関において、PDCAサイクルにおける「C」「A」の役割を中心的に担うコンプライアンス統括部、内部監査部の積極的な機能の発揮が期待されていることがわかります。

　そして、金融庁は、上記の諸要素を検証のうえ、

> ①　改善に向けた取組みを金融機関の自主性に委ねることが適当かどうか、
> ②　改善に相当の取組みを要し、一定期間業務改善に専念・集中させる必要があるか、
> ③　業務を継続させることが適当かどうか、

等の点について検討を行い、最終的な行政処分の内容を決定することとされています。

（川西拓人）

Q21 不祥事件（金員の着服等）に係る行政処分の実例

設問

不祥事件（金員の着服等）を契機として行政処分が行われた実例にはどのようなものがあるでしょうか。

ポイント 金員の着服等を契機とする業務改善命令においては、
・経営管理態勢の不備
・法令等遵守態勢の不備
・人事管理の不備
・事務管理の不備
・内部監査の不備

が原因と指摘されることが多いといえます。

近時、金員の着服等のみを理由に行政処分が発出される例は多いとはいえませんが、金員の着服等の発生に加えて、経営陣が当該事情を隠蔽しようとした等の事情が認められた場合に、行政処分が行われた例がみられます。

1 金融機関に対する行政処分

金融機関に対する行政処分としては、業務改善命令、業務の全部または一部の停止命令、役員の解任命令および免許取消処分等がありますが、金員の着服等を契機として行われる行政処分の多くは業務改善命令

です。

　金融庁が公表する「行政処分事例集」によれば、平成22事務年度までは、金員の着服等を契機とする業務改善命令が、地域金融機関を中心に相当数（平成21年度で8件、平成22年度は7件）認められましたが、その後、当該理由での行政処分は減少しています。

　近時、金員の着服等を契機として行政処分が行われた事例の特徴としては、職員による金員の着服等が発生したことに加え、経営陣が、当該事実を認識しながらこれを隠蔽しようとした等の事情があることがあげられます。なお、当該事例の具体的内容については、**Q22**にて紹介します。

2　行政処分の実例と業務改善命令の内容

　金融機関職員の金員の着服等を契機として行われた業務改善命令の例としては、以下のようなものがあげられます。

【行政処分事例（信用金庫、平成22年）】

1. X信用金庫が平成22年2月および同年6月に公表した元職員による顧客預金横領等の4件の不祥事件について、信用金庫法89条1項において準用する銀行法24条1項に基づき報告を求めたところ、以下のような問題が認められた。
   (1) 支店長等による横領事件が長期間にわたって行われているなど、職員の法令等遵守意識の醸成が図られていない。
   (2) 不祥事件の再発防止策の実効性を確保するための措置を実行しておらず、同様の事件が発生しているなど、法令等遵守

態勢が不十分なものとなっている。
(3) 不祥事件を未然に防止する観点からの人事管理が不十分なものとなっている。
(4) 預り証の未発行など内部規程に違反した事務の取扱いが認められるなど、不適切な事務処理が行われており、相互牽制機能が働いていない。
(5) 内部監査は、支店長が扱う顧客の書類を監査対象外としていたこと、不正防止の観点からの監査項目見直しが行われていないことなど、内部監査機能が発揮されていない。

本事案における業務改善命令の内容は以下のとおりです。

　このため、本日、同信用金庫に対し、信用金庫法89条1項において準用する銀行法26条1項の規定に基づき、下記の内容の業務改善命令を発出した。
記
(1) 健全かつ適切な業務運営を確保するため、以下の観点から、法令等遵守態勢および経営管理態勢を充実・強化すること。
　① 法令等遵守および経営管理にかかる経営姿勢の明確化（責任の所在の明確化を含む）
　② 全金庫的な法令等遵守態勢の確立
　③ 厳正な事務処理の徹底と相互牽制機能の充実・強化（支店長に対する牽制機能強化を含む）
　④ 適切な人事管理の徹底

⑤ 内部監査機能の充実・強化

（出所） 東海財務局ホームページの記載に基づき、理解の便宜等の観点から、筆者にて一部加工

　職員の金員の着服等を契機とする行政処分においては、上記のように、
・経営管理態勢の不備
・法令等遵守態勢の不備
・人事管理の不備
・事務管理の不備
・内部監査の不備
が原因として指摘されることが典型的といえます。

　行政処分に至る着服事案は、発生から判明に至るまで相当長期間に及んでいたり、着服を起こした行員が複数の営業店で犯行を継続していたりする事案が多いといえます。

　そのような事案においては、当該金融機関において、
・適切な人事ローテーションが確保されていたのか
・長期連続休暇の取得・休暇中の業務点検は十分だったのか
・複数の営業店で犯行を継続できる原因には事務の杜撰さがあるのではないか
・営業店異動の引継ぎ時に不祥事件を発見できなかったのか
・営業店ぐるみの犯行だったのではないか
・内部監査が長期間横領を発見できなかった原因は何か
といった点が問題となると考えられます。

(川西拓人)

Q.22 不祥事件届出義務

設問

不祥事件が発生した場合の当局宛届出義務の内容について教えてください。

ポイント 銀行法においては、「不祥事件の発生を銀行又は銀行代理業者が知った日から30日以内に」届出を行わなくてはならないとされ、当該義務を懈怠した場合、100万円以下の過料が定められています。近時、金融機関職員の金員の着服等を契機として行われている業務改善命令の特徴として、単に金融機関職員が金員の着服等を行ったにとどまらず、経営陣がそれを隠蔽したようなケースがあげられます。

1 不祥事件届出義務

　銀行法施行規則35条8項においては、「不祥事件の発生を銀行又は銀行代理業者が知った日から30日以内に」届出を行わなくてはならないとされ、当該義務を懈怠した場合、100万円以下の過料が定められています（銀行法65条4号）。

　届出義務に関する論点として、「30日以内」の起算日について、金融機関のなかのだれが事実を知った時点を「銀行が知った日」と解すべきか、が問題となることがあります。

この点に関する明確な裁判例や行政見解等は見当たりませんが、「銀行が知った日」との文言から考えれば、営業店の一職員が不祥事件を認識した日ではなく、銀行が組織として事実を認識した時点をもって起算日ととらえることが妥当と考えます。

　具体的な解釈は個別の事案によって異なりますが、遅くとも、不祥事件対応を行う部署や経営陣が事実を知った時点では、起算日が到来していると考えるべきでしょう。

　また、同じく同条項の起算日に関する問題として、どの程度の事実が判明した時点をもって、金融機関が不祥事件の発生を「知った」と評価されるか、との論点があります。

　金融機関としては、当局に届出を行うにあたってなるべく正確に事実を把握しておきたく、また、事案を過大に深刻にとらえられたくないとの思いもあり、事実関係に不明点が残るうちは届出を控えるようなケースがあります。

　このような場合に当局宛ての第一報が遅れた結果、期限内に届出義務が履行されていない、との議論となることがありえます。

　この論点についても明確な裁判例や行政見解等は見当たりませんが、早期の当局宛ての不祥事件届出を求め、金融機関の経営の健全性を確保する法令の趣旨からすれば、詳細な事実まで不明であっても一定の報告を行うことができる程度に事実が判明した時点、言い換えれば、被害の詳細や正確な法令適用まで不明であっても、不祥事件が発生したことが蓋然性をもって認められる状況となれば、起算日が到来していると考えて対応することが適切といえます。

2 不祥事件届出義務の懈怠と業務改善命令

近時、金融機関職員の金員の着服等を契機として行われている業務改善命令の特徴として、単に金融機関職員が金員の着服等を行ったにとどまらず、経営陣がそれを隠蔽したようなケースがあげられます。

【行政処分事例（漁業協同組合連合会、平成26年）】

1．X漁業協同組合連合会については、水産業協同組合法122条1項の規定に基づく報告を求めたところ、不祥事件の発生を認識していたにもかかわらず、役員は不祥事件を隠蔽し、当局への届出を怠ったほか、理事会による牽制機能が働いていないなど、同連合会の法令等遵守態勢および経営管理態勢に重大な問題があると認められた。

2．このため、本日、金融庁および農林水産省から同連合会に対し、水産業協同組合法123条の2第1項の規定に基づき、下記の内容の業務改善命令を発出した。

記

(1) 適切な業務運営を確保するため、以下の観点から法令等遵守態勢及び経営管理態勢等を確立・強化すること。

　(イ) 法令等遵守に係る経営責任の明確化

　(ロ) 理事会の機能強化による経営管理態勢の確立

　(ハ) 全会的な法令等遵守態勢の確立（役職員の法令等遵守意識の醸成を含む）

　(ニ) 不祥事件に係る再発防止策を含めた事務処理態勢及び相互牽制機能の充実・強化

(ホ) 内部監査態勢の抜本的な改善及び充実・強化による監査機能の実効性の確保

(以下、略)

(出所) 東北財務局ホームページの記載に基づき、理解の便宜等の観点から、筆者にて一部加工

上記のほかにも、平成25年の信用組合に対する行政処分事例があります。

【行政処分事例（信用組合、平成25年）】
　Y信用組合については、営業店において発生した不祥事件に関し、協同組合による金融事業に関する法律6条1項において準用する銀行法24条1項の規定に基づく報告を受けたところ、多額の現金着服など複数の不祥事件が発生していたが、発覚時において不祥事件を隠蔽して事件の解明を行わず、当局への届出を怠っているなど、組合の法令等遵守態勢および経営管理態勢に重大な問題があると認められた。

(出所) 東北財務局ホームページの記載に基づき、理解の便宜等の観点から、筆者にて一部加工

また、同様に不祥事件の隠蔽により農業協同組合において業務改善命令が発出された事例として、以下のようなものがあげられます。

【行政処分事例（農業協同組合、平成25年）】
・平成25年10月、X農協から渉外担当職員による横領事件が発覚したとの届出。

・不祥事件の詳細について調査・報告を求めたところ、12月までに以下のとおり報告があった。

(1) 時期　平成16年6月～平成18年8月（A支店）
　　　　　平成22年6月～平成23年10月（B支店）

(2) 当事者　渉外担当職員　男性

(3) 内容　定期積金掛金・共済掛金の業務上横領
　※契約者から集金した定期積金や共済掛金を着服し、別の契約者からの掛金で穴埋めする行為を長年にわたり繰り返していた。

(4) 被害額　5,189万円
　※当事者が全額補てんずみ。

(5) その他　平成18年の時点において、担当役員まで報告を受け、その事実を認識していながら、不祥事件としての処理を行わず、全額補てんさせたうえで、別担当に異動させ内々に処理していた。
　その結果、発覚の時期を遅らせただけでなく、別支店でも不祥事件が発生することとなった。

(出所)　埼玉県ホームページの記載に基づき、理解の便宜等の観点から、筆者にて一部加工

(川西拓人)

Q23 金融検査等への対応

設問

金融検査では不祥事件に関してどのような検証が行われますか。また、金融検査への対応に関して留意すべき事項があれば教えてください。

ポイント　金融検査では、不祥事件防止態勢についても、他の態勢と同様、PDCAサイクルに沿ったプロセスチェックが行われます。

金融検査等はいずれも任意調査として行われるものではありますが、検査拒否、検査妨害または検査忌避等には刑事罰が規定されていることに留意を要します。

1 金融検査

銀行法に基づく金融庁検査は、金融機関の業務の健全性および適切性の確保のため、立入検査の手法を活用しつつ、各金融機関の経営管理態勢、金融円滑化管理態勢、各種リスク管理態勢等を検証し、その問題点を指摘するとともに、金融機関の認識を確認する目的で行われます。

金融検査のプロセスは「金融検査に関する基本指針」で定められ、概要、①金融機関への予告（行われない場合もあります）、②事前準備（事前の資料徴求やオフサイトのヒアリング等）、③立入検査（実地調査、会計

第Ⅱ編　不祥事件に関する法令・ルール　131

監査人との意見交換等を含む）、④立入検査終了手続（エグジットミーティング）、⑤検査結果通知書の交付とのプロセスで進行します。

　不祥事件防止態勢についても検査マニュアルは多くの検証項目を設けており（検証項目の内容については**Q15**を参照してください）、法令等遵守態勢の一環として、金融検査の検証対象となることがあります。

　金融検査マニュアルの各項目は、「1．方針の策定」（P）、「2．内部規程・組織体制の整備」（D）、「3．評価・改善活動」（C、A）というように、いわゆるPDCAサイクルに沿って定められています。不祥事件防止態勢についても、PDCAサイクルに沿ったプロセスチェックが基本となり、個別の不祥事件の発見を目的とする検証ではなく、主として態勢面の検証が行われます。

　これに加え、金融検査においては、現物検査と呼ばれる営業店の実地調査が行われることがあり、その際の調査項目が金融検査マニュアル中に「現物検査用チェックリスト」として例示されています。

　たとえば、営業店の「内部業務」については、
・現金・現物の管理
・異例扱いによる取引
・役席キー等を使用する取引
・未処理案件の整理・管理状況
・職員の人事管理

等が、「渉外業務」については、
・渉外係の担当割り、ローテーション
・届金や電話依頼による送金
・預り証の発行・回収
・渉外・内部事務部門間の現物の授受
・現金・通帳・帳票などの長期預り

等が検査項目として例示されています。

2 立入検査、報告、資料の提出に対応する際の留意点

　金融検査における立入検査や報告・資料の提出はいずれも任意調査として行われるものですが、報告・提出命令に対する不提出、虚偽の報告・資料の提出、検査官の質問に対する答弁拒否、虚偽答弁、検査拒否、検査妨害または検査忌避については、銀行法で刑事罰が規定されています（銀行法63条2号・3号、1年以下の懲役または300万円以下の罰金）。

　過去に銀行が検査忌避等を理由に行政処分や刑事告発を受けた例として、債務者区分や償却・引当の判定等に重大な影響を与える重要な資料を執務室以外の場所へ移動・隠蔽した行為、重要なデータ等を廃止された部署のサーバに移動し、事実上その存在が探知できない状態に置いた行為、大口先などに関し経営陣等が審査を行った際の議事録について債務者企業の財務状況等に懸念が表明された部分を削除した等の行為、検査資料として検査官に業務メールを提出するにあたって事前に特定の電子メールを削除した行為等がみられます。

　また、直接検査忌避に該当するものではありませんが、金融検査や報告命令への回答において、担当者の記憶のみに基づいて誤った回答がなされ、過去の会議等資料の確認や関係者への確認が行われていなかったこと等を理由として業務改善命令が行われた例もあります。

　検査立入中の保存文書の廃棄等について疑問がある場合には主任検査官に確認を行うことができることとされているため（金融検査に関する基本指針Ⅱ－3－2(9)ヘ）、検査期間中に文書・メールの廃棄を要する場

合には、主任検査官に事前に確認する対応が望ましいと考えられます。

3 検査対応に関する行政処分事例

金融検査に対する対応が不適切であること等を理由として、平成24年に地域金融機関に行われた行政処分に至った事例として、以下のものがあげられます。

> 【行政処分事例（信用金庫、平成24年）】
> 1．X信用金庫については、営業店において発生した顧客預金の着服・流用等の不祥事件等に関し、当局検査、信用金庫法89条1項において準用する銀行法24条1項の規定に基づく報告によると、当金庫の法令等遵守態勢および経営管理態勢等に以下のような重大な問題点が認められた。
> (1) 当金庫において発生していた複数の不祥事件について、理事長は常勤理事等へ隠蔽を指示し、常勤理事等はこうした理事長の不適切な判断を容認、追随し隠蔽行為に加担するなど、当局検査においてこれらの不祥事件の発生が判明するまでの間、対応を放置していた。
> (2) 理事会は、不祥事件に対する再発防止策の検討を行っていないほか、不祥事件隠蔽の発覚という重要・緊急な問題に対して臨時理事会を開催していないなど、理事会の機能が発揮されていない。
> (3) 当局の立入検査において、理事長は検査官による不祥事件等隠蔽の検証に対して、他の常勤理事へ虚偽の回答を行うよ

う指示しているなど、検査官に対し不適切な対応を行っている。

(4) 常勤監事は、理事長の指示により隠蔽していた不祥事件について、法令上の届出をしていないなどの事実を把握しているにもかかわらず、理事長に対してなんら意見具申を行っていないほか、監事会に対しても事件に係る報告を行っていない。

(5) 営業店および本部の事務処理は厳正さを欠き、相互牽制機能も発揮されておらず、また、自店検査における検査手法の実効性や検査範囲の妥当性を十分に検討していない。

(6) 大口与信先が大幅な債務超過にあることを認識していたにもかかわらず、これを当金庫の決算に適正に反映せず、また、これを改めることなく日銀考査および当局検査に臨んでいる。

(出所) 北海道財務局ホームページの記載に基づき、理解の便宜等の観点から、筆者にて一部加工

(川西拓人)

Q24 内部通報・外部通報

設問

コンプライアンスに関する通報・相談窓口はどのように設置するのがよいでしょうか。また、公益通報者保護法の概要と対応上の留意点を教えてください。

ポイント　通報・相談窓口は、ヘルプラインやホットラインなどと呼ばれ、多くの金融機関で導入されています。公益通報者保護法では、要件を満たした公益通報が行われた場合、通報を行ったことを理由とする解雇が無効となる旨や、不利益な取扱い（降格、減給、訓告、自宅待機命令、必要のない雑作業の命令等）を禁止する旨等が定められ、金融機関においても、これを遵守した対応が求められます。

1　通報・相談窓口の設置

　通報・相談窓口は、ヘルプラインやホットラインなどと呼ばれ、従業員等が組織内部における法令違反や内部規程違反などを発見した際、これを通報する窓口のことをいいます。

　近年、企業不祥事の多くが、事業者内部の関係者等からの通報をきっかけに明らかになっており、通報・相談窓口の設置によって、金融機関内部で生じている問題を早期に発見し、適切な対応につながることが期待されます。

通報・相談窓口の設置は、公益通報者保護法等の法令上の義務ではないものの、多くの金融機関で導入されており、金融検査マニュアルにおいても、「コンプライアンス関連情報の収集、管理、分析及び検討」として、通報・相談窓口の設置につき、以下の記載がなされています。

【金融検査マニュアル、法令等遵守態勢チェックリスト、Ⅱ.1.(2)】
② 【コンプライアンス関連情報の収集、管理、分析及び検討】
　管理者は、金融機関の業務の特性に応じ、金融機関の各部署に散在するコンプライアンス関連情報を適時にかつ効率的に収集する手段を講じているか。また、収集したコンプライアンス関連情報を適切に管理するとともに、その内容を分析し、法令等違反行為の未然防止、再発防止を含む法令等遵守態勢の改善に役立てることができるような態勢を整備しているか。例えば、ヘルプライン、コンプライアンス・ホットライン等の通報に係る仕組の整備等を行っているか。

　通報・相談窓口としては、コンプライアンス部等が内部窓口となるに加え、法律事務所等の外部窓口もあわせて設けられることが多いといえます。

2　公益通報者保護法

　通報・相談窓口への通報への対応については、公益通報者保護法を遵守する必要があります。
　公益通報者保護法は、

① 労働者（公務員を含む）が、
② 不正の目的でなく、
③ 事業者（労務提供先）の一定の犯罪行為や法令違反（通報対象事実）について、
④ (ⅰ)事業者内部、(ⅱ)行政機関、(ⅲ)事業者外部（犯罪等の発生またはこれによる被害の拡大防止に必要と認められる者）のいずれかに、
⑤ 通報先に応じた保護要件を満たして通報

を行った場合には、公益通報をしたことを理由とする解雇の無効・その他不利益な取扱い（降格、減給、訓告、自宅待機命令、必要のない雑作業の命令等）を禁止する旨を定めており、金融機関においても、同法の定めを遵守した対応が求められます。

⑤の「通報先に応じた保護要件」については、通報先ごとに以下のとおり定められ、同法の適用があるのは、当該要件を満たした通報に限定されることとなります。

(ⅰ) 事業者内部

通報対象事実が生じ、または生じようとしていると思料する場合

(ⅱ) 行政機関

通報対象事実が生じ、または生じようとしていると信ずるに足りる相当の理由がある場合

(ⅲ) 事業者外部

(ⅱ)に加えて一定の要件（内部通報では証拠隠滅のおそれがあること、内部通報後20日以内に調査を行う旨の通知がないこと、人の生命・身体への危害が発生する急迫した危険があること等）を満たす場合

また、同法では、事業者の義務として、通報対象事実に対して是正措置をとった場合にはその旨を、通報対象事実がないときはその旨を、公益通報者に遅滞なく通知すべき旨の努力義務が定められています。

通報・相談窓口の運営について

　通報・相談窓口の運営をどのように行うことが適切かにつき、唯一の正解があるわけではありませんが、内閣府が示す「公益通報者保護法に関する民間事業者向けガイドライン」が1つの参考となります。
　同ガイドラインにおいては、たとえば、以下のような運営上の留意点が定められています。

（仕組みの整備）
○　通報の受付から通報の受付から調査、是正措置の実施及び再発防止策の策定までを適切に行うため、経営幹部を責任者とし、部署間横断的に通報を処理する仕組みを整備するとともに、これを適切に運用することが必要である。

（秘密保持の徹底）
○　情報を共有する範囲を限定すること、知り得た情報を口外しないこと等を各担当者に徹底させることが必要である。

（利益相反関係の排除）
○　受付担当者、調査担当者その他通報処理に従事する者は、自らが関係する通報事案の処理に関与してはならない。

（調査と個人情報の保護）
○　調査の実施に当たっては、通報者の秘密を守るため、通報者が特定されないよう調査の方法に十分に配慮することが必要である。

（通知）
○　是正措置完了後、被通報者や当該調査に協力した者等の信用、

名誉及びプライバシー等に配慮しつつ、速やかに通報者に対し、是正結果を通知するよう努めることが必要である。

（フォローアップ）

○　事業者は、通報処理終了後、法令違反等が再発していないか、是正措置及び再発防止策が十分に機能しているかを確認するとともに、必要に応じ、通報処理の仕組みを改善すること、新たな是正措置及び再発防止策を講じることが必要である。また、通報者に対し、通報したことを理由とした不利益取扱いや職場内で嫌がらせが行われたりしていないか等を確認するなど、通報者保護に係る十分なフォローアップを行うことが必要である。

（川西拓人）

第Ⅲ編

最近の金融機関の不祥事件の傾向

Q25 近年の不祥事件の特徴

設問

ここ数年の不祥事件について、特徴的な点は何でしょうか。

ポイント　預金取扱等金融機関において、毎年40〜60件程度の不祥事件が公表されています。公表されている情報をみてみると、何か新しい手口が発生している状態にはないようです。ただし、犯行の動機については外的な要因、外的な環境が影響していることも考えられるため、金融機関内のリスクアセスメントを実施する際には、今後検討していく必要があります。また、若年層による不祥事件が増加傾向にある点は気になるところです。

1　近年の不祥事件の傾向

　ここ数年の預金取扱等金融機関（銀行・信用金庫・信用組合・労働金庫等）から公表されているいわゆる「不祥事件」について、各金融機関の公表内容、新聞等マスコミによる報道をみても、何か新しい要因や手口といったものが発生しているようには見受けられません。また、犯行の動機についても引き続き「ギャンブル」「買い物」といった従来の動機が大半を占めています。

　では、何か特徴的な傾向はないのでしょうか。平成27年4月〜平成28年3月に預金等取扱金融機関から公表された不祥事件（筆者調べ、計35

件）についてみてみましょう。いくつかの特徴的な点を見出すことができると思います。

① 公表された事案のうち3件で犯行動機が「FX取引」と報道されています。従来は、競馬・競輪・パチンコ等のギャンブルで困って、横領等を実施するパターンでしたが、為替の先物取引といったある意味競馬等よりリスクの高い取引に金融機関の職員が入り込んでいる実態をみることができます。こうした「先物取引」に係る注意喚起や研修といったものが今後必要になってくるものと思われます。

② 好況感とマイナス金利といった状況をふまえ、架空の金融商品による詐欺事案も発生しています。マイナス金利といった状況から、顧客の心理にたくみに入り込み、架空の高利回り商品を売り込み、自転車操業を行っている事例です。顧客への注意喚起等が必要でしょう。

③ 35件のうち、5件が支店長等上級管理職による犯行となっています。上級管理職に対するなんらかの対応が必要と思われます。

④ 35件のうち、6件が20歳代の職員による犯行となっています。

2 近年の不祥事件の背景

こうした事件の背景として、社会情勢等の外的要因も大きく影響していると思われます。たとえば、過去、いわゆる「金融円滑化法」が施行され、その後この法律が失効する際に多く発生した不祥事件に「浮貸し」があります。また、その後も「浮貸し」は発生していますが、過去にこれほど多く発生したことはありませんでした。また、先に述べましたが、景気がよくなると「架空の金融商品運用」といった詐欺事件は必ずどこかで発生しています。

こうしたことから、金融機関を取り巻く外的な環境や要因といったものを考慮しなければ、次に発生が予想される不祥事件は防ぐことはできません。

　したがって、不祥事件を担当する部門や内部監査部門は、こうした外的環境・要因を考慮して、リスクアセスメントを行い、次に発生すると考えられる不祥事件に備える必要があります。

　さて、過去においても、若年層による不祥事件は発生していましたが、若年層による不祥事件が年々増加傾向にあります。

　また、横領等の不祥事件ではありませんが、最近金融機関に勤務する若年層による「事案の握り込み」「書類の握り込み」による顧客とのトラブルが多く発生しているといったことを聞きます。若年層の特性をとらえ、適切なコンプライアンス教育を実施していく必要があるでしょう。

（宇佐美豊）

Q26 横領事件の特徴

設問

横領事件について、何か特徴的な傾向等はあるのでしょうか。

ポイント 特に横領事件に限って、何か目新しい傾向があるということはありません。ただし、横領・詐欺事件における「現金」の授受について、より適切かつ厳格に実施する傾向にあります。

1 横領事件の手法

　横領事件については、件数そのものは減少傾向ではあるものの引き続き発生しています。その手口・内容についても、特段新しい手口・内容（動機）といったものは公表文書・マスコミ報道等からは読み取ることはできません。

　以下、最近公表された横領事件をみてみると、いずれも古典的な手法によるものです。

① 　金庫内の現金1,000万円を横領。隠蔽の手口として、いちばん上といちばん下のみ本物の１万円札でその間はすべて白紙といった札束を金庫に置いていた。

② 　顧客が持ち込んだ計数が不明の硬貨の多数入った袋から硬貨を抜き取る。

③ 　地方公共団体の派出業務を行っている窓口受付（テラー）が地方税

等の全納に来た顧客に対して、地方税全納の領収書に領収印を押しそれを返却し、実際の収納は地方税第一期分のみ収納し、全納分の現金と第一期分のみの現金の差額を横領する。

④ 顧客から預かった普通預金通帳を顧客に返却せず、顧客先を訪問した際に白地の複数の支払請求書に顧客の眼を盗んで押印し、つど顧客の普通預金から現金を引き出していた（支払の際には、筆跡を真似ていた）。

⑤ 融資約定書やローン契約書に貼付するために金融機関が保有している高額の収入印紙を横領し、金券ショップ等で換金していた。

⑥ 金融機関の支店で保管しているいわゆるサービス品（ティッシュペーパー、食器用洗剤、洗濯用洗剤、石鹸等）を上司の許可なく大量に自宅に持ち帰り、自己費消あるいはインターネットオークションに出品していた。

いずれも、過去どこかの金融機関で発生した事案であり、その対応策もすでに多く公表されているところです。

2 横領事件の防止策

最近、こうした横領事件をみるに、過去の不祥事件をふまえ適切な防止策が公表されているにもかかわらず、防止策が有効に機能していない事例が見受けられます。コンプライアンス統括部門等は他の金融機関で発生している不祥事件について、自金融機関で発生する可能性について検討し、仮に自金融機関での対応に不十分性を認めた場合には、なんらか注意喚起を行うべきではないでしょうか。

また、いわゆる営業係（外交係、渉外係との呼称を使用している金融機

関もあります）による横領事件も相変わらず多く発生しています。

　こうした営業係による横領事件の場合、問題となるのは顧客と営業係との現金の授受も問題となりますが、最近注目すべき点としては、営業係と内部、いわゆる窓口受付（テラー）との現金の授受の問題です。

　先に記載した事例④の場合、犯人は顧客からの依頼を受けていないため、いわゆる「預り証・受取証」を顧客に発行していません。したがって、犯人が窓口受付（テラー）の人に対して現金の支払を請求した場合、窓口受付（テラー）の人との間で「預り証・受取証」による授受ができません（仮に架空の「預り証・受取証」を作成した場合、上司のチェックにより発覚するリスクが発生するため、最近はこうしたことを行う例はあまりないとのことです）。また、「預り証・受取証」のない営業係との現金の授受を禁止している金融機関もあります。こうした場合、ルールの制定はあってもそのルールの趣旨を理解していない職員がいた場合、「営業係の人がいっているのだから間違いない」「先輩・上司がいっているのだから支払わなければならない」といった企業文化があると、現金を支払ってしまうケースが最近多くなってきているようです。

　金融機関としては、営業係による現金の支払についてはサンプル方式により本部・支店長が「本当に現金が顧客に届いているか」といった点に着目して、検証することも必要でしょう。

（宇佐美豊）

Q27 詐欺事件の特徴

設問

詐欺事件について何か特徴的な傾向等はあるのでしょうか。

ポイント 特に詐欺事件に限って、何か目新しい傾向があるということはありません。古典的な手法が多く見受けられるものの、低金利という状況であり架空の高利回り商品による詐欺事件が多く見受けられるようになりました。

1 詐欺事件の手法

　特に詐欺事件に限って、何か目新しい傾向があるということはありません。金融機関という場所（本支店の応接室）や金融機関職員という立場を利用して、顧客を騙すといった古典的な手法が多く見受けられます。

　その手口・内容についても、特段新しい手口・動機といったものは公表文書・マスコミ報道等からは読み取ることはできません。

　以下、最近公表された詐欺事件をみてみると、いずれも古典的な手法によるものです。

① 職員より顧客に対して「貴方様のようなVIPの方だけに向けた特別な高利回り商品がある。期間限定で私しか取り扱うことができない」などと話し、顧客から金銭を騙し取る。また、顧客に詐欺ということ

を悟られないようにするため自宅で架空の証書を作成し、顧客に交付する。
② 顧客の了解を得ず、勝手にカードローン等の申込みを行い、そのカードローン等で借入れを行う手口で複数の顧客から融資金を騙し取る。
③ 業務時間外に顧客に対して定期預金の勧誘を行い、預かった現金を詐取。顧客に定期預金があるようにみせかけるため、未使用の定期預金証書を支店から勝手に持ち出し（翌日返却）、自宅のパソコンとプリンターでスキャンし、偽の定期預金証書を作成。さらに、本物にみせかけるため、上司の目を盗んで無断で押切印を押捺。
④ 支店に出入りする司法書士からの登記費用の請求について、司法書士から請求額に金額を上乗せし、顧客に請求する。司法書士には正規の請求額の振込みを行い、上乗せ請求した差額について詐取する。また、顧客から発覚しないように、架空の振込領収書を作成し、上司の目を盗んで無断で押切印を押捺し、本物にみせかける。
⑤ 住宅ローンや保証協会付融資に関して、架空の手数料をでっちあげ、顧客から詐取する。具体的には、「住宅ローン取扱変更手数料」「条件変更手数料」等の実在しない手数料を顧客に請求し、騙し取る。

いずれも過去から金融機関で行われている詐欺事案ですが、先に述べたもののうち最近、特に顕著なのは、④、⑤でしょう。

2 最近の詐欺事件の背景

過去を振り返ってみると、このような事案が多く発生したのは最近ではいわゆる「金融円滑化法」が制定されたときと、その期限が切れたと

きにこうした事案が発生し始めています。

　特に、④については、顧客は伝統的に金融機関から請求された金額を支払う傾向にあります。また、金融機関に出入りしている司法書士も同じく顧客に直接請求せず、金融機関を経由して請求書を送付するケースが多く見受けられます。

　また、架空手数料についてもこれだけ多く発生したことは過去10年では見受けられません。これも、融資を受ける側の心理と金融機関の信用を悪用した典型的な事例だと思います。

　特に、住宅ローンについては、昨今、自金融機関の本来の地域から、近隣県にその拠点を設けたり、土日に営業を行っていたりするケースも多くあります。こうした場合、顧客は地元の慣れ親しんだ金融機関でないこともあり、いわれたままに支払ってしまう場合もあるようです。

　なお、先の①のケースも現下の預金の低金利状態であれば、金融機関の信用を利用するかたちで多く見受けられるようになりました。

　たとえば、金融機関の応接室を利用したり、複数の人間が共謀したり、顧客を信用させるため偽のチラシを自宅で作成したりといったことでしょうか。

　いずれにせよ、金融機関内の既存のルールの実効性の確認、具体的には顧客に対する担当者以外の人間による牽制が十分機能しているかを確認する必要があるでしょう。今後、ますますこうした事案は増えていくと思います。

（宇佐美豊）

Q28 浮貸しの特徴

設問

いわゆる「浮貸し」事件について何か特徴的な傾向等はあるのでしょうか。

ポイント

先にQ27でも触れましたが、いわゆる「金融円滑化法」の失効後、不祥事件として急増しました。その後は、減少したものの毎年数件発生しています。「浮貸し」の対象が金融機関の役職員に限定とされていること等により「浮貸し」に対する役職員の意識が希薄なことも原因の1つと考えられています。

1 浮貸しの定義

浮貸しとは、「出資の受入れ、預り金及び金利等の取締りに関する法律」（いわゆる「出資法」）の3条にあります。

> （浮貸し等の禁止）
> 第3条　金融機関（銀行、信託会社、保険会社、信用金庫、信用金庫連合会、労働金庫、労働金庫連合会、農林中央金庫、株式会社商工組合中央金庫、株式会社日本政策投資銀行並びに信用協同組合及び農業協同組合、水産業協同組合その他の貯金の受入れを行う組合をいう。）の役員、職員その他の従業者は、その地位を利用し、自己又は当

> 該金融機関以外の第三者の利益を図るため、金銭の貸付け、金銭の貸借の媒介又は債務の保証をしてはならない。

ポイントは、
① 金融機関の役職員に限定されて適用されるということ
② 自分の利益、自分の所属している金融機関以外の第三者の利益を図る
③ 金銭の貸付、金銭の貸借の媒介または債務の保証をしてはいけないこと

になります。こうしたポイントを正しく理解していないため、「浮貸し」行為に及ぶ事案が見受けられます。

2 最近の浮貸し事件の特徴

最近の「浮貸し」の事例としては、
① 営業係が金融機関と顧客の意向との板挟みになり、顧客が資金を必要としていた日までに融資案件を組み立てることができなかったため、営業係が個人的に顧客に貸付を実行した。
② 営業係へ顧客より信用保証協会の保証付融資の条件変更の申出があったが、手続の仕方がわからず、また、上司がその営業係に対してハラスメント行為を行っていたため、上司に聞くことができず、その顧客の申出を放置した。その後、営業係は顧客から強い要請を受け、条件変更が承諾されたような返答をしたため、顧客は条件変更後の減額された金額しか入金しなかったため、営業係がその差額を補てんし続けた。

③ 長年にわたり、複数の顧客に対して、本来は顧客が支払うべき保証料や手数料を立て替えていた。

3 最近の浮貸し事件の背景

　こうした事案について、特徴的なのは営業係になって間もない職員が発生させていることが多いことです。最近、金融機関で職員による事案や書類の握り込みが多く発生しているといった話が聞かれます。営業係になって間もない人が上司、先輩に仕事について相談できない環境が従来以上に形成されてきているのではないでしょうか。こうした環境の改善を心がけることが必要です。特に、最近の金融機関の若い職員は「受け身」といわれています。この点も留意して、管理職の皆さんは積極的な働きかけとサポートが必要でしょう。

　また、先に触れましたが、金融機関の役職員でありながら正確な「浮貸し」の知識がないといった状況も見受けられます。特に、新入職員、派遣社員、パートタイマー等へのコンプライアンス研修の内容には必ず「浮貸し」のカリキュラムを入れるなどして全役職員への啓蒙を実施すべきではないでしょうか。その際、重要なことはどういったケースが「浮貸し」に該当するのかといったことを具体的な事例を取り入れ説明することです（出資法の条文を読むだけでは理解は進みません。金融機関に初めて勤務する人でも理解できるような事例で説明するのがよいでしょう）。また、金融機関の役職員が自己資金を顧客に貸し付けるという行為がどういう結果を招くのかについても言及すべきでしょう。

（宇佐美豊）

Q29 バスケット条項に該当する不祥事件の特徴

設問

いわゆる「バスケット条項」に該当する不祥事件について、何か特徴的な傾向等はあるのでしょうか。

ポイント すでに「バスケット条項」そのものについては解説がなされていますが、この「バスケット条項」についての対応は、経営判断という要素が大きく、金融機関によりばらつきがあります。金融機関の不祥事件担当者は常にこの「バスケット条項」を意識しておく必要があります。

1 バスケット条項の規定

「バスケット条項」については、すでに解説がなされていると思いますが、あらためてみてみましょう。金融機関は法令で何が不祥事件に該当するのかが定められています（銀行法施行規則35条7項）。

> 7 第1項第25号及び第4項第4号に規定する不祥事件とは、銀行等の取締役、執行役、会計参与（会計参与が法人であるときは、その職務を行うべき社員を含む。）、監査役若しくは従業員又は銀行代理業者若しくはその役員（役員が法人であるときは、その職務を行うべき者を含む。）若しくは従業員が次の各号のいずれかに該当す

る行為を行つたことをいう。
一　銀行の業務又は銀行代理業者の銀行代理業の業務を遂行するに際しての詐欺、横領、背任その他の犯罪行為
二　出資の受入、預り金及び金利等の取締りに関する法律又は預金等に係る不当契約の取締に関する法律（昭和32年法律第136号）に違反する行為
三　現金、手形、小切手又は有価証券その他有価物の１件当たりの金額が100万円以上の紛失（盗難に遭うこと及び過不足を生じさせることを含む。）
四　海外で発生した前三号に掲げる行為又はこれに準ずるもので、発生地の監督当局に報告したもの
五　その他銀行の業務又は銀行代理業者の銀行代理業の業務の健全かつ適切な運営に支障を来す行為又はそのおそれがある行為であつて前各号に掲げる行為に準ずるもの

　ここでいう「五　その他銀行の業務又は銀行代理業者の銀行代理業の業務の健全かつ適切な運営に支障を来す行為又はそのおそれがある行為であつて前各号に掲げる行為に準ずるもの」を一般的に「バスケット条項」と呼んでいます。しかし、この条項についてどう考えるかは金融機関の判断になります。保守的に、「金融機関の健全性に支障をきたすような事案やそれに関係するものはすべて金融当局に届ける」といった判断をしている金融機関もあります。また、逆に「金融機関の健全性に支障をきたすような事案で横領等に準ずるものは相当な事案でない限り発生しない」といった判断をしている金融機関もあります。いずれにせよ、どういった場合が「バスケット条項」に該当するのかといった点については事前に整理しておき、あわせて顧問弁護士等から意見を聞いた

うえで判断することがより実務的であると思います。

バスケット条項に該当する最近の不祥事件の特徴

さて、実際に「バスケット条項」に該当するとして届出がなされたと思われるものを以下にいくつかあげたいと思います（「バスケット条項」に該当するとして届出がなされた不祥事件の多くは公表がなされません。したがって、ここでは筆者が聞き及んだ事案について記載いたします）。

① 保証会社の保証付住宅ローンで、契約時保証料を全額支払ずみの顧客が一部繰上償還を行ったにもかかわらず、保証料を返戻していなかった事例

② 貸出の基準金利が低下したにもかかわらず、顧客向けの貸出金利を長期間引き下げなかった事例

③ 顧客の了解を得たうえで、年度末に融資金の空枠により融資を実行し、実行後は返済用預金口座にそのまま留め置くよう依頼した事案

④ 多数の顧客に対して自己の目標達成のため、クレジットカードの年会費や投資信託の積立金について、職員が自己資金で立て替えていた事案

⑤ 顧客の地方公共団体への補助金申請に際して、職員が顧客サービスと称して補助金申請書一式をすべて作成し、顧客より預かった印鑑を勝手に押印し、申請した結果、その申請内容が誤っていた事案

⑥ システムのプログラムが誤っており、預金金利付利の金額が長期間にわたって誤っていた事案

これら事案の内容をみると、事務事故かどうかの境目にある事案が多いようです。

いわゆる「バスケット条項」に該当するかどうかを判断するのは、自金融機関です。したがって、A金融機関とB金融機関で同じような「バスケット条項」に係る事案が発生したとしても、A金融機関は金融当局に届出を行うが、B金融機関では届出を行わないということが発生してもなんら不思議なことではありません。

（宇佐美豊）

Q30 投資信託販売に関係する不祥事件の特徴

設問

投信託販売に関係する不祥事件について、何か特徴的な傾向等はあるのでしょうか。

ポイント　金融商品取引法の禁止行為は別として、投資信託販売等に係る金融機関における不祥事件で多いのは、先にも述べましたが「高利回りの架空商品への投資話・架空の乗換商品」による現金の横領が多く見受けられます。その他、金融商品取引法の禁止行為や代筆等の場合に先に述べた「バスケット条項」に該当するとして不祥事件としている例も見受けられます。

1　投資信託販売に関係する不祥事件の傾向

　投資信託の販売に関しては、金融商品取引法等でその禁止行為が明確に記載されています。事案によっては、先ほど述べました「バスケット条項」に該当することも考えられます。この点は留意する必要があります。

　当然のことながら、投資信託は預金とは異なり「リスク」のある金融商品です。したがって、儲かるときもあれば、損をするときもあります。こうした投資信託に係る詐欺・横領事件が発生するタイミングは、一般的にはすべての投資信託の基準価格が大幅に下落しているような状

況でよく発生しています。

　顧客に対して「いまおもちの××投信は含み損を大きく抱えています。ここは、損が大きくならないうちに解約し、私がおすすめする△△投信へ乗り換えましょう。そうすれば、これ以上損を大きくするようなことはありません。また、△△投信はいまが底値で今後は値上りが期待されます」といって、××投信を解約し、解約金を詐取あるいは横領するパターンです。

　なお、このパターンは、「定期預金から投資信託」「定期預金から保険」「投資信託から保険」などいろいろなパターンが過去発生しています。これを複数の顧客で行うのです。

2　投資信託販売に関係する不祥事件への対応策

　こうした事例を発生させないようにするためには、どのような対応策が打たれているのでしょうか。

　最近よく行われている対応策として、以下のようなものがあります。営業係による投資信託の大口（たとえば、500万円以上）解約先で、解約金の入金日に現金が支払われているケースです。この場合、顧客から投資信託解約の書類とあわせて解約金の入金口座の支払請求書を預かっている場合が多いといわれています。

　支店における投資信託の解約明細と解約先の支払状況を確認し、支払現金が顧客に適切に届けられているかどうかを確認するといった方法です。

　また、ねらわれやすい顧客は、こうしたリスクのある商品の内容を十分理解していない高齢者の方といわれています。この点も留意すべきで

しょう。

(宇佐美豊)

Q31 保険販売に関係する不祥事件の特徴

設問

保険販売の関係の不祥事件について、何か特徴的な傾向等はあるでしょうか。

ポイント 金融機関の不祥事件で多いのは「保険料の立替え」や「代筆」です。特に、保険料の立替えについては、営業係がその目標を達成するため、1年分の保険料を立替えするかわりに保険契約を結ぶといったことを顧客に依頼するケースが多くあります。

1 保険業法における定義

本書では、銀行法を中心とした「不祥事件」について、ページの多くを割いていますが、保険に関しては別の法律「保険業法」において不祥事件について定義しています（保険業法施行規則85条「届出事項等」）。

> 5 第1項第17号に規定する不祥事件とは、保険会社、その子会社若しくは業務の委託先、保険会社、その子会社若しくは業務の委託先の役員若しくは使用人（生命保険募集人及び損害保険募集人である者を除く。）、保険会社若しくはその子会社の生命保険募集人若しくは損害保険募集人又はそれらの役員若しくは使用人が次の各号のいずれかに該当する行為を行ったことをいう。

一 保険会社の業務を遂行するに際しての詐欺、横領、背任その他の犯罪行為

二 出資の受入れ、預り金及び金利等の取締りに関する法律（昭和29年法律第195号）に違反する行為

三 法第294条第1項、第294条の2若しくは第300条第1項の規定、法第300条の2において準用する金融商品取引法第38条第3号から第6号まで若しくは第8号若しくは第39条第1項の規定若しくは第234条の21の2第1項の規定に違反する行為又は法第307条第1項第3号に該当する行為

四 現金、手形、小切手又は有価証券その他有価物の1件当たり100万円以上の紛失（盗難に遭うこと及び過不足を生じさせることを含む。）

五 海外で発生した前各号に掲げる行為又はこれに準ずるもので、発生地の監督当局に報告したもの

六 その他保険会社の業務の健全かつ適切な運営に支障を来す行為又はそのおそれのある行為であって前各号に掲げる行為に準ずるもの

これだけをみると、銀行法とあまり変わりませんが、着目すべきは3号にある「（保険業法）第300条第1項の規定」です。保険業法300条1項は、保険会社、保険会社の役員（生命保険募集人および損害保険募集人である者を除く）、生命保険募集人、損害保険募集人または保険仲立人もしくはその役員もしくは使用人は、保険契約の締結または保険募集に関して、次に掲げる行為をしてはならないとしています。

一 保険契約者又は被保険者に対して、虚偽のことを告げ、又は

保険契約の契約条項のうち重要な事項を告げない行為
二 保険契約者又は被保険者が保険会社に対して重要な事項につき虚偽のことを告げることを勧める行為（重要な事項）
三 保険契約者又は被保険者が保険会社に対して重要な事実を告げるのを妨げ、又は告げないことを勧める行為（重要な事実）
四 保険契約者又は被保険者に対して、不利益となるべき事実を告げずに、既に成立している保険契約を消滅させて新たな保険契約の申込みをさせ、又は新たな保険契約の申込みをさせて既に成立している保険契約を消滅させる行為
五 保険契約者又は被保険者に対して、保険料の割引、割戻しその他特別の利益の提供を約し、又は提供する行為
六 保険契約者若しくは被保険者又は不特定の者に対して、一の保険契約の契約内容につき他の保険契約の契約内容と比較した事項であって誤解させるおそれのあるものを告げ、又は表示する行為
七 保険契約者若しくは被保険者又は不特定の者に対して、将来における契約者配当又は社員に対する剰余金の分配その他将来における金額が不確実な事項である資産の運用実績その他の要因によりその金額が変動する保険金、返戻金その他の給付金又は保険料について、断定的判断を示し、又は確実であると誤解させるおそれのあることを告げ、若しくは表示する行為
八 保険契約者又は被保険者に対して、その保険契約者又は被保険者にその保険会社の特定関係者が特別の利益の供与を約し、又は提供していることを知りながら、その保険契約の申込みをさせる行為
九 前各号に定めるもののほか、保険契約者等の保護に欠けるお

> それがあるものとして内閣府令で定める行為

保険業法300条に違反する行為をした者は生命保険募集人としての登録を取り消されることがあります。

2 保険販売に関係する不祥事件の傾向

保険募集に際しては、多くの禁止行為が掲載されています。

では、金融機関の職員が犯しがちな禁止行為は何でしょうか。多く見受けられるのが保険料の立替行為です。上記禁止行為でいう「五　保険契約者又は被保険者に対して、保険料の割引、割戻しその他特別の利益の提供を約し、又は提供する行為」に該当する行為です。

具体的事例としては、営業係が保険販売に係る目標を達成するため、顧客（特に、学生時代の友人・知人、親族の場合が多い）に対して「1年でよいので保険契約をしてほしい。保険料は立て替える」といって契約をしてもらうケースがあげられます。

実際、立替えを行う営業係は「損をするのは自分であり、他人に迷惑をかけることではない」との軽い考えで行ってしまう、あるいは、目標を達成しなければならないというプレッシャーに負けて行ってしまうケースが多いようです。また、こうした保険料の立替行為は、半期末（9月）や年度末（3月）に行われる傾向にあるようです。したがって、半期末や年度末になって突然、保険契約の目標が達成できたような営業係の保険契約については、その内容や手続についてフォローする必要があります。なお、金融機関によっては、保険契約のモニタリングを行い、1年以内に解約になった保険、1回の保険料しか支払われていない

保険については本部から顧客に連絡し、どうして契約更新しなかったのか直接ヒアリングしている事例も見受けられます。また、過去の事例では、保険料を集金し、その集金したお金を横領した事例も発生しています。

（宇佐美豊）

Q32 階層別にみた不祥事件の特徴

設問

階層別で不祥事件をみた場合、何か特徴的な傾向等はあるのでしょうか。

ポイント いわゆる管理職でない一般職員による不祥事件が多い傾向にあります。特に、20歳代の職員による古典的な不祥事件が多く発生しています。なお、最近の傾向として上級管理職による不祥事件も多く発生しています。

1 階層別にみた不祥事件の割合

階層別で不祥事件をみた場合、多くは一般職員がその犯人であるという傾向は変わるところではありません。少し古いデータですが、たとえば、筆者が調べた平成24年4月～平成26年12月の33カ月に金融機関より公表された114件の不祥事件をみてみると、

1．一般行職員　59件（52％）
2．代理・係長（主任）　21件（18％）
3．次長・副長　9件（8％）
4．支店長・部長　13件（11％）
5．経営層　3件（3％）
6．パート・派遣　7件（6％）

7．不明　2件（2％）

といった結果になっています。

　一般職員で全体の半数を占めています。これは、母数の問題もありますが、この傾向に数年間変化はありません。問題なのは、支店長・部長クラスが約1割あるという点ではないでしょうか。もっと直近のデータであれば、約2割に達すると思われます。

2　管理職への牽制の必要性

　一般職員については、金融機関職員として適切な倫理観の涵養がなされておらず、プレッシャーや金銭的欲求に負けてしまって不祥事件を起こしてしまうということはご理解いただけると思います。

　先にも述べましたが、これが管理職となるとなかなかむずかしいことになります。金融機関においては、「金融機関の管理職はそれなりの倫理観があるため、不祥事件は起こさない」との大前提があり、それをベースに管理態勢が構築されています。その土台そのものが崩れてしまからです。

　特に、支店長は、米国の犯罪学者ドナルド・R・クレッシー（Donald R. Cressey、1919～1987年）が提唱した「不正のトライアングル」（**Q5**参照）でいう「機会」を常にもっており、支店長は絶対に不正を行わないとの前提の管理態勢となっている金融機関が大多数と思います。

　こうした管理職、支店長・部長による不祥事件の増加は現場における牽制機能の低下を招き、結果、一般職員による不祥事件の発生を見逃す可能性が高くなります。

　こうした点から、従来の一般職員に対する牽制に加え、管理職、支店

長・部長といった管理職への牽制についても方策を検討すべきと考えます。

(宇佐美豊)

Q33 経営陣による不祥事件の特徴

設問

経営陣による不祥事件といったことは発生しているのでしょうか。

ポイント 数は少ないものの、経営陣による不祥事件は発生しています。過去の不祥事が経営者になってから発覚した例、経営者になった後、不祥事件を隠蔽した例などがあります。先に公表された「コーポレートガバナンスコード」、社外取締役、員外理事などによる第三者的な観点からの検証が今後はより重要になってくるでしょう。

1 経営陣による不祥事件の傾向

　数は少ないものの、経営陣（正確には経営陣の1人）による不祥事件も発覚しています。マスコミ報道等によるものですが、ここ数年の経営陣による不祥事件には以下のような者があります。

① 支店長による横領等の不祥事件について、経営陣に報告がなされ、金融当局に報告すべきとの判断がなされたが、トップの指示で支店長による不祥事件を隠蔽した事案

② 経営陣の1人が過去、顧客から現金を預かり、無断で銀行印を使用し預り証を発行していた。また、複数の顧客から金銭の借入れを行っていた事案

これらの事案を事前に防止することはなかなかむずかしいと思われます。
　①の事案については、トップの意向が強く、また、隠蔽しなければならない別の要因があったと考えられます。②については、経営陣の1人になる前のことであり、こうした事実を事前把握するのはなかなかむずかしいことです。

2 「第三者の眼」の必要性

　よく「内部統制の限界として経営者不正と共謀」といわれます。経営者・経営陣が不正を行うとそれを防止することは最近の大企業の不祥事報道をみるとおわかりいただけるのではないでしょうか。
　こうしたことからも、「コーポレートガバナンスコード」といった新しい企業統治の指針を活用することが有効ではないでしょうか。
　すでに、導入ずみの金融機関も多いと思いますが、監査等委員会設置会社への移行、社外取締役、員外理事の選任といった制度を導入して、コーポレートガバナンスの強化を図っていらっしゃることと思います。こうした、第三者の眼というのは牽制という意味では大変有効といわれています。
　経営陣による不祥事件の発生そのものを防ぐことはむずかしいことと思いますが、経営陣が何でもものがいえる環境を整備していくことが今後重要になってくるのではないでしょうか。

（宇佐美豊）

Q34 担当係別にみた不祥事件の特徴

設問

担当係別でみた場合、不祥事件について何か特徴的な傾向はあるのでしょうか。

ポイント　担当係別でみた場合、不祥事件を起こす係は圧倒的に営業係が多いのが特徴です。クレッシーの「不正のトライアングル」でいう「機会」を認識することが多いためです。また、外出してしまうため顧客さえうまく騙すことができれば簡単に横領ができるということもあげられます。逆に、受付窓口（テラー）による不祥事件は極端に少ない傾向にあります。

1　営業係の傾向

　なぜ、営業係による「横領」「詐欺」が多いのか。それは、米国の犯罪学者ドナルド・R・クレッシー（Donald R. Cressey、1919～1987年）が提唱した「不正のトライアングル」と呼ばれている仮説で説明できます（**Q5**参照）。

　営業係はこの仮説でいうところの「機会」を認識することが多いのです。たとえば、現金の授受については、顧客と営業係しかいないため「だれもみていない」ことを認識すれば、「目の前の顧客さえうまく騙すことができれば」と考えても何も不思議ではありません。

この点について、従前より金融機関はリスクを認識しており、いわゆる「受取帳・預り帳」と呼ばれる帳票により、行職員と顧客との現金・伝票・書類等の授受について厳格に管理し、また、適時適切な検査を実施してきたところでしょう。

　逆にいえば、「横領」「詐欺」を行った営業係の多くは、こうした帳票を使用しないで、金融機関の信頼・信用を悪用して現金の授受を行っているのです。

2　受付窓口（テラー）係の傾向

　では、なぜ受付窓口（テラー）係による不祥事件は少ないのでしょうか。

　それは、受付窓口（テラー）係は顧客のほうを向いて業務を行っている一方、自分の背中には常に行員の視線を感じているからなのです。つまり、「自分のみえないところで、自分の行動をだれかにみられているのではないか」といったことを常に感じているからだと思います。

3　融資・貸付係の傾向

　融資・貸付係はどうでしょうか。もともと、不祥事件の発生頻度は大きくありません。それは、融資・貸付は金融機関の本業であり、これまでの歴史のなかで管理態勢と牽制機能がある程度確立されているからだと思います。

　ただし、**Q27**で述べたように「架空手数料による不祥事件」といった

ことも発生しています。

(宇佐美豊)

Q35 パートタイマーによる不祥事件の特徴

設問

パートタイマーによる不祥事件について、正職員等との違いや特別な傾向はあるのでしょうか。

ポイント　パートタイマーによる不祥事件と正職員等による不祥事件と比較しても、特に大きく異なっている点はありません。あえていえば、パートタイマーという立場であるため、時として職分を超えた仕事を請け負い、結果ストレスがたまりやすい傾向にあるといえるでしょう。

1　パートタイマーによる不祥事件の傾向

　平成21～23年頃に金融機関における不祥事件で、その犯人がパートタイマーである比率が増加しました。犯行の手口そのものは正職員のそれとなんら変わるものではありませんでした。

　現在は、それほどではありませんが年1、2件程度のパートタイマーによる不祥事件が公表されています。

　パートタイマーは、ある意味においては現場ではいちばん弱い立場にあるといっていいでしょう。したがって、正職員の手が回らない業務や基本的な業務（たとえば、コピーとか伝票の起票、郵便物の発送といったようなこと）をパートタイマーの方にお願いすることは日常業務ではよく

あることだと思います。

それらに加え、多くの金融機関の現場でパートタイマーの方に依頼していることがあります。それは新入職員の教育係です。新入職員の教育係は正式には人事部門や支店長から2～3年目の職員が任命されて、OJTによる教育訓練が行われるのが一般的です。しかし、実際の現場ではこうした2～3年目の職員も仕事を抱えていることが多く、結果、コピーのとり方や基本的伝票の起票の仕方など金融業務の基礎的な部分について教えているのはパートタイマーの方というのが実態でしょう。パートタイマーの方からみるとこれは大変なことなのです。

そもそも、パートタイマーとしての契約時の業務内容には「新入職員の教育」といった内容がないことが普通でしょう。それなのに、いちばん弱い立場なので頼まれれば、「それは私の業務ではありません」といえず、新たな業務をさせられているにもかかわらず時間給は上がらない、といった不満が不祥事件につながった例もあります（某金融機関において、**Q26**に述べたような状態のパートタイマーが支店のサービス品を勝手に自宅に持ち帰り、長期間にわたり使用していた例があります）。

2 パートタイマーによる不祥事件の背景

もう1点、考慮すべき点があります。パートタイマーの方が抱く不満として「同じ仕事をやっているのに、正社員のほうが賃金が高い」といったものがあるということを考えておくべきです。

このように、なんらかの「不満」が「これだけ一生懸命仕事をしているだから、このくらいことは許される」といった犯行の正当化に発展していくことも考えられます。正職員と同様に適切なコミュニケーション

と牽制が必要なのです。

(宇佐美豊)

Q36 技術革新と不祥事件

設問
何か新しい技術を使った不祥事件は発生しているのでしょうか。

ポイント ITを駆使した不祥事件といったものは発生していません。いずれも、古典的な手法による事件です。ただし、今後はよりいっそうのIT化やFinTechといった新しい技術革新が進んでいくと、発生する可能性はあります。

1 金融のIT化

ここ数年公表されている不祥事件について、その公表内容やマスコミ報道をみてみると、いずれも過去どこかの金融機関で発生している不祥事件と大変似ていることがわかります。

昨今の金融のIT化により、何か新しい技術による不祥事件が発生しても不思議ではありませんが、不祥事件の主たる事件である「横領・詐欺」などを行う犯人は「いかに犯行の証跡を残さないか」といったことに主眼を置くため、ITの活用等により仮に横領・詐欺を行う機会を認識したとしても、ホストコンピュータに一連の証跡が残ってしまうと考えたり、犯人がそうした証跡を消すことができないといったことを考えたりするため新しい技術による不祥事件が発生していないと考えられま

す。

　また、現場においてはこうしたコンピュータの端末機はあるものの、ホストコンピュータのデータにアクセスできないといったセキュリティの問題からも結局古典的な手法による横領・詐欺しか行えないと考えられます。

2 今後の見通し

　ただし、最近よくいわれる「FinTech」と呼ばれる金融業界での技術革新が進んでいくと、なんらか新しい技術を使用した不祥事件が発生する可能性は高まってくると思います。

　すでに、金融機関の顧客情報をなんらかの方法で盗み出し、その情報を使ったなりすましによる多額の現金の引出しが行われたり、金融機関本体ではありませんが、金融機関が提供しているEB（エレクトロバンキング）を不正使用して顧客の預金を引き出したり、といった事件が発生しています。

　今後の技術革新によって新しい技術による不祥事件発生の可能性は高まることと思います。新しい技術を導入する際にはそれらの技術が内部・外部から悪用されないように事前のセキュリティ対策を適切に行う必要があります。

（宇佐美豊）

Q37 業態別にみた不祥事件の特徴

設問

銀行、協同組織金融機関で不祥事件について、何か異なる特徴や傾向はあるのでしょうか。

ポイント 銀行、協同組織金融機関といった業態の違いによる不祥事件の特徴は特に見当たりません。不祥事件の手口としては、協同組織金融機関（信用金庫・信用組合等）では積立定期預金に係る横領が相変わらず発生しています。

1 協同組織金融機関における特徴

不祥事件について、金融機関の形態による特徴的な点は特に見当たりません。銀行で発生しているような不祥事件は協同組織金融機関でも発生しており、また、協同組織金融機関で発生している不祥事件は銀行でも発生しています。これは、金融機関としての形態が異なっているとはいえ、その管理態勢は基本的に同じであるといったことがあるのではないでしょうか。

あえて特徴的な点をいえば、協同組織金融機関においては積立定期預金の横領が、引き続き多く発生していることではないでしょうか。

2 積立定期預金の横領

　協同組織金融機関においては、伝統的に積立定期預金の集金という業務が行われています。しかし、昨今の積立定期預金に係る横領事件が頻発したことや業務の効率化といったことをふまえ、最近では顧客に積極的に口座振替えへの切替えを依頼したりしている協同組織金融機関も増えてきているようです。

　そのような状況にあっても、定期積立預金による横領が発生しています。これらの事件をみてみると、犯人が若い職員が多いといった特徴を見出すことができます。協同組織金融機関においては、積立定期預金に係る集金業務に関し、たとえば、若い職員を中心に適切なモニタリングを行うなど、引き続き管理態勢の見直しを行っていく必要があると思われます。

（宇佐美豊）

Q38 本部における不祥事件の特徴

設問

本部における不祥事件について、何か異なる特徴や傾向はあるのでしょうか。

ポイント 本部における不祥事件の発生件数は少ないですが、年1件程度発生しています。本部の場合、いったん不祥事件が発生するとその被害額は大きな金額となります。また、レピュテーションに係るリスクも大きくなり、金融機関にとってそのダメージは営業店の比ではありません。

1 本部における不祥事件の事例

　本部においては、現金等を扱う部署は限られ、また、そうした部署では営業店以上に牽制機能が十分発揮されているのが普通でしょう。また、本部の業務はその多くが分担され、仕事を兼務することがあまりないため不祥事件発生のリスクも低いと考えられています。

　一方、こうしたことから1人の人間に業務を任せきりにしてしまい（たとえば、総務の経費支払担当者が長期間同じといった事例があげられます）、牽制機能が十分には足らなかった事例も見受けられます。

　以下、実際にここ最近金融機関の本部で発生した不祥事件をみてみましょう。

① 本部の総務担当者が本部全体で使用する「切手」「プリペイドカード」等について、有り高の記録簿を改ざんするなどして横領し、金券ショップへ売りさばいていた事案
② 本部の総務担当者が「プリペイドカード」の架空発注を行い、受領した「プリペイドカード」を金券ショップに売りさばいていた事案
③ 本部のシステム部門の幹部が外部のシステムベンダーの担当者とその上司と結託し、自金融機関のシステムに関し、情報提供するなどにより多額の現金をそのシステムベンダー担当者から受領していた事案
④ 本部の融資部門の職員が外部の人間からの依頼を受け、住宅ローン等の申込者の情報を提供し、見返りに金品を受領していた事案

　上記①、②については、総務部門の人間が金券類を勝手に持ち出し、金券ショップで売りさばいていた事案です。本来、こうした金券類の管理は厳格に行われているはずです。また、発注に際しては上司の承認が必ずなされているはずです。しかし、こうした事案が発生する背景には、こうした業務を担当する人間がその業務を長く担当しており、上司も信頼してしまい、結果、牽制が十二分に効いていないことから発生している場合が多いようです。

　③については、金融機関においてはそのシステムについてよく理解している人間はごく限られているのが現状でしょう。そのため、システムを知らない人間から干渉を受けにくく、また、システム部門以外の人間はシステム部門に牽制をかけにくいといった空気があることも多いと思われます。特に、システムの世界では金融業務しか経験したことがない人間にとっては、専門用語を駆使されてしまうとなかなか牽制しにくいものです。本事案に限らず、本部業務の「ブラックボックス化」が招いた事件といえるのではないでしょうか。

　④については、これも過去から同類の事件が発生しています。本件に

ついて、一言でいってしまえば「情報管理の不備」になります。現場では、個人情報に関して大変敏感になっており、また、適時適切な研修が実施されていることと思います。しかし、それ以上に本部は顧客情報をはじめ、いろいろな情報を取り扱い、情報の巣窟といってもいいでしょう。この点の意識がなんらか欠落していたのではないかと思います。

いずれにせよ、本部における不祥事件で共通しているのは業務のブラックボックス化です。1つの業務に長く携わることによって、その業務の内部統制（内部牽制）の脆弱性を発見し、その脆弱な点を突いて不祥事件を起こすことになります。

2 本部における不祥事件の対応策

こうしたことを防ぐために、
① いわゆる適切な人事ローテーションを行う
② ①を行うために、長期に同じ業務に従事している人の後継者の育成を意図的に行う
③ 支店と同様に情報管理に係る重要性を認識してもらうために、定期的に研修を行うなど啓蒙活動を行う
④ システム部門については、定期的に人材育成を行うとともに、外部監査を定期的に行う
⑤ その他専門性の高い分野については、監査法人等により定期的に監査を実施する

といった施策を検討する必要があるのではないでしょうか。

また、本部で発生する不祥事件の特徴の1つとして、外部との関係があげられます。各本部に出入りしている業者と結託したり、甘い話を持

ち掛けられたりしたりする事案も過去、多く見受けられました。

　通常のコンプライアンス教育とは別に、本部に勤務する職員に対する倫理教育、特に、出入業者との関係についてはコンプライアンスを徹底する必要があると思います。

（宇佐美豊）

Q39 子会社・関係会社の不祥事の特徴

設問

子会社・関係会社の不祥事件について、何か特徴的な点はあるのでしょうか。

ポイント

子会社・関係会社においても不祥事件は発生していますが、特段金融機関と違う特徴な点はありません。

1 子会社・関連会社の不祥事の事例

金融機関は多くの子会社・関係会社をもっています。代表的なものとして「クレジットカード会社」「リース会社」「信用保証会社」「証券子会社」などがあげられます。

こうした会社においても不祥事件は発生しています。横領・詐欺といった事案から、顧客の運用資金を騙し取るといったことや出張旅費や交通費の水増請求といった事案が過去公表されてきています。

2 子会社・関連会社の不祥事への対応策

子会社・関連会社の管理は当然のことながら親会社である金融機関の義務です。しかし、子会社・関連会社の規模で親金融機関並みの管理を

目指す、あるいは、要求してもそれは無理なことでしょう。規模・特性に応じた管理ができる態勢構築を親金融機関として支援することが必要です。

あわせて、親金融機関の内部監査部門による子会社・関連会社への監査をより高度にするための施策や子会社・関連会社監査部門、管理部門と親金融機関の内部監査部門との意見交換を定期的に実施するなどが必要でしょう。

子会社・関連会社においては、その従業員はそれほど多くなく、また、**Q38**でも述べましたが、金融業務ではない業務もあるためブラックボックス化になりがちです。こうした点についても考えておく必要があるでしょう。

(宇佐美豊)

第Ⅳ編

本部各部門と営業店職員の役割

Q40 支店長に求められる対応

設問

不祥事件が発生した場合、支店長としてなすべきことは何でしょうか。

ポイント 不祥事件が発生した場合、まずなすべきは事故者の身柄の確保です。事故者の机、ロッカー等を現状のまま維持すること、そして、その他、業務に支障が発生しないように人繰りを考えることが重要です。それ以上のことをすぐ行う必要はありません。間違っても、自分で事案の解明をしようとしないことです。

1 身柄の確保

不祥事件が発生する、それも自分が支店長の時に。金融機関に勤務する者としてこれほどの悪夢はないでしょう。支店長が不祥事件の報告を受けたとき最初に思うことは「まさか」という驚きだそうです。

不祥事件の発生を支店長が認識した場合、すぐに行わなければならないことは本部への事案報告と同時に事故者の身柄の確保です。支店内にいるのであれば、問題ないのですが、外出している場合や休暇中に不祥事件が発覚した場合は外出先に連絡し、場合によっては複数で迎えに行くことも必要ですし、休暇の場合も同様です。まず、身柄の確保が最優先です。頭の片隅に「ひょっとして逃走するかもしれない」ということ

を入れておいてください。

身柄が確保できた（別室に入ってもらっている等）のであれば、次は事故者の机、ロッカー等の現状の確保です。あわせて、業務で事故者が使用しているパソコン・タブレット・携帯電話等について、だれにも触らせない状態にしておく必要があります。

2 補充人員の確保

次に、事故者はその後、支店業務には従事できません。本部に申出をしたとしても、すぐに補充人員が確保できるとは限りません。したがって、当面の間、支店内でどのように人繰りをつけるかを考えなければいけません。

本部に報告し、事故者の身柄・職場の現状を確保し、人繰りをつけることができれば、あとは本部の担当部署から人が来るのを待つということになります。

3 誤った対応

よくある間違った例として、自ら不祥事件の解明を行おうとして、ヒアリング等の専門家でない支店長が事故者を精神的に追い詰めたり、事故者に対して、半ば強制的に「自宅に連れて行け。自宅に何かないか捜索させろ」といって事故者の人権、事故者家族への配慮を考えなかったりしてトラブルになった事例は過去に多くあります。場合によっては、こうした行為が原因で事故者が自殺してしまった不祥事件もありまし

た。

　これらのことについては、本部の不祥事件の担当部門の専門家に任せるべきであり、支店長としての思いを先行させることがあってはなりません。あくまで、本部の指示に従ってください。なお、事故者に対して支店でヒアリングが実施される場合は、事故者が帰宅する場合、同行するといったことも考えておく必要があります。

　なお、不祥事件が発生すると他の支店職員が動揺することが多くあります。本部と相談のうえ、早い段階で支店の職員に対して事件の概要を簡単にでも説明する機会をつくることが必要です。

（宇佐美豊）

Q41 支店の職員に求められる対応

設問

不祥事件が発生した場合、支店の職員としてなすべきことは何でしょうか。

ポイント 不祥事件が発生した場合、支店内や帰宅後に家族等に対して確定していない情報を流布させないことです。ましてや、SNSに不祥事件について記載してはいけません。その他は、支店長、管理職、本部の指示に従ってください。また、仮に事故者と共犯であれば早めに上司に申出を行うことが重要です。

1 未確定情報流布の防止

「突然よく知っている人が本部に呼ばれた」「急に出勤してこなくなった」。支店の仲間がこうした事態に陥っていることを知れば、「何かあったのか」と思うことは当然のことだと思います。こうした場合、何となく「不祥事が起こった」といったことが聞こえてくると思います。しかし、それはあくまで「噂」にすぎません。支店長、上司から正式に発表があるまで何もいってはいけません。

いいたい気持ちはわかりますが、皆さんが確定的でない状況で話をしてしまうと、その噂がどんどんエスカレートしていき、まったく違った話になってしまうこともあります。

また、こうした「噂」段階に限らず、正式に発表があったとしても、そうした内容をSNSに掲載するようなことをしてはいけません。まだ、確定的でない段階で事件が公表されることになれば、いろいろなところに迷惑をかけることになるからです。

2 共犯関係にある職員

　もし、万が一、事故者と共犯関係にある、あるいはあった場合はすみやかに上司、支店長に申出をしてください。黙っていたとしても、いずれ判明することです。また、間違っても証拠をシュレッダーするなどの証拠隠滅といったことを行ってはなりません。
　事故者とまったく関係がなければ、いつもと同じように業務を行っていただければ何の問題もありません。

（宇佐美豊）

Q42 内部監査部門に求められる対応

設問

不祥事件が発生した場合、内部監査部門として留意すべきことは何でしょうか。

ポイント 内部監査部門が不祥事件担当部署であれば、規定等に基づき不祥事件の調査を行います。不祥事件担当でなければ、後日調査内容につき監査を実施するとともに適時担当部署からヒアリングを行います。あわせて、監査計画、リスクアセスメントに対して不祥事件の発生がそれらに影響を及ぼさないかどうかを検証します。

1 不祥事対応における内部監査部門の位置づけ

　多くの金融機関で不祥事件が発生した場合、どの部署が統括して調査を行うかを規定等で定めていることと思います。古くは監査部が「検査部」と呼ばれていた時代には、この検査部が不祥事件の調査を行うことが一般的でした。こうしたことから、いまだ多くの金融機関では内部監査部門が不祥事件の調査を行っています。一方、不祥事件の調査は本来執行部門が行うべき事項であり、内部監査部門は執行部門の調査の適切性をみるべきだとの考え方から、執行部門で不祥事件の調査を行うと規定している金融機関もあります。

　問題は、規定では執行部門が不祥事件調査を行うと規定しているにも

かかわらず、実際には過去の慣習から内部監査部門が行っている場合です。

こうした事例が「金融検査結果事例集」に掲載されています。

> 取締役会は、「法令等遵守規程」を策定し、コンプライアンス統括部門を不祥事件対応の所管部署と定めている。しかしながら、不祥事件対応の一連の業務（注）については、内部監査部門が行っている実態にあることから、不祥事件対応についての内部牽制機能が有効に発揮されない態勢となっている。
> （注） 不祥事件の特別監査以外に、不祥事件に係る当局への報告、警察への通報、弁護士意見の聴取や改善策の取りまとめ等といった業務執行部門が行うべき業務を含む。

（出所）「金融検査結果事例集（平成24検査事務年度前期版）」

したがって、不祥事件の調査について規定上どこが行うのか確認する必要はあります。

なお、内部監査部門が不祥事件調査を行う規定であれば、調査に係る客観性の確保は当然必要となります。

2 リスクアセスメント

また、内部監査部門は年に一度リスクアセスメントを行い、内部監査計画を策定します。

不祥事件の調査の過程で、リスクアセスメント時に想定していなかったリスクが判明した場合や顕在化したリスクについて認識はあったものの、リスク程度として低いと判断していた場合には、リスクアセスメン

トや内部監査計画の再検討をお勧めします。

　その際のポイントは、どうして顕在化リスクを見落としたのか、あるいは、リスクは低いと判断したのかといった点を中心に検証するといいでしょう。

　先に述べましたが、内部監査部門の役割がどのように規定されているかがポイントです。

(宇佐美豊)

Q43 人事部門に求められる対応

設問

不祥事件が発生した場合、人事部門として留意すべきことは何でしょうか。

ポイント

まずは、事故者への人事異動の発令と不祥事件が発生した支店等への補充に係る人事異動の準備と発令を行います。あわせて、不祥事件調査部署への情報提供、場合によっては共同で調査を行う準備をする必要があります。また、過去の事故者の記録を精査しなければなりません。

1 人事情報の提供

　不祥事件の調査の際、重要な情報の１つに「人事情報」があります。過去、どのような部店でどのような業務を行ってきたか、どういった人間とかかわりをもってきたか、もった可能性があるか、面談記録に何か異質な点はないか、といったことに「なぜ犯行に及んだのか」を解く重要な手がかりがあることが多いのが実情です。また、こうした情報を分析することにより、第２の不祥事件を発生させないための方策を立てることができるのです。

　したがって、人事部門としては、不祥事件調査を行う部門に積極的に協力し、事故者本人以外の関連情報に気づけば、積極的に情報提供を行

っていきましょう。

2　人事異動の発令

　あわせて、事故者を人事部付にするなどの異動を行うとともに、事故者の後任者の異動への対応も早急に行う必要があります。

　先に述べましたが、不祥事件の発生について人事部門として情報提供を行うとともに、場合によっては、不祥事件調査部門と共同して調査を行う必要がある場合もあります。つまり、不祥事件が発生すればその結果として金融機関内の責任問題が発生します。具体的にいえば、事故者および関係者の懲罰処分です。これを決定する際に、不祥事件の調査部門からの間接的報告では処分を決定できない等の場合は共同して、人事部門の観点から調査を実施することも必要です。

　なお、人事部門として過去の面談記録など、特に事故者に係る記録は十分に精査し、なぜ事前に把握できなかったのか（一例として、事故者が多重債務者であった場合、その多くは人事部門の記録では借金はないことになっています。この場合、なぜ把握できなかったのか等について検証する必要があるでしょう）、過去の事故者への面談の手法に問題がなかったか、などの点について自己検証する必要があります。

　不祥事件が発生した場合は、人事情報だからといって特別視せず不祥事件調査部門に積極的に情報提供を行うことが第２の不祥事件を防ぐ第一歩です。

（宇佐美豊）

Q44 コンプライアンス統括部門に求められる対応

設問

不祥事件が発生した場合、コンプライアンス統括部門として留意すべきことは何でしょうか。

ポイント コンプライアンス統括部門が不祥事件の調査部門であれば、規定やマニュアルにのっとってすみやかに調査を開始するとともに、適時経営陣に対して調査内容を報告する必要があります。あわせて、不祥事件に係るコンプライアンス研修の企画等対応策の策定を行います。

1 不祥事対応におけるコンプライアンス統括部門の位置づけ

Q42でも少し触れましたが、不祥事件の調査部門はコンプライアンス統括部門と規定している金融機関が多いようです。

コンプライアンス統括部門を不祥事件の調査部門と定めている場合には、事前に定められている規定や手続にのっとって、関係部門との調整のうえ、調査をすみやかに開始します。まずとりかかるべきは、事故者に対するヒアリングですがヒアリングと並行して事故者の周辺調査を実施するとともに、関係者ヒアリングを実施します。また、調査の範囲、調査の対象者について、その進捗状況をみながら適時適切に変更することも必要でしょう。

その際重要な点は、適時に経営陣に対して報告を行うということです。「すべて調査し終わってから報告しよう」などと思っていると、結果、調査期間が長期にわたり、また、経営陣の問題認識とのズレが大きくなり、さらに手間がかかるといった事例が見受けられます。こうしたことを防ぐためにも、適時な報告を行う必要があります。

2 コンプライアンス研修の実施

また、不祥事件の発生原因の1つとして、事故者の倫理観、コンプライアンス意識の問題があります。金融機関として行うことができる施策には限界がありますが、一般論として不祥事件発生の原因として、金融機関としてのコンプライアンスマインドの涵養不足があげられます。こうしたことから、全職員に対してコンプライアンス研修を実施することが多いようです。

具体的には、
① 弁護士等外部講師による研修会の実施
② 不祥事件に係るDVD等を視聴し、その後コンプライアンス統括部門の人が講師となって研修
③ コンプライアンス統括部門の人が自金融機関で発生した事例を題材として研修

といった内容の研修が多いといわれています。

あわせて、コンプライアンス統括部門としては、年度初めに打ち立てた「コンプライアンス計画」が適切であったかどうかの検討をする必要があります。

なお、対応策については関係部門と支店の現状等をふまえ実施する必

要があります。

(宇佐美豊)

Q45 事務部門に求められる対応

設問

不祥事件が発生した場合、事務部門として留意すべきことは何でしょうか。

ポイント 　不祥事件発生のプロセスにおいて、事務手続のどこに問題があったのか検討します。具体的には、手口を分析し、どこに事務手続・事務フローの欠陥があったのか、制度上の問題なのか人為的な問題なのか、といった観点から検討を行います。あわせて、相互牽制が十分に発揮できるように帳票の改定も検討します。物理的な問題であれば総務部門と協議のうえ監視カメラ等の設置を検討すべきです。

1　不祥事対応における事務部門の位置づけ

　不祥事件が発生した場合、まず考えなければならないことは金融機関の事務手続のどこに不備があったのかを特定することです。事故者からのヒアリングや実際の帳票の検証により、特定します。特定された原因をふまえ、発生原因が事務手続上の不備なのかヒューマンエラーに起因するものなのかを判断します（場合によっては両方が原因の場合があります）。

　事務手続上の不備、つまり、そもそも手続やそのフローに問題があったのであれば、すみやかに手続を改定します。また、事務手続そのもの

がわかりにくい、表現等が不適切である場合も同様です。当然のことながら、手続に関連する帳票等の改定も検討する必要があります。

原因がヒューマンエラーに起因するものの場合は少し厄介です。手続そのものには問題はないが、その手続に基づき業務を行っている人そのものに問題（これは人の意識の問題になりますが）があるということです。

2 相互牽制の必要性

1つの例を述べてみたいと思います。

金融機関において不祥事件を起こそうとする犯人にとって、最大の問題点は何でしょうか。多くの犯人は、「正しい手続に偽装して不正を行いたい」と思っています。そうすれば、自分が行おうとする不正は発覚しにくいと考えるからです。この場合、問題になるのは上司から承認の印をどう押してもらうかです。「不正をしたいので印鑑を押してください」といわれて、承認の印鑑を押す人はいないでしょう。多くの犯人はどのようにうまいウソをいって上司を騙すかを考えています。

この時、上司自身が承認の印を押印するということがよくわかっている人であれば承認の印鑑を押すとき慎重になるでしょう。しかし、部下から回ってきた書類に何でも印を押す上司であればどうでしょうか。

犯人はあっさり正しいかたちを整えて不正をいとも簡単に行えるのです。

つまり、どのような手続を制定してもそれを運用する管理職やその上司の意識が変わらなければ手続そのものが無効になってしまうのです。

この点について、何か特効薬があるわけではありません。支店長、管

理職に対して手続の重要性、それを運用する者としての意識について研修等で繰り返し行っていくということではないでしょうか。

　また、ヒューマンエラーは必ず発生するという前提を忘れないようにしなければなりません。

　もう1つ重要なこととして、監視カメラ等の設置があげられます。事務部門の所管事項でない金融機関も多いとは思いますが、支店等において死角をなくすため、職員に「業務についてはだれかがみている」といった意識をもってもらうためにも監視カメラ等の設置は不祥事件発生を抑止するうえでは有効な手段の1つだと思います。

　なお、監視カメラ等を設置する場合は、設置後の画像範囲を必ずチェックしてください。

（宇佐美豊）

Q46 広報部門に求められる対応

設問

不祥事件が発生した場合、広報部門として留意すべきことは何でしょうか。

ポイント　マスコミへの適切な対応や場合によっては記者会見の準備など一般的に広報部門が行う業務のほかに、適時に関係部門から情報収集するとともに想定される質問について、事前に検証する必要があります。

1 不祥事対応における広報部門の位置づけ

　金融機関における不祥事件について公表するとなると、それなりに社会の関心を集めるためマスコミの関心も高くなります。かといって何か特別な用意をする必要があるかといえば、広報部門としてはそれほど特別なことをする必要はないでしょう。

　大事なことは、通常の広報活動と同様に事前準備です。マスコミのなかには金融機関の不祥事件ということで、攻撃的な質問をしてくる人もいると思います。通常、広報部門はこうした不祥事件の対応には慣れていません。したがって、事前に、想定問答については、不祥事件の調査部門等と打合せをよく行っておくことが必要です。場合によっては不祥事件の調査部門の人間に立ち会ってもらうことも必要です。

2 記者会見

　また、記者会見を行う、あるいは、行わなければならない場合、時間に余裕があればリハーサル等を行うことも有用です。大きな記者会見であれば、専門家を招き細かなアドバイスをもらうことも考慮しなければなりません。

　いずれにせよ、いつも以上に慎重な対応が求められます。

（宇佐美豊）

Q47 営業部門に求められる対応

設問

不祥事件が発生した場合、営業部門として留意すべきことは何でしょうか。

ポイント 　最大のポイントは「顧客対応」です。不祥事件が発生したことでマスコミ報道がなされ、顧客から説明を求められるのが支店等です。そのため、支店等として適切な対応が行えるように「Q&A」を配布するなどツールを準備する必要があります。

1　顧客から反応があるタイミング

　金融機関で不祥事件の公表はだいたい午後3時以降が多いようです。そうすると、マスコミ報道でいちばん早いのが、夜のニュースになります。新聞報道は、電子版を除けば翌日の朝刊ということになります。
　ということは、顧客からの不祥事件についていろいろなご意見をいただくタイミングは、公表翌日の営業開始後となります。

2　顧客対応一元化の必要性

　したがって、それまでに各支店長には事案の概要を金融機関内のなん

らかの伝達手段（メール等）で知らせるとともに、「Q&A」などのツールを事前に配布する必要があります。

　あわせて、不祥事件に関して顧客からどういった意見があったのかについて本部に報告してもらう仕組みが必要です。

　なお、不祥事件について公表する際には、当然のことながら対応窓口を公表することとなりますが、顧客によっては支店に連絡してくるケースもあります。こうした場合の対応についても指示しておく必要があります。これら対応については、1～2週間程度こうした態勢を継続することが多いようです。

　営業部門のミッションは顧客対応を一元的管理するということではないでしょうか。

（宇佐美豊）

Q48 経営陣に求められる対応

設問

経営陣として不祥事件にどのように対応する必要があるでしょうか。

ポイント　不祥事件が発生した場合、経営陣は率先して不祥事件の解明のため、自金融機関内で適切な態勢を構築しなければなりません。また、トップとして断固たる姿勢で不祥事件に臨むことを内外に発信することも必要です。

1 不祥事対応における経営陣の位置づけ

　不祥事件が発生した場合、経営陣としてまずは、態勢の整備が適切に行われているか、適切な資源投入が行われているかなど事実の解明に向け、十分な資源が投入できるか確認をすることです。

　また、適時な調査報告が行われるような仕組みを構築することも必要です。場合によっては、臨時の人事異動や外部からの専門家の招聘といったことも考慮する必要があります。

　不祥事件における会合においては、不祥事件の表面的な事象にとらわれることなく、真の発生原因がどこにあるのか、不祥事件が再発しないために場合によっては、自金融機関のカルチャーの変革をする必要もあるかと思います。

一例として、平成26年7月に金融庁から公表された「金融検査結果事例集」においても以下のような検査結果が公表されています。

>【不祥事件再発防止】
>　コンプライアンス委員会が、不祥事件に対する個別の再発防止策の策定にとどまることなく、不祥事件の根絶に向けて、コンプライアンス態勢の再構築に取り組んでいくことが課題となっている事例
>【業態等】
>　地域銀行、中小規模
>【検査結果】
>　当行は、過去に、複数の営業店で顧客預金の着服・流用等の不祥事件が発生したことに伴い業務改善命令を受けたことから、コンプライアンス態勢の強化を図るべく各種再発防止策として「コンプライアンス・プログラム」を策定・実施している。
>　こうした中、ある営業店において、顧客預金の着服・流用事案[38]が発覚したことを受け、コンプライアンス委員会において、当該事案に係る再発防止策について審議している。
>　しかしながら、同委員会は、当該再発防止策の審議に当たり、不祥事件が繰り返し発生する当行の風土や不祥事件が生じにくい業務の在り方等に関する見直しを十分に行っていない。
>　このため、当該再発防止策は、同プログラムを中心にチェック機能を強化するなどの個別的な対策[39]に重点が置かれたものとなっている。
>　同委員会は、これまでに多くの不祥事件再発防止策を講じていたにもかかわらず、再度不祥事件が発生した根本的な要因を徹底的に分析し、当該事案に対する個別の再発防止策の策定にとどまること

なく、必要に応じて従来の再発防止策の再検討を行い、不祥事件の根絶に向けて、コンプライアンス態勢の再構築に取り組んでいくことが課題である。

38　渉外行員が顧客から集金した現金を、入金帳の訂正や素預り等により着服・費消したもの。業務改善命令を受けている期間中において、複数の顧客に対し繰り返し行われていた。
39　入金帳チェックの厳格化、「不祥事件防止チェック表」の点検項目の追加や運用の厳格化、訪問予定・実績表のチェック体制強化など。

したがって、経営陣としてリーダーシップを発揮し、二度と不祥事件が起きないように徹底した変革が必要であり、そうした視点で自金融機関の防止・対応策を策定することが必要です。

2 トップからのメッセージ

また、その際、必要不可欠なのは「トップからのメッセージ」や「トップからの職員に対する呼びかけ」です。

トップや経営陣からの「今後不祥事件は起こさない。起こした者については厳重に処分する」といった覚悟を職員に伝えることで、職員に対してトップ・経営陣の本気度を認識してもらい、各種防止・対応策がなぜ必要なのか理解してもらい、より実効性のある防止・対応策にしていく必要があるからです。

過去のこうした事例をみると、
① トップ自筆のメッセージを各職員、職員の家族に郵送する
② トップから直接各職員にメールを発信する
といったことが行われています。

大事なことは、支店長等を介して、間接的に職員に伝えるのではなく、トップ・経営陣からどんなかたちであれ直接伝えるということです。

(宇佐美豊)

Q49 社外取締役、非常勤理事への報告

設問

社外取締役、非常勤理事に不祥事件を知らせる必要はありますか。

ポイント

社外取締役、非常勤理事にも当然不祥事件の発生については知らせる必要があります。不祥事件に係る取締役会・理事会を開催するのであれば、出席していただくようにしてもらいます。場合によっては、コンプライアンス委員会や不祥事件対策会議等の金融機関内の会議にも出席いただき外部からの参考意見をいただくということも検討すべきです。

1 報告の必要性

昨今いわれている「コーポレートガバナンス」の観点からいえば、自金融機関の不祥事件については、すみやかに社外取締役、非常勤理事に伝えるべきです。特に、不祥事件に関する取締役会、理事会を開催する場合は、出席してもらうようにしてください。

たとえば、以下のような事例があります（某金融機関に係るマスコミ報道より）。

某金融機関において、上級管理職による不祥事件が発覚した。担

> 当部署は当然のことながらその不祥事件を役員会に報告した。役員会として、報告された不祥事件について公表し、金融当局への報告もするべきではないかとの意見が出た。ところが、その金融機関のトップが過去にも不祥事件が発生したこと等を勘案し、トップの判断で不祥事件を隠蔽することとした。役員会に参加していた役員も不祥事件の隠蔽については何もいわなかった。

　仮にこの役員会に社外取締役、非常勤理事が出席していれば事態は変わっていたかもしれません。
　この事例は極端かもしれませんが、このような事態に陥らないためにも、社外取締役、非常勤理事の出席は有用ではないでしょうか。

2　社外取締役、非常勤理事の活用

　また、不祥事件についてその対応策を議論すると、各部門の利害が対立し収拾がつかなくなったり、どうしても金融機関の常識や考え方にとらわれていいアイデアが出なかったり、金融機関内の力学で事柄が決定したりすることがあります。
　こうした際に、社外取締役や非常勤理事といった方々から、金融機関の常識にとらわれない意見から良いアイデアが出たりもしますし、金融機関内の力学に変化が生じることも考えられます。
　したがって、いろいろな意味で社外取締役、非常勤理事の方々を活用するのも1つの手段だと思います。

（宇佐美豊）

Q50 不祥事件に係る苦情対応

設問

不祥事件に係る苦情対応で特に留意すべき点はありますか。

ポイント 不祥事件に係る苦情の多くは金融機関の管理態勢や預金の心配といった苦情です。ただし、苦情のなかには不祥事件と同様の手口で被害にあったといったものもありますので、苦情の内容を十分に吟味する必要があります。

1 苦情の内容

不祥事件がマスコミ報道されると、必ず「苦情」が寄せられます。その多くは、「管理態勢」や「経営陣や支店長の責任」「自分の預金は大丈夫か」といったものです。したがって、通常金融機関に寄せられる苦情となんら変わることはありません。よって、対応としても通常の苦情への対応と異なる対応をする必要はありません（場合によっては、金融機関への励ましといったこともあるようです）。

しかし、こうした苦情のなかにごく少数ですが、「過去、今回の犯人に担当してもらっていた時期があるが、今回の不祥事件と似たようなことがあった。私の預金は大丈夫か」といった苦情が入ってくることがあります。こうした苦情を受け付けた場合は慎重な対応が必要です。

2 苦情への対応

　まず、こうした苦情の場合は可能な限りこうした苦情を申し立てたお客さまのお名前と連絡先を聞いておくことです。なぜなら、金融機関側で把握していない横領・詐欺が発生していたことが考えられるからです。

　金融機関で不祥事件に遭遇し、事故者からヒアリングをした経験のある方ならおわかりと思いますが、事故者がすべての不正について最初から話すということはまずありません。また、事故者自身も不正の回数が多くなってくるとすべての不正を覚えているわけではありません。したがって、こうした苦情から金融機関側で把握していない不正が発覚するといったことも多く発生しています。

　その場合は、当然追加調査が必要になってきます。

　こうした点からも、苦情については、十分な精査が必要になるのです。

（宇佐美豊）

第 V 編

不祥事件への対応

第1章
不祥事件の未然防止・事前抑止

Q51 未然防止と事前抑止の違い

設問

不祥事件における未然防止と事前抑止にはどのようなものがありますか。また、未然防止と事前抑止との違いは何でしょうか。

ポイント　未然防止とは、ルールや仕組みなどの内部統制の強化を通じて、不正を行うことができないようにする仕組みです。具体的な対応策としては職務分離や各種のチェックの実施があります。しかし、内部統制には限界があり、未然防止の強化だけで不祥事件を防止することはできません。そのため不祥事件防止のために事前抑止が必要となります。それに対して、事前抑止は、自分が不正を行える立場やチャンスがあったとしても、「不正はかならず見つかり、厳しく罰せられる」等と考えて、不正行為を思いとどまらせる状況をつくりだす仕組みです。不祥事件の対応においては、これらの未然防止と事前抑止を効果的に組み合わせることが重要です。

1 未然防止

不祥事件における未然防止とは、職務分離、物理的または論理的なアクセス制限、管理者による検証や相互牽制の導入等のコントロールを追加し内部統制を強化することにより、不正を行うことができないように

する仕組みです。「不正のトライアングル（動機、機会、正当化）」（**Q5**参照）でいえば、「不正を犯す機会」をできる限り減少させることにより、不正をなくしていく仕組みです。なお、未然防止には「機会」だけでなく、不正を行う原因であるメンタル面や金銭面の問題に対する対応を行うことによって「不正を犯す動機」を軽減させるといった役割もあります。

2 具体的な未然防止策

具体的な未然防止策としては次のものがあります。
① 職務分離の実施や、複数の人間で業務を実施することにより、1人で業務を行ったり、1人で業務が完結したりすることができないようにする。
② 物理的または論理的なアクセス制限を行うことにより、特定の人にしか業務をできないようにする。
③ 不祥事件につながる可能性のある業務の禁止。またはそれらを事前承認とする。
④ 定期的または抜打ちでのチェックや精査の実施
⑤ 監視カメラ等での監視
⑥ 部下の行動の適切な管理と監視
⑦ 厳正な自店検査、本部所管部署によるモニタリング、内部監査等の実施
⑧ 定期的なローテーションの実施や職場離脱の実施
⑨ 金融機関内での貸付制度の創設やカウンセリングの実施
　上記の未然防止策は、単に仕組みをつくるだけでは十分ではありませ

ん。未然防止の目的や、それらを実施する重要性を認識したうえで、役職員が厳正な運用を行い、未然防止策が形骸化することなく継続的に実施することにより、その実効性を確保することが可能となります。

3 未然防止と事前抑止との違い

未然防止に似た言葉として事前抑止があります。不祥事件を発生させないようにするためには、未然防止策により内部統制を強化することが必要です。しかし、内部統制には限界があります。また、費用対効果や、内部統制の強化による業務の効率性の問題もあります。このように未然防止の強化だけで不祥事件を防止することは無理があります。そのため不祥事件防止のために事前抑止が必要となります。事前抑止は、もし自分が不正を行える立場やチャンスがあったとしても、「不正を行えば必ず見つかり、それにより厳しく罰せられる」と考えて「やらないほうが身のためだ」と思うことにより、不正行為を思いとどまらせる仕組みです。「不正のトライアングル」でいえば、「少しぐらいの不正をしてもかまわない」といった「不正の正当化」を行わないようにすることにより、不正を思いとどまらせる仕組みです。未然防止がどちらかといえばコントロール強化といった「ハードの仕組み」であるのに対して、事前抑止は、役職員の心に訴える「ソフトの仕組み」です。

4 具体的な事前抑止策

具体的な事前抑止策としては下記のものがあります。

① コンプライアンス教育の実施：コンプライアンス教育の実施により役職員の倫理感を高めるとともに、不正を犯せばどのようになるかについて教育を実施する。
② 不適切な行為に対する厳しい処罰：不祥事件の発生時やルール違反が発生した場合は厳しく処罰を行う。
③ 正しい行動に対する適切な評価の実施
④ コミュニケーションの強化：部署内でのコミュニケーションを強化し、相談しやすい雰囲気づくりを行う。

なお、各種の不祥事件の対応策には、いろいろな機能があり、一概に未然防止か、事前抑止かとどちらかに区分できない場合もあります。たとえば、監視カメラ等での監視には、それらにより不正な行為ができなくなるといった未然防止の機能と、それらにより不正が発覚するのではないかと考え思いとどまらせるという事前抑止の機能もあります。また、実際に監視カメラにより不祥事件を発見するといった早期発見の機能もあります。

5 未然防止と事前抑止を組み合わせた不祥事件対応

不祥事件の防止は、1つの対策を行えば十分というものではありません。いろいろな対策を組み合わせて実施していくことにより未然防止策としての実効性が高まるととともに、「不正を行っても必ず見つかる」という意識が高まり、それらの相乗効果により不祥事件防止が可能となります。

（吉田孝司）

Q52 窓口業務・後方業務での不祥事件と未然防止

設問

窓口業務・後方業務での不祥事件にはどのようなものがありますか。また、それらに対しては、どのような未然防止を行えばよいのでしょうか。

ポイント 窓口業務や後方業務では、あるだけ入金（概算入金）からの現金の着服といった不祥事件や、各種のオペレーション等を行うなかで認識した不稼働となっている顧客の口座等からの無断出金といった不祥事件が発生しています。それらの対応としては、監視カメラによる監視、あるだけ入金（概算入金）の廃止・抑制、不稼働口座の動きのモニタリング、ベテラン職員の管理強化等があります。

1 窓口業務での不祥事件

窓口業務での不祥事件は、来店された顧客から受領した資金を入金しないで着服するというものであり、主な手口としては下記のものがあります。

(1) あるだけ入金（概算入金）からの着服

店頭での金額が確定していない硬貨の入金時や、過去からの慣習で顧客側ではしっかりと計算していないままに持ち込まれた現金等を金融機

関側で数えて入金を行う場合に、その現金の一部を着服するという手口です。最初は少額の着服であったものが、それが発覚しないとわかると次からは1回当りの着服額が大きくなるといった傾向があります。

(2) 常時来店先からの入金の着服

日頃よく来店し、信頼されている顧客の入金等を行わずに着服するという手口です。

(3) 手元現金からの着服

日中の取引のなかから、少額の現金を抜き取り、違算を発生させ、その違算した金額を着服するという手口です。違算は結果的に原因不明となります。

2 後方業務での不祥事件

後方業務での不祥事件は、以前はオンライン端末の不正利用や為替による不祥事件が代表的なものでしたが、最近はそれらの不祥事件はほとんど発生していなく、下記の手口での不祥事件が発生しています。

(1) 顧客の不稼働口座からの無断出金

長期間入出金が行われていない口座から、無断で出金し資金を着服するという手口です。具体的には、業務中に各種のオペレーションや照会を行うなかで、最近数年の間に入出金がまったく行われていなく、今後もその口座の利用が行われる可能性の低い預金口座があることを認識します。そこでその口座の通帳の繰越処理等を行うことにより通帳の再発

行を行い、三文判等を押印し、自分で印鑑照合を行い、オープン出納等で出金するという手口です。役席の検印等は机の上に放置されている印鑑やカード、ID・パスワード等を用いて行っています。

(2) 金融機関の不稼働口座等からの無断出金

金融機関の別段預金、仮受金のなかで長期間動きのない勘定から出金を行い、それを着服するという手口です。

3 窓口業務での未然防止策

(1) 監視カメラによる監視

窓口担当者の手元部分や現金の授受を行う部分を監視カメラによる監視を行います。常に監視（録画）されているということにより不正を防止することが可能となります。この監視カメラでの監視は、不祥事件対応だけではなく、顧客との現金の授受時におけるトラブル（渡した、渡していない）や、高齢者におけるトラブル（出金した覚えがない）の対応にもなります。

(2) 違算や金額相違の問合せ時の調査の厳正化

店内での違算や、顧客から金額相違の問合せがあった場合には、その発生原因の追究や調査を厳正に実施するとともに、特定の人間に集中していないかを確認する必要があります。もし一部の職員に集中している場合は、その職員の行動を十分に管理するとともに、場合によっては現金を取り扱わない業務への担当替えを実施します。

(3) あるだけ入金（概算入金）の廃止

あるだけ入金（概算入金）を受入れすることについて、顧客に対して説明のうえ、原則廃止とし、顧客側で金額を確定させたうえで入金の受付を行うようにします。ただし、過去からの慣習等で廃止がむずかしい場合には、複数の職員で顧客から預かるとともに、その精査作業も複数で実施します。また、あるだけ入金（概算入金）の受入れ時には顧客から概算の金額を聴き取りしたうえで処理を行うとともに、あるだけ入金の台帳を作成し、概算金額と実際の入金額を記載し、その状況を管理するようにします。

(4) 日頃の行動のチェック

近年は窓口業務やハイテラーの業務は正社員ではなくパートタイマーが担当することが多くなっています。一般的にパートタイマーは正社員よりその生活状況が把握しにくく、金銭に困窮していることがわかりにくいのが現状です。そのため日頃からのコミュニケーションの強化を図り、家庭（家族）の状況、配偶者の勤務先の状況等の把握を行い、金銭に困窮している人間の把握に努める必要があります。

後方業務での未然防止策

(1) 不稼働口座の動きのモニタリング

本部のコンプライアンス部門等において、長期間不稼働で一定金額以上の残高のある口座から大部分の資金が出金された場合等にモニタリン

グを実施します。具体的には、システム上で、長期不稼働の口座から出金が行われたものを抽出し、営業店の支店長等の管理者に対して、その出金理由と、どのように出金されたのかについて調査と報告を行わせます。

(2) 印鑑や承認カード等の放置の禁止

役席の机の上に印鑑や承認カードを放置したり、安易に自分のID・パスワードを部下に教えたりすることがないように注意喚起等や研修で徹底します。

(3) 役席承認取引、便宜扱い、異例扱いのチェック

役席承認取引、便宜扱い、異例扱いといったイレギュラーな取扱いについては、そのような取扱いを実施する理由を十分に確認し、安易な取扱いを行わないように徹底する必要があります。また、イレギュラーな取扱いについては、過去の実績との比較、他の店舗との比較を行い、それらの取扱いが増加していないか、安易な取扱いがなされていないのかをチェックする必要があります。

(4) 別段預金、仮受金等の定期的なチェック

別段預金、仮受金等で長期滞留している資金の内容を定期的にチェックするとともに、前回との変動内容についてチェックを実施します。

(5) ベテラン職員の管理強化

過去の後方事務における不祥事件の大部分が、ベテランの職員に仕事を任せたままとなっており、牽制やチェックが効いていなかったことが発生原因となっています。そのため、長年後方業務を担当しており、業

務を熟知しているからといって、仕事を任せたままとしないで、業務全体を把握するとともに、ポイントとなる業務についてはチェックを実施し、管理強化を図る必要があります。

(6) 役席の管理強化

最近では、金融機関における人員構成の変化により役席が高齢化し支店長との年次が逆転することが多く、支店長が役席に対して強く意見が言いにくくなっているケースや、役席が高齢化することによりモチベーションが低下し、役席としての牽制機能が弱くなっているケースもあります。役席の機能状況もよく確認しておく必要があります。

(7) 業務の担い手の変化への対応

これらの窓口業務や後方業務における不祥事件自体は、営業店のシステム化の進展、現金の利用の減少等により以前と比較すると大幅に減少する傾向にあります。

しかし、その半面、窓口業務や後方業務の職員数が、ATMや振込みの活用、インターネットバンキングの普及により減少するとともに、これらの業務の担い手が正社員からパートタイマーに移行しており、以前と比較して業務の管理・監視がむずかしくなる傾向にあります。そのため、今後も引き続き留意していく必要があります。

（吉田孝司）

Q53 出納業務での不祥事件と未然防止

設問

出納業務での不祥事件にはどのようなものがありますか。また、それらに対しては、どのような未然防止を行えばよいのでしょうか。

ポイント 　**出納での不祥事件は、金融機関が保有する現金等の一部を着服するというものであり、金融機関における代表的な不祥事件の1つです。主なものとしては、金庫や夜間金庫から現金の着服や、大口集金の入金時における現金の着服等があります。それらの対応としては、出納等で現金を取扱いする職員の制限、複数での取扱い、厳正な現金精査、監視カメラによる監視を行う等があります。いずれにしても各種の現金の取扱ルールの徹底が重要です。**

1 出納業務での不祥事件

　出納での不祥事件は、主には金融機関の保有する現金等を着服するというもので、金融機関における代表的な不祥事件の1つです。ただし、近年は、ATM・振込み・インターネットバンキング等の取引が増加し、現金の使用自体が減少しており、出納業務での不祥事件も減少しています。具体的な手口としては下記のものがあります。

(1) 金庫等から着服

現金の精査後に金庫に格納されている現金や準備金の一部を着服し、他の紙幣、白紙の紙や硬貨等と入れ替えて、金額があっているように偽装を行うという手口です。

(2) 夜間金庫からの現金の着服

夜間金庫の現金処理において、日頃から資金の不一致の多い取引先の夜間金庫の預け金から現金を一部着服し、現金不一致として処理するという手口です。

(3) 大口の持込現金からの資金の着服

大口の現金の持込み・集金がある取引先のなかで、日頃から現金と伝票金額の不一致が発生することのある取引先の持込現金または集金分から現金を着服し、精査時は現金不一致として報告するという手口です。

2 出納業務での不祥事件の未然防止策

出納業務における未然防止策としては、定められている現金の管理ルールの徹底に尽きます。具体的には下記のとおりです。

(1) 金庫、テラーズマシンへのアクセス権の制限と複数での取扱い

現金や現金にかかわる機器を取り扱うことのできる職員を制限し、だれでも現金に触れることができるといったことがないようにします。そ

の場合、鍵管理機の導入等も有効です。また、大口の現金やあるだけ入金（概算入金）の取扱い時はできる限り複数の職員による取扱いを実施します。

(2) 監視カメラでの監視

資金元、金庫、オープン出納等の現金を取扱いする場所において監視カメラを設置し、金庫室への出入り状況、現金の取扱状況を監視します。

(3) 現金担当者以外の職員による厳正な現金精査の実施

現金精査の実施においては、現金担当者以外の職員が実施し、形式化・形骸化することなく、金庫の奥にある現金や準備金も含めて、厳正な現金精査の実施を徹底させます。

(4) 現金の授受ルールの明確化

現金の授受を行うときは、必ず面前で現金の確認を行わせます。また、受領した現金はすみやかに収納し、机の上に放置することにより他の人が触れることができないようにします。

(5) 違算や、夜間金庫、大口現金持込先での金額相違の問合せ時の調査の厳正化

店内違算や、顧客からの金額相違の問合せがあった場合には、その原因調査を厳正に実施するとともに、特定の人間に集中していないかを確認します。もし、特定の職員に集中している場合は、その職員の行動を十分に管理するとともに、場合によっては現金を取り扱わない業務等への担当替えの実施を検討します。

(6) 大口入金、夜間金庫の現金処理の本部集中化

営業店での人員が減少していることもあり、大口入金、夜間金庫の現金処理を本部に集中化し、一括して処理を行うようにします。

(7) 金銭に困窮している職員の担当替え

なんらかの理由で金銭に困窮している職員については、原則現金等を取り扱わない係への担当替え、または他の部署への異動を実施します。

3 未然防止策のポイント

出納における不祥事件の未然防止策としては、複数の職員による現金取扱いが理想的ですが、近年、金融機関での営業店の人員が減少しており、すべての業務を複数で行うことはむずかしくなってきていますので、監視カメラの活用と、現金担当者以外による厳正な現金精査の実施が大きなポイントとなります。

（吉田孝司）

Q54 ATMでの不祥事件と未然防止

設問

ATMでの不祥事件にはどのようなものがありますか。また、それらに対しては、どのような未然防止を行えばよいのでしょうか。

ポイント ATMでの不祥事件は、ATMの金庫等から現金を着服するというものであり、金融機関における代表的な不祥事件の1つです。ATMでの不祥事件の手口自体は非常に単純なものですが、その発生原因としては、特定の職員にATMの取扱いを任せてしまい、十分な牽制を行わなかったことにあります。そのため、その未然防止においては、特定の職員を過信し、ATMの管理を任せたままにしないとともに、ATMの担当者以外の職員による厳正な精査の実施が必要です。

1 ATMでの不祥事件

ATMでの不祥事件は金融機関における代表的な不祥事件の1つです。具体的には、ATMに装填されている現金を着服するという手口であり、預金業務の役席や、ATMの担当者が長期間にわたり多額の現金を着服する事例が多数発生しています。この不祥事件の手口や状況においては下記の共通点があります。

- 日々の装填・回収・精査といった作業を1人で実施し、他の職員にさせないようにしている。
- 複数でATMの取扱いを行うルールとなっている場合は、若手の職員等を指名し、実際には立ち会わせずに印鑑のみ押印をさせ、複数で実施したかのように取り繕っている。
- 自店検査実施時には、自分が実施しておくからといって他の人間に作業をさせないで、自らが精査を実施するか、ATMからの現金の回収や装填は自分で行い、他のATMや出納の現金により帳尻をあわせたうえで検査者に精査させている。
- 内部監査部門の臨店時には、ATMが来客で混み合っているといって、連続して精査を実施しないようにして、その間に監査員の目を盗んで着服していない他のATMや出納から現金を移して帳尻をあわせることによって逃れている。
- 不正の発覚をおそれてほとんど休暇をとっていない。また、手間がかかるATMの作業を率先して実施しているため、周りからは仕事熱心であると思われており、ATMに係る業務をすべて任せた状態となっている。

2. ATMでの不祥事件の未然防止策

　上記のようにATMにおける不祥事件の手口自体は非常に単純で、定められた事務手続を遵守していれば防ぐことができるものばかりです。それにもかかわらずATMでの不祥事件が発生している原因は、特定の職員にATMの取扱いを任せてしまい、十分な牽制を行わなかったことにあります。そのため、ATMにおける不祥事件は、基本的には、特定

の人間を過信しATMに係る業務を任せたままの状態にしないで、ATMの担当者以外の職員による定期的な厳正な精査等を実施することにより防止することが可能です。具体的な未然防止策としては下記のものがあります。

(1) ATMにアクセスできる職員の限定と複数での作業実施

ATMにアクセスできる職員を限定し、ATMの担当者以外は触れないようにします。鍵管理機の導入も有効です。また、現金の装填・回収時には複数名で実施します。

(2) ATMの装填部分等の監視カメラでの監視

ATMのバックヤードにだれが入ったか、だれがどのように現金の装填、回収、精査時の作業を行ったのかがわかるように監視カメラを設置しチェックを行います。

(3) 定期的な精査

ATMの担当者以外の人間による定期的な現金の精査の実施を徹底させます（ATMの担当者には行わせない）。

(4) 抜打ちでの現金の精査

抜打ちでATMの現金の精査を実施します。この場合は、ATMの担当者には手助けを行わせずに実施する必要があります。また、他のATMや資金元からの現金で埋め合わせを行わせないようにするため、連続してすべてのATMの精査を実施するとともに、精査者以外の職員にATMや資金元に触らせないようにするために、ATMの鍵等を精査者が確保したうえで精査を実施する必要があります。

⑸　本部でのリモート操作による現金の精査

夜間に不定期・抜打ちでの本部からのリモート操作により金融機関の店舗内の全ATM内の現金の精査を実施します。リモート操作による現金精査は、人の手を介さないので営業店の負担が少なく、抜打ちで実施するため事故者による現金の帳尻合わせが行えないので有効な手法です。

⑹　ATMの現金装填状況の確認

ATMから現金を着服している場合は、オンライン上の装填金額と実際の装填金額に相違が発生します。そのため、そのATMは、オンライン上は他のATMや他店のATMと比較して多額の現金が装填されていることになっています。また、オンライン上は多額の紙幣が装填されていることになっているのに、実際には万券不足のアラームが発生するといったことも発生しています。そのため日々のATMの現金装填状況（装填金額、紙幣不足）の確認が必要となります。

⑺　ATMの操作マニュアルの整備

金融機関によっては複数のベンダーのATMを採用していたり、同一ベンダーでもいろいろな機種を導入していたりするため、それぞれのATMの操作方法が異なっており、ATMに精通した特定の職員しかATMを操作できないといったケースもあります。そのためATMの操作マニュアルを整備するとともに、特に精査業務については、ATMの担当者の手を借りずに実施できるように手順書を整備し、訓練を行うことも必要です。

(8) ATM業務の外部委託

　ATMに係る業務を外部委託し、基本的に営業店ではATMに係る業務を行わないようにします。

(吉田孝司)

Q55 融資業務での不祥事件と未然防止

設問

融資業務での不祥事件にはどのようなものがありますか。また、それらに対しては、どのような未然防止を行えばよいのでしょうか。

ポイント

融資業務での不祥事件としては、一般的には取引先・融資先による決算書や売買契約書等の資料の粉飾・改ざんによる不正行為が発生していますが、金融機関の職員による不祥事件も発生しています。その手口としては、カードローンの不正利用、融資返済金の着服、手数料・登記費用の着服等があります。その未然防止策としては、本人確認の徹底、定期的な融資残高の通知、司法書士への定期的な登記費用の支払状況の確認等があります。

1　融資業務での不祥事件

　融資業務での不祥事件としては、一般的には取引先・融資先による決算書や売買契約書等の資料の偽装・改ざんによる不正行為が発生していますが、金融機関の職員による不祥事件も発生しています。その具体的な手口としては、下記のものがあります。

　なお、ここでは取引先・融資先による不正行為や、職員と取引先が共謀した不正行為は対象外とし、金融機関の職員による不祥事件等を対象

としています。また、浮貸しについては、**Q58**で記載しています。

(1) 他人名義・架空名義でのローンの申込み

運転免許証や健康保険証等の本人確認資料を偽造して本人になりすまして個人ローン等の申込みを行いその融資実行金を着服するといった手口です。場合によっては、本人確認資料を偽造して架空の取引先をつくりだし、個人ローン等の申込みを行い、その融資実行金を着服するといった手口もあります。

(2) カードローンの不正利用

家族や知人に「カードローンの目標達成のために申込みするだけ」などと説明してカードローンの作成を依頼し作成されたカードを借用したり、自分宛てに送付させたりすることによりカードを入手し、そのカードローンの実行金を着服するといった手口です。顧客に対する残高や返済の案内等については、郵送を行わないで自店での交付としたうえで、事故者がそれを抜き取り交付されないようにしています。

(3) 融資返済金の着服

顧客からの融資の全額返済または一部の返済の申込みがあった場合、それらの資金を返済に充当しないで着服し、顧客に対しては、返済に充当したと説明し、その計算書等を偽造して交付するという手口です。また、延滞している取引先に対して、延滞の督促を行い回収した資金を返済に充当しないで着服するという手口もあります。

(4) 融資手数料、登記費用の着服

融資実行時に、顧客に対して本来必要のない融資関連の手数料や、架

空の手数料が必要と説明したうえで、現金でそれらを受領し、金融機関の受入手数料等の伝票の複写の領収書を顧客に交付したうえで着服するという手口です。

また、不動産担保に関する登記費用を顧客から現金で受領し、司法書士に支払を行わずに着服するという手口もあります。この場合、ある程度の時間が経過すると、他の顧客から新たな登記費用を着服し、前に着服した分を司法書士に支払をするため自転車操業となります。

(5) 登記印紙の流用

融資取引の推進のため、顧客の登記簿謄本を司法書士に依頼して取得し、その代金を登記印紙等での支払を行っている場合に、実際には登記簿謄本等を取得していないのに取得したとして入手した登記印紙を流用し、それを換金し着服を行うという手口です。

(6) 書類の偽造、申請書の代筆

融資推進のために、安易に信用保証協会保証付融資に係る書類を偽造したり、補助金等の申請のために申請書を代筆で作成して申請したりする手口です。

2 融資業務での不祥事件の未然防止策

融資業務における不祥事件の未然防止策としては下記のものがあります。

⑴　本人確認の厳正化

　最近は金融機関における本人確認の制度が厳しくなっており、以前のように架空名義での口座開設や融資はむずかしくなっていますが、本人確認資料の原本確認と、申込みの住所以外へのカードの送付は禁止とします。

⑵　登記印紙の使用廃止

　原則、インターネットを利用して登記簿謄本の取得を行うとともに、司法書士に依頼する場合の支払はすべて振込扱いとし登記印紙の使用を廃止します。登記印紙の使用が必要な場合は、台帳等で使用理由等の厳正な管理を行うようにします。

⑶　現金での手数料・登記費用の授受の禁止

　手数料や登記費用の受領はすべて預金口座を通して行うルールとするとともに、受入手数料の伝票の見直しを行い領収書としての使用ができないようにします。

⑷　利用している司法書士における未払金の定期的な確認

　営業店で利用している司法書士に対して、定期的に未払金の有無の確認を実施し、長期の未払金がある場合にはその内容を確認します。

⑸　融資実行時の本人確認の徹底

　融資実行時に申込人に対して電話等を行い本人確認、借入れについての確認の徹底を図るようにします。

⑹ 融資の利用状況の通知の送付

融資残高のある顧客に対して、定期的にその利用残高についての通知を実施します。その場合、もし、残高等に不審な点があった場合の照会先は、取引のある営業店や担当者ではなく本部のコンプライアンス部門等とし、それらの部門への連絡を依頼します。

⑺ 返済明細や利用明細の原則郵送とその送付先のチェック

融資業務に関する契約書類控、返済の明細や上記の⑹の利用状況に関する通知は、原則郵送とします。その場合、それらの通知が申込住所以外に送付されたものまたは郵送扱いとしていないものについては、その理由や利用状況についてのチェックを行います。

⑻ 複数の職員での延滞先に対する督促・回収対応

延滞先に対する督促や資金回収時には、原則複数の職員で対応するとともに、オンライン上は直接現金での回収としないで、預金口座を経由した処理を行うようにします。

⑼ 役職員の家族・知人との取引時の本人確認の徹底

役職員の家族・知人との取引においても特別扱いをしないで、通常の顧客からの申込みと同様の本人確認作業等の徹底を図ります。

⑽ 具体的な禁止事項を対象としたコンプライアンス研修の実施

近年は各金融機関においては若手層の職員が増加しているため、一般論としてのコンプライアンス研修だけではなく、融資関連業務での不正

行為について具体的に「してはいけない事項とその理由」等についての研修の実施が必要です。たとえば、債務者名や、保証人名の代筆は当然として、公的機関への申請書の代筆等も不正行為であること等について具体的な研修を行うようにします。

(吉田孝司)

Q56 公金業務での不祥事件と未然防止

設問

公金業務での不祥事件にはどのようなものがありますか。また、それらに対しては、どのような未然防止を行えばよいのでしょうか。

ポイント

公金業務での不祥事件では、顧客から受領した公金支払資金の全額またはその一部を納付せずに着服するという手口があります。特に地方公共団体等における派出業務では、営業店から離れており管理者の目が届きにくいため不祥事件が発生しています。公金業務特に派出業務におけるリスクを認識したうえで、派出担当者のローテーションや抜打ちでの持ち物検査を行いつつ、地方公共団体等の協力を得ながら未然防止を行っていく必要があります。

1 公金業務での不祥事件

　公金業務での不祥事件では、顧客から受領した公金支払資金の全額またはその一部を納付せずに着服するという手口があります。そのなかで代表的な手口は、全納一括分として受領した資金を、1回分のみ納付し、差額分を着服するというものです。具体的には、全納一括分に相当する現金と納付書を受け入れ、全納分の納付書に領収印を押印し顧客へ返却します。しかし、実際には、第1期分の納付書に領収印を押印し、

第1期分相当額の現金のみ納付します。そして、差額の現金を着服し、第2～4期の納付書を手元に残します。次に第2期の納付期限が近づくと、手元に保管していた第2期の納付書を用いて納付し不正が発覚しないようにしています。当初は一時的な着服であったものが、2回目以降の納付期限が近づくと他の顧客の納付分から着服し穴埋めを行い、それらを繰り返すことになり、自転車操業となる事例が多数発生しています。公金による不祥事件は、ほとんどが、このような自転車操業がうまくいかなくなり顧客や地方公共団体等からの問合せにより発覚しています。

また、公金業務での不祥事件の発生場所としては、金融機関窓口、渉外担当職員、地方公共団体等への派出等があります。そのなかで特に地方公共団体等の派出は、取扱金額が大きいことと、管理者の目が届きにくい等の要因で特に不祥事件が発生する可能性があります。また、派出では公金の受入れ以外の業務を依頼されることもあります。これらは営業店の店頭や渉外業務と異なりその授受方法が不明確であったり、オンラインを通さずに出金を行ったりしている場合があり、そこから不祥事件が生じる可能性もあります。

2 公金業務での不祥事件の未然防止策

公金業務における不祥事件の未然防止策については、下記のものがあります。なお、渉外業務の場合については、**Q57**を参照してください。

(1) 営業店の窓口の場合

a　公金受入時の納付依頼書使用の徹底

営業店の窓口では顧客に対して納付依頼書等に受入金額を記載してもらったうえで公金の受入れを行っていますが、その納付依頼書等の使用と顧客による金額の記入の徹底を図り、顧客からの受入額と実際の納付額を一致させ、資金の一部を着服できないようにします。

b　監視カメラでの監視

監視カメラで窓口担当者の手元を写し監視を行います。

c　窓口担当者の営業室への私物の持込制限

窓口担当者等の営業室内への私物の持込みを制限し、最小限の持込みとします。

(2) 地方公共団体等への派出の場合

a　定期的なローテーション

特定の人間が長期間にわたり派出業務を行うことが多いため、派出業務ができる人員を要請または育成し、定期的なローテーションや、交代での勤務ができるようにします。

b　公金受入れ時の納付依頼書の使用

営業店の店頭で公共料金等を受け入れる場合は、顧客に対して納付依頼書等に受入金額を記載してもらっていますが、地方公共団体等での派出においては使用していない場合もあるので、納付金額が明確になるように納付依頼書を使用するように地方公共団体等と交渉します。

c　抜打ちでの持ち物の検査

全納分の資金の一部を着服した場合は、それが発覚しないように納付していない部分については、その期限が近づけば他の顧客の資金を流用

して納付を行う必要があるため、未納付の納付書を隠し持っていることがあります。そのため地方公共団体等への移動時等に抜打ちでの持ち物検査を実施します。

d　地方公共団体等での監視強化

地方公共団体等の担当者と交渉のうえ、仕事ぶりの監視を依頼します。また、地方公共団体等と交渉のうえ、監視カメラを設置し監視を行います。

e　派出を行っている営業店の支店長・役席のリスク感覚の醸成

派出業務は営業店からするとよくわからない業務であり、支店長や役席もそのリスクを認識していない場合があります。そのため、他の金融機関における派出業務での不祥事件事例（プレスリリース等）を、派出業務を受け持っている営業店の支店長や役席に配布することにより、派出業務に対するリスク認識を高めるようにして、日頃からの監視を行うようにします。

f　公金収納以外の派出業務の見直し

派出業務では契約している派出業務以外の業務等を過去からの慣習で行っていることがあります。そのため、定期的に実際に行っている業務を見直し、必要に応じて地方公共団体等との見直し交渉を行います。また、派出業務自体がルール化できていなかったり、ブラックボックス化していたりする場合は、その手続のルール化・マニュアル化を行う必要があります。また、派出業務の内容やルールは地方公共団体ごとで異なる場合があり、それぞれの業務を横串でみてみるとばらつきがある場合もあります。そのため、これらの見直しは、公金・地方公共団体の担当部署の支援のもとで統一して行う必要があります。

3 公金業務(特に派出業務)での事前抑止策

(1) コンプライアンス教育の実施

　派出業務の担当者は、普段は営業店にいないため、コンプライアンス研修を受ける機会が少ないという場合もあります。そのため、営業店全体での研修への参加がむずかしい場合は、個別に研修を実施します。そのときには他の金融機関における公金業務での不祥事件のプレスリリース資料等を活用して、派出業務の担当に即した実効性のある研修を実施する必要があります。

(2) コミュニケーションの強化

　派出業務の担当者は、業務時間の大部分を地方公共団体等で勤務するため、比較的営業店の人間と接する機会が少なく、孤立感をもっている場合もあります。そのため日頃より、意図的にコミュニケーションの強化を図り、孤立感を感じさせないようにするとともに、困ったことが生じた場合には相談を受けることができるような雰囲気づくりが必要です。また、派出業務の担当者がパートタイマーの場合は、職員と比較して、その生活の状況等の把握がむずかしいため、特にコミュニケーションを図る必要があります。

(吉田孝司)

Q57 渉外業務での不祥事件と未然防止①

設問

渉外（外交・営業）業務での不祥事件にはどのようなものがありますか。また、それらに対しては、どのような未然防止を行えばよいのでしょうか。

ポイント

渉外業務における不祥事件は大きく分けて、顧客の現金または預金を着服するというものと、融資案件の握り込み等による浮貸しがあります。現金等の着服や浮貸しのいずれも金融機関における不祥事件の典型的な事例であり、不祥事件のなかで大きなウェイトを占めています。しかし、渉外担当職員は外部で単独で活動を行うため、その未然防止は他の業務と比較してむずかしいのが現実です。ここでは前者の顧客の現金着服を取り上げますが、顧客への現金持参の制限、抜打ちでの持ち物のチェック、渉外担当職員の行動管理強化等を行って防止を図っていく必要があります。

1 渉外業務での不祥事件①

　金融機関の不祥事件のなかで、最も件数が多いのが渉外業務での不祥事件であり、毎月のようにどこかの金融機関で発生しています。渉外業務における不祥事件は大きく分けて次の2つがあります。1つは、顧客の現金または預金を着服するという横領・詐欺（銀行法施行規則35条7

項1号に該当するもの）であり、もう1つは、融資案件の握り込み等による浮貸しや、それ以外の行為（同項2号と5号〈バスケット条項〉に該当するもの）です。これらについては、**Q12**、**Q29**を参照してください。

前者の渉外業務での顧客の現金等の着服は、出納・ATMからの現金の着服とともに、金融機関の不祥事件のなかで最も典型的な不祥事件です。着服を行うパターンとしては、下記のものがあります。

① 集金した現金の着服
② 顧客の口座からの不正な出金による着服
③ 自分の金融機関の商品以外の、高利回り商品への投資と称して着服

近年は低金利が続いているため、新たな投資話として架空の高利回りの商品を勧誘し、現金や定期預金の解約金を着服する③のパターンが増加しています。

それらの原因は、大部分が遊興、ギャンブル、FX等の投資の損失等によるものであり、それらの行為により金銭に困窮し、借入れの返済や新たな資金ほしさのために顧客の現金または預金を着服しています。

2 顧客の現金等の着服に対する未然防止または事前抑止

渉外担当職員による顧客の現金等の着服は、営業店内の業務と比較して、外部で単独で行動するためその未然防止がむずかしいという特色があります。そのため、未然防止とともに事前抑止も活用して対応する必要があります。

(1) 未然防止策

未然防止策としては下記のものがあります。

a　集金業務の削減

集金業務自体を営業活動上必要なものに限定し、着服の機会の減少を図ります。または、積立や、各種手数料の受入れにおいては、現金ではなく自動振替を原則として集金を削減します。

b　名刺等の裏面に注意事項と連絡先を記載

現金等の着服においては、受取書（取次証等）等の預りを作成しないで名刺の裏面等に記載したうえで現金を預かることがよくあります。そのため、名刺の裏面に「お客さまから現金や証書等をお預かりするときは、必ず受取書をお渡しします。もし、「受取書」をお渡ししなかった場合や、名刺で代用された場合は、記載の番号〈本部のコンプライアンス部門等の電話番号〉にご連絡願います」と記載し、裏面を使用できないようにします。

c　顧客に対する現金持参の禁止または承認制

顧客の預金を着服するためには、事故者は一度顧客の預金から現金の出金を行う必要があります。そのため、顧客に対して現金を持参することを原則禁止とします。また、業務上必要な場合は、すべて役席者による事前承認とし、現金持参の必要性の確認を行ったうえでの対応とします。また、その場合に顧客の受領印等も徴求し、必要に応じて、電話等により顧客に対して持参の確認を行います。

d　高齢者等への現金出金時や高額出金時の複数名化

高齢者の口座からの着服するケースが多いため、一定の高齢者へ現金持参時には複数名で対応を行うようにします。なお、近年は認知症等で後日現金を受け取った、受け取らないといったトラブルも多いため、そ

れらのトラブルの対応策にもなります。

　また、一定の高額の現金出金時にも複数名による対応とします。

e　受取書（取次証）の複写部分の色の変更

　不祥事件を起こす場合は、顧客の面前で受取書（取次証）等の預りを作成しなかったり、作成は行うが後で追記しつじつまをあわせたりする場合がよくみられます。そのため、後で追記できないようにするために、受取書（取次証）の複写部分の色の変更をあまり使用されていない色にします。

f　預金者への預金残高の定期的な通知、または預金解約時の礼状の送付

　定期的に預金者に預金残高の通知を行い、残高に不審な点があれば、当該の営業店や担当者ではなく、本部のコンプライアンス部門等に連絡してもらうようにします。または、定期預金の解約時に、その事実の確認を行うために、本部からいままでの取引に対する礼状を送付します。これらの対応については、事故者が預金を着服した顧客に対しての通知や礼状を送付除外とし、送付されないようにしている事例がよくみられます。そのため、通知や礼状の送付については原則全件郵送による送付とし、その除外先について、その理由の確認を十分に行う必要があります。

g　営業店内での渉外担当職員からの帳票等の授受の明確化

　渉外担当職員が顧客の現金・預金の着服を行う場合は、金融機関内の正式な手続を行わずに現金を出金しようとします。そのため、渉外担当職員からの現金出金の帳票の授受を行う場合は、役席を経由し、受取書（取次証）を作成していることを確認して受領するようにして、正規な手続によらない現金出金を行わないようにします。

h　抜打ちでの渉外鞄、机、営業用車両、私物鞄、通勤用の自動車等の点検

　抜打ちで渉外鞄、机、キャビネット、ロッカー、営業用車両の点検を行い、不審なものがないかを確認します。

　また、本人の同意と立会いのうえで、私物鞄、通勤用の自動車の点検を行います。

i　金銭に困っている役職員のリストアップと、定期的な監視

　営業店、人事部等により、金銭に困窮している役職員をリストアップし、支店長・役席による定期的な監視を実施します。異動時には、それらの情報の引継ぎを実施します。また、渉外担当役職員の状況によっては、渉外業務以外の業務への担当替え・異動を検討します。

j　渉外担当職員の行動管理の強化

　日誌や訪問記録を確認し、その行動状況（特定の取引先ばかりに訪問していないか、前任店の取引先を訪問していないか等）を管理します。金融機関によってはGPS機能付きの携帯電話により管理を行っているところもあります。

k　常時訪問先（親密先）に対する管理者による訪問

　顧客の現金等を着服する場合は、常時訪問している特定の親密先から着服することが多いようです。そのため管理者が、渉外担当職員が単独訪問している親密先に対して訪問を行い、その仕事ぶりを確認します。

l　内部監査部門等による抜打ちの点検

　内部監査部門やコンプライアンス部門による抜打ちの点検を実施し、渉外鞄、机、営業用車両、私物鞄、通勤用の自動車の点検を行います。金融機関によっては、早朝以外にも、夕方に営業店に臨店し、営業活動から帰店する渉外担当職員の渉外鞄等の点検を実施しているところもあります。

m　渉外担当職員の個人の携帯電話の使用禁止

　不正を行う場合に顧客との連絡をとるときは、金融機関の電話ではなく私用の携帯電話で行うことが多いため、渉外担当職員に対しては業務用の携帯を配布し、私用携帯電話の持出しと使用を禁止とします。また、私用携帯電話の電話番号、メールアドレスを顧客に教えることも禁止とします。

n　前任店の取引先の移管や、別エリアでの営業の禁止

　前任店での特定の親密先の訪問・移管や、担当外の取引先への訪問は不正の温床となるため禁止します。

(2)　事前抑止策

　渉外担当職員は、その行動を常に監視することがむずかしいため、金銭に困窮した場合等において、顧客の資金・現金の着服等を踏みとどまらせるための事前抑止が重要となります。抑止策としては下記のものがあります。

a　コンプライアンス研修の実施

　顧客の現金等を着服してはいけないことはコンプライアンス研修を行わなくても十分に理解はしているはずです。しかし、依然としてこれらの不祥事件は後を絶ちません。そのため、単なる形式的、表面的な研修ではなく、それらの不正な行為を行うとどういったことになるのか（懲戒解雇、逮捕、離婚、新聞等での報道等）に重点を置いた具体的な研修の実施が必要です。

b　金融機関での貸出制度の充実

　金銭に困窮したときに利用できるように金融機関での貸出制度等を充実させ、その利用の促進を図り、資金不足時に利用できるようにします。

c　コミュニケーションの強化

　預金等の着服を行う職員は、私生活面で問題を抱えているケースが大部分です。そのため、現在の状況を把握するとともに、日頃からコミュニケーションを強化させ、相談を行いやすい雰囲気づくりが必要です。

　なお、顧客の現金等の着服といった不祥事件は、基本的には渉外担当職員が金銭に困窮している場合に発生するため、最も有効な防止策は、渉外担当職員との会話や、日頃の行動を十分に留意し、金銭に困窮していないかを把握し、その可能性のある職員については重点的に注意・監視を行うということです。

（吉田孝司）

Q58 渉外業務での不祥事件と未然防止②

設問

渉外（外交・営業）業務での不祥事件として、現金または預金の着服以外にどのようなものがありますか。また、それらに対しては、どのような未然防止を行えばよいのでしょうか。

ポイント　ここでは、渉外業務における融資案件の握り込み等による浮貸しや、バスケット条項に該当するような不祥事件の事例とその未然防止策について取り上げます。浮貸しは金融機関における代表的な不祥事件の1つです。また、若手の渉外担当職員の増加に伴い、積立の投資や保険商品における立替えや、申請書等の偽造等が発生しています。これらの未然防止のためには、融資案件の進捗管理の徹底、抜打ちでの机、鞄、キャビネット等の持ち物のチェック、店内コミュニケーションの強化、具体的な内容によるコンプライアンス研修の実施等があります。

1　渉外業務での不祥事件②

　渉外業務における代表的な不祥事件としては浮貸しがあります（浮貸しについては、**Q28**を参照してください）。浮貸し自体は、昔からよく発生していた不祥事件ですが、従来は、出資法の定義のとおり、事故者が手数料を得るためや、他の顧客の利益のために金銭の貸借の媒介を行っ

ていた事例が多くみられました。しかし、最近では、取引先から融資の申込み等を受けたにもかかわらず、業務の多忙や、対応方法がわからないといった理由により後回しとなり、上司に相談できないままに融資期日が迫り、やむなく自分の資金や他の顧客の預金等から融資金相当額に充当することにより発生しています。また、融資案件の取組みが困難であったり、否決となったりした場合に、顧客からの要請・脅迫等を受けてやむなく行う場合もあります。従来型の浮貸しは、支店長等の管理者やベテランの職員が行っていたのに対して、最近は、若手の経験不足の職員で発生しています。近年、金融機関の営業店の人員の減少、若手行員の増加、業務の多様化により、金融機関の営業現場での余裕がなくなりつつあるなかで従来のケースとは異なった浮貸しが引き続き発生していますし、今後も発生が予想されます。

　また、最近は浮貸し以外にも、積立の投信や保険商品等における役職員の立替えといったバスケット条項に該当するような不祥事件が増加しています。これらは、積立の投信や保険商品における口数の目標達成のために、渉外担当職員が資金の立替えを行うものです。また、営業上の目標達成のために各種の申請書の偽造を行う等の不祥事件も発生しています。これらの不祥事件は金額が少額であることと、顧客の資金を着服するわけではないといった安易な気持ちや、または不正行為であることを認識しないで取扱いを行うことにより発生しています。これらについては、**Q12**、**Q29**を参照してください。

2　浮貸しに対する未然防止または事前抑止

　顧客の現金等の着服の場合と同様に、渉外担当職員は1人で行動する

ため、その未然防止は他の不祥事件と比較してむずかしいのが現状です。そのため、未然防止と事前抑止を組み合わせた対応が必要です。また、浮貸しを行うための資金を調達するために、顧客の預金・現金を着服する事例が多く発生していますので、浮貸しの未然防止のための対応を行うことにより、結果的に顧客の現金・預金の着服の未然防止にもつながっていきます。具体的な対応は下記のとおりです。

(1) 未然防止策

最近発生している事例をみると、浮貸しを行う職員のタイプは下記の3つがあります。

① 若手の職員またはその業務に不慣れな職員
② 気が弱く顧客に対してはっきりと断りができない職員
③ 基本的にルーズで約束や期日等を守らない職員

そのタイプによって対応策は異なるものとなります。

a 融資案件の進捗管理の徹底

浮貸しは、一般的には顧客からの融資案件の申入れを契機に発生するため、営業店での融資案件の受付と進捗管理を十分に行う必要があります。それにより対応が進んでいない案件のチェックと管理者によるフォローが可能となります。これは不祥事件対応だけでなく、顧客とのトラブル防止の観点からも必要です。

b 若手職員や業務に不慣れな職員のフォロー

若手職員や、業務に不慣れな職員については、業務の進捗状況を確認するとともに、困っている事項がないかの確認を行います。

c 抜打ちでの渉外鞄、机、キャビネット等の点検

融資案件の申入れを受けても進んでいない場合は、それらの融資の関連資料を渉外鞄や机やキャビネットに保管している場合が多いので、抜

打ちでの点検が必要となります。また、浮貸しに限らず、上記の③のようにルーズな職員はいろいろな資料を溜め込むことが多いため、机やキャビネット内の整理・整頓をさせるとともに、使用されていない机やキャビネットについては施錠や撤去することにより、何が入っているかわからないといった机・キャビネット等をなくすことが重要です。

d 融資謝絶時の管理

融資の謝絶については、若手の職員だけで対応させないで、役席等を含めた複数で対応させる必要があります。また、それについて顧客が納得したか等の謝絶時やその後の状況についてのフォローを実施します。

e 店内での大口の現金出金伝票、店内での振込伝票のチェック

浮貸しは、担当者自身の資金または取引先の資金を他の取引先に渡すことによって発生しています。そのため、いままでに大きな金額の動きがなかった取引先に対して、渉外担当職員扱いによる現金での振込みや、現金入金といった取引がないかのチェックを行い、その内容を確認する必要があります。

f 要注意人物の特定と引継ぎ

通常、金銭に困窮している職員については、その把握や異動時の引継ぎがなされていることが多いと思われますが、それと同様に、過去に融資案件の握り込み、代筆、案件対応時に顧客からの苦情があった役職員についても、その情報を管理し、異動時には引継ぎを実施するとともに、それらの職員については注意して行動管理を行う必要があります。

(2) 事前抑止策

浮貸しについては、金銭的困窮による不祥事件とは異なり、上司等に相談することによりその問題を解決することが可能です。そのため、未然防止とともに、浮貸しを行うことを思いとどまるようにするための事

前抑止も重要となります。事前抑止については下記の対応策があります。

a　研修の実施

　浮貸しについては、知識としては行ってはいけないことは理解していても、現金の着服と異なり罪悪感が少なく、また、発覚してもそれほど大きな問題になるとは思わなかったといったケースがよくみられます。そのため、浮貸しとはといった単なる知識としての研修ではなく、実際に浮貸しを行った場合にどのようなことになるのか（懲戒解雇、新聞での報道等）について具体的な研修の実施が必要です。

b　店内コミュニケーションの強化

　案件が進まないのに期日が迫っている等の困ったことがあれば、本来は管理者に相談して対応を行うべきですが、営業店内の雰囲気や本人の性格等により相談できなく、やむなく浮貸しを行うケースが多くみられます。そのため、店内コミュニケーションを強化させ、日頃から何かあったときは管理者に対して相談できる体制づくりを行うことが重要です。

3　浮貸し以外の不祥事件の未然防止・事前抑止

　若手の職員の教育は、従来は営業店でのOJTを中心として行われてきましたが、金融機関での人員構成の変化（中間層の減少、若手の増加、業務の細分化）により、OJTの実施が困難となってきています。そのため、従来は管理者や先輩の職員から教えられてきた、「してはいけないこと」や「金融マンとしての常識」が教えてもらえなくなっています。また、現金を着服する不祥事件や浮貸しについてはコンプライアンス研修が行

われていますが、それ以外のバスケット条項に該当するような事案については あまり研修が行われていないことが多いと思われます。そのため、これらの対応として、具体的に項目を明示したうえで、「何が悪いことであるのか」「何をしてはいけないのか」「それをすればどうなるのか」についての研修の実施が必要となります。

（吉田孝司）

Q59 その他の営業店業務での不祥事件と未然防止

設問

その他の営業店業務での不祥事件にはどのようなものがありますか。また、それらに対しては、どのような未然防止を行えばよいのでしょうか。

ポイント その他の営業店業務での不祥事件としては、従来からよくある事例である各種団体の会計からの着服、経費等の不正出金、家族等の預金の着服等があります。また、最近の新しい事例としては顧客のインターネットバンキングを利用した顧客の口座からの着服等があります。未然防止策としては、それぞれの管理ルールの策定とその厳正な実施等があります。

1 その他の営業店業務での不祥事件

その他の営業店業務での不祥事件としては下記の手口があります。

(1) 地域の団体や取引先の親睦会の会計からの着服

金融機関では、地域の各種団体の会計や取引先との親睦会等の会計を担当することがよくあります。その場合、金融機関の営業店の職員が預金口座や現金の管理を行っていますが、その資金の一部を着服するという手口です。

(2) 経費等の不正出金

経費関係では架空の経費支出、経費の多重申告、経費の使途偽装があります。また、給与計算では、諸手当の不正受給、時間外手当の不正申告等があります。

(3) 家族等との取引での着服

不祥事件のなかには、事故者が家族や親戚や知人の現金・預金を着服していることがあります。これらは、職員が親戚や知人から資金の管理を任されていることが多いためと、金融機関側でも職員の親戚や知人の預金であるため、一般の取引先の場合と比較してその取扱いが安易になる傾向があるためです。また、そのため、事故者は最初に発覚しにくく、罪悪感が薄い親戚や知人の現金・預金を着服し、それを契機として取引先の現金・預金の着服へとつながる事例が多く発生しています。

(4) インターネットバンキングを利用した着服

インターネットバンキングの契約のある顧客から、ID・パスワードを聞き出し、それらを用いて顧客のインターネットバンキングにアクセスし、その口座から事故者自身が管理する口座へ振込みを行うといった手口（不正アクセス行為の禁止等に関する法律に違反）が発生しています。

インターネットバンキングについては、渉外担当職員の顧客訪問時にその操作方法の質問への対応等により、ID・パスワードを比較的簡単に入手することができます。それらを利用することにより、なりすましによる送金や投資信託の発注が可能となります。また、高齢者に対する金融商品販売時に、金融機関の職員によるインターネットバンキングでの購入操作の代行（顧客のパソコンまたは金融機関のパソコン）により、

高齢者取引時に必要な確認業務を回避することも可能となります。これらのインターネットバンキングを利用した不祥事件では、従来からの不祥事件の未然防止策である役席者による検証の強化、監視カメラ等では対応が困難となります。これらの不祥事件はまだあまり発生はしていませんが、タブレット端末も普及してきており、今後不祥事件対策においては注意すべき分野といえます。

2 その他の営業店業務での不祥事件の未然防止策

その他の営業店業務での不祥事件の未然防止策としては下記のものがあります。

(1) 地域の団体や取引先の親睦会の会計における不祥事件と未然防止

a 取引状況の把握

金融機関として、地域の団体や取引先の親睦会の会計が全店でどの程度あるのかを把握しておく必要があります。そのため、全店に対してその調査を行い、取扱いの状況を把握するとともに、年1回程度その取扱状況についての確認を実施します。

b 管理ルールの制定

会計を担当する場合の管理ルールを制定し、それに従った管理を行わせます。そのポイントは下記のとおりです。

・支店長等によるその実態の把握：年1回、支店長に自店での対象の有無と取扱数、会計報告の有無とその管理状況を把握させるようにします。

・複数の職員での管理：1人の職員にすべて担当させるのではなく、保管場所を定め、通帳と印鑑を別保管するなど1人で出金等ができないようにします。当然ながら支店長が1人で両方を保管することも禁止します。

c 内部監査部門の監査時に検証

　内部監査部門での監査時に、地域の団体や取引先の親睦会の会計の実態の把握や管理ルールに従った手続がなされているのかについての検証を行います。

(2) 経費の不正出金に対する未然防止策

　経費については、庶務担当の職員しかチェックしていない場合もあるため、役席者はその内容を十分に確認し、不審な点があれば確認を行うことが必要です。

(3) 家族等との取引に関する不祥事件の未然防止策

　基本的には、家族や親類、知人の預金だからといって安易な取扱いは行わずに、通常の顧客に対する取引と同様の手続を行うようにします。また、代筆や印鑑の預り等を行わないように徹底します。

(4) インターネットバンキングからの着服の未然防止

　顧客のインターネットバンキングのID・パスワードの取得を禁止します。同様に、顧客のパソコンでのインターネットバンキングの操作の代行や、金融機関のパソコンによる代行を禁止します。また、通常のサイバー攻撃への対応の強化策と同様に、ワンタイムパスワードやトークンの導入、振込みの事前登録等の導入を図り、なりすましによる資金移動ができないようにします。

また、自分の金融機関のパソコン環境からのインターネットバンキングでの取引の成約状況や、インターネットバンキングでの投資信託の販売状況のモニタリングが必要となっています。

(吉田孝司)

Q60 本部業務および子会社での不祥事件と未然防止

設問

本部業務および子会社での不祥事件にはどのようなものがありますか。また、それらに対しては、どのような未然防止を行えばよいのでしょうか。

ポイント **本部業務については、一般的に専門性が高く、また職員が長期間在籍することが多いため、特定の職員にしかその業務内容がわからないといった特色があります。そのため、外部業者との取引のある業務や、担当者に任されてチェックがなされていない業務において不祥事件が発生しています。また、子会社も同様の傾向があり、長期在籍者が実施している業務や、子会社のプロパー社員の業務において不祥事件が発生しています。その対応策としては、業務の見える化と検証の実施、外部業者との接し方の明確化があります。**

1 本部業務（子会社）の特色と不祥事件

　本部業務は、一般的に専門性が高く、また職員が長期間在籍することが多いため、特定の職員にしかその業務内容がわからなく、牽制が効きにくいという特色があります。そのため、本部業務（子会社）での不祥事件としては、下記の手口があります。

(1) 外部業者との癒着

店舗の建設・修繕、各種備品の購入等において、特定の外部業者と癒着し、その業者に対して高い金額での入札や、集中して発注する等の便宜を図り、その見返りとして高額の接待、贈り物を受けたり、現金などのキックバックを受けたりするといった手口です。

(2) 架空の発注による資金の着服

外部へ物品購入の発注を行う部署に属する職員が正式な決裁を受けていない架空の発注を行い、入手した物品を換金することにより資金を着服するという手口です。最初は少額で一時的に行われますが、架空の発注の代金の支払をするために、新たな架空の発注を行う必要があり、自転車操業となります。

(3) 経費の不正出金

営業店と同様ですが、本部のほうが種類も多く、金額も多くなるためリスクは大きくなります。

(4) 外部への金融機関の顧客情報の提供

一般的に本部職員は、営業店の職員と比較して、多くの顧客の個人情報に対してアクセスが可能となっています。それらの権限や機会を利用して顧客情報を入手し、それを外部の業者等に提供し、見返りとして現金を受けるという手口です。

本部業務での不祥事件の未然防止策

本部業務での不祥事件の未然防止策としては下記のものがあります。

(1) 定期的な異動

店舗の営繕や物品の発注を行う部署の職員は、長期間在籍することが多いのに対して、その上司は数年ごとに交代するため、実務についてはそれらのベテランの職員に任せているケースが多くみられます。そのため牽制が効きにくく、不正が起こりやすい状況となっています。そのため、不正が発生する可能性のある業務の職員の在籍期間が一定期間経過した場合には、異動の実施を行う等の対応が必要です。また異動等が困難な場合は、業務がブラックボックス化しないように、業務ルールを整備し、業務の見える化を図るか、部署内での担当替えを行う等の対応が必要です。

(2) 業者の定期的な見直し

発注する業者については、定期的にその見直しを実施します。また、特定の業者に必要以上に集中することがないようにするとともに、常に複数の業者を利用し、価格の比較や、情報提供や提案を受けることができるような体制とします。

(3) 接待贈答管理の強化

営繕や物品の発注業務は大きな金額を扱うため、外部業者との個人的な付き合いを禁止する等の外部業者等との接するルールや接待交際に関するルールを明確化し厳正に実施します。

(4) 経費管理の厳正化

本部の経費は、営業店よりも複雑でかつ金額も大きなものとなっています。また、部長や管理者等は数年で異動となるため、細かな内容についてはわからない場合もあります。そのため、定期的に経費の内容についての見直しを行うとともに、不審なものについてはその内容の確認を行う必要があります。

(5) 顧客情報管理の徹底

顧客情報へのアクセス権限の付与の制限や、外部媒体の使用禁止を行います。また、外部媒体へのデータ掃出しログの点検を実施します。

(6) 本部業務（子会社）に関連した内容でのコンプライアンス研修の実施（事前抑止）

通常、金融機関で実施されるコンプライアンス研修では、営業店における事例を中心に実施されますが、これらは本部の職員にとってはあまり実効性がない場合があります。たとえば、本部の市場部門でのコンプライアンス研修で、いくら営業店の渉外行員の事例による研修を行っても、臨場感等はなく形式的な研修となり、その事前抑止の効果は乏しいものとなります。そのため、市場部門でのコンプライアンス研修の事例を、他の金融機関や事業会社におけるインサイダー取引等の事例にすれば臨場感があり、その事前抑止効果は高くなります。このように、本部においては、その業務に特化した内容でのコンプライアンス研修や、他の金融機関、他社で発生した不祥事件を題材とした研修を実施する必要があります。

3 子会社での不祥事件

　子会社で発生した不祥事件であっても、母体の金融機関の一員であり、当局や対外公表等も金融機関と同様に行う必要があります。そのため、子会社においても金融機関本体と同様の認識で不祥事件対応を実施する必要があります。

　子会社では、不祥事件の観点からみれば、一般的に金融機関本体と異なり、役職員の人数が少なく、1人で幅広い業務を担当しているケースが多くみられます。また、管理者は、金融機関本体からの転籍者で占められており、個々の業務の内容については精通していないため管理面が甘くなっている可能性があります。

　このようななかで、子会社における不祥事件としては、金融機関本体で発生する不祥事件以外に下記のようなものがあります。なお、集中業務部門については、**Q62**を参照してください。

・子会社全般：経費の流用、交際費・接待贈答費の不正利用
・リース業務：顧客から預かったリース料を入金せずに着服
・カード業務：自分のクレジットカードの限度額を無断で増額し利用
・不動産調査業務：登記印紙等の現金化
・証券会社：架空の高利回り商品の紹介による現金の着服

子会社での不祥事件の未然防止・事前抑止

(1) 子会社での未然防止（主に営業部門）

　未然防止の考え方は金融機関本体と同じですので、それらを参考に対応を行います。また、その子会社の業務で金融機関本体では取り扱っていない業務（リース業、カード業務等）や、プロパー社員が多い場合等は、その業務における特有の不正のリスクを洗い出して対応を行う必要があります。

○子会社全般
　・現金・預金の定期的なチェック
　　　定期的な残高確認
　・職務分離（現金・資金関係の業務は1人で完結させない）
　　　預金通帳と印鑑を分離して管理
　　　営業部門単独で請求業務を行わせない
○リース業務：リース料管理の徹底
○カード業務：加盟カード会社の資料による各係数のチェックの実施

(2) コンプライアンス研修

　金融機関本体から提供された研修資料で研修を実施するだけでなく、各子会社の業務や実態に即した研修を実施します。たとえば、リース業務の取扱いをする子会社においては、他のリース会社等における不祥事件の事例紹介を行います。

(3) 金融機関本体によるモニタリング

　金融機関本体としても、子会社における不祥事件対応ができているか、実効性のあるものであるかについて、コンプライアンス部門または子会社を管理する部門によるモニタリングを行う必要があります。また、必要に応じて、金融機関本体の子会社管理部門や内部監査部門による現物関係や子会社での交際費・接待贈答費の使用状況等についての監査の実施も必要です。

（吉田孝司）

Q61 システム業務での不祥事件と未然防止

設問

システム業務や情報セキュリティに関する不祥事件にはどのようなものがありますか。また、それらに対しては、どのような未然防止を行えばよいのでしょうか。

ポイント　システム業務や情報セキュリティに関する不祥事件は、金融機関ではあまり発生はしていませんが、特定のベンダーとの癒着による不正や、特権ID等の権限を利用した顧客情報の取得とその売買等といった不祥事件が発生しています。それらに未然防止策としては、ベンダー等との取引実態の管理強化、アクセス権限の管理や特権ID等の使用状況のモニタリング等の情報セキュリティ管理の強化、システム関連の事例を組み込んだコンプライアンス教育の実施等があります。

1　システム業務での不祥事件

　システム業務における不祥事件は金融機関ではあまり発生はしていませんが、一度発生すると、その影響は大きなものとなることが多いのが特徴です。具体的には下記の手口があります。

(1) 特定のベンダーとの癒着

特定のベンダーと癒着し、飲食や旅行などの接待を受けるとともに、システムの受注において、通常価格より高めの価格設定でシステム開発等を発注するなどの便宜を図り、場合によっては後から資金のキックバックを受けるという手口です。

(2) 顧客情報の漏洩

付与された特権IDやシステム管理者等のアクセス権を使用または他の役職員のIDを使用して、金融機関の顧客情報を入手し、それらを業者等に売り対価を受けるという手口です。

金融機関では、顧客情報を不正に持ち出し、それを売ることにより対価を得るといった犯罪はまだあまり発生はしていませんが、他業界での発生する事例や、「情報セキュリティにおける人的脅威対策に関する調査研究報告書」（社会安全研究財団、平成22年）、「内部不正による情報セキュリティインシデント実態調査」（情報処理推進機構、平成28年）といった報告資料を読むと特徴的なことがみえてきます。

売却目的で顧客情報の持出しを行った犯罪者は、「ITの知識がある、システム管理にたずさわっている者」であり、「半数以上がシステム管理者である」ということです。つまり、権限がない人が不正な方法で顧客情報にアクセスして持ち出しているのではなく、アクセス権限のある人が顧客情報にアクセスし、不正な方法（スマートフォン、USBメモリ等の不正利用）で顧客情報を持ち出しているということです。

2 システム業務での不祥事件の未然防止策

システム業務での不祥事件の未然防止策としては下記のものがあります。

(1) システムの開発価格の検証強化

特定のベンダーとの癒着を防ぐためには、システムの導入時・開発時には、複数のベンダーに対して見積りを依頼し、他のベンダーとの比較を十分に行ったうえで決定を行います。また特に金額の大きな案件については第三者のコンサルタント等を入れて、その価格の適正性の検証を依頼することも考えられます。

(2) 媒体管理の強化とモニタリング

パソコン本体や、金融機関内のネットワークに対するUSBメモリ、スマートフォン等の外部媒体による接続を物理的、論理的に制限し、許可された場合以外には顧客情報等の書出しをできないようにします。

また、外部媒体に対するデータの掃出しといった行為に対するログを取得し、その内容についてモニタリングを実施します。

(3) 特権ID等の厳正な管理とモニタリング

特権IDやシステム管理者IDについては、広範囲のさまざまな情報にアクセスが可能となるため、その権限付与者を最低限に限定するとともに、パスワードの定期的な変更を実施する仕組みを導入します。また、それらの権限者の使用状況のログを取得して、外部媒体等への書出し等についてのモニタリングを実施します。

上記1の参考のように、金融機関以外の事例ではアクセス権限のあるシステム管理者等が情報を持ち出す可能性があります。システム管理者を管理することはむずかしい面もありますが、それらの人に任せっきりにしたり、過信したりするのではなく、重要情報へのアクセス状況や、外部媒体への書出し状況や外部メールのモニタリングを行う必要があります。

(4) 接待贈答管理の強化

　システム部門は大きな金額を扱う業務であるため、ベンダー等と接するルールや接待交際に関するルールを明確化し、それらを厳正に運用します。

　なお、近年は金融機関のシステム部門を外部委託することが多くなっていますが、それに伴い、それらの外部委託先において不祥事件がいろいろと発生しています。これらは金融機関の職員による不祥事件ではありませんが、自分の金融機関の業務や顧客に関する不祥事件であるため、金融機関内の不祥事件と同じと考え、外部委託先の管理状況もモニタリングする必要があります。

3　システム業務での不祥事件の事前抑止策

　システム部門でのコンプライアンス教育において、営業店の渉外行員の事例を用いて研修を実施しても、臨場感等はなくその事前抑止効果を期待することできません。そのため、システム部門での研修においては、他の金融機関や事業会社における特権IDの不正利用事例等のほうが臨場感もあり事前抑止効果は高くなります。このように、システム部

門でのコンプライアンス研修においては、システム業務に特化した内容での研修を実施する必要があります。

(吉田孝司)

Q62 各種センター業務での不祥事件と未然防止

設問

各種センター業務・集中業務での不祥事件にはどのようなものがありますか。また、それらに対しては、どのような未然防止を行えばよいのでしょうか。

ポイント

近年、金融機関では営業店の後方業務等を本部に吸い上げて、本部のセンターで集中的に処理する傾向にあります。また、すべての営業店でフルバンキングを行うことが困難となってきており、業務を特化して専門性や顧客の利便性を高めるために、住宅ローンや投資信託・保険といったリスク商品等の販売センター（プラザ等）を設置しています。事務系のセンターでは、現金の着服等の不祥事件が発生しています。また、営業系のセンターではまだ不祥事件はあまり発生していませんが、一般的に少人数で、営業に特化しており、内部管理面が脆弱な部分がありますので今後留意が必要です。

1 センター業務・集中業務での不祥事件

近年、金融機関では営業店の後方業務等を本部に吸い上げて、本部のセンターで集中的に処理する傾向にあります。また、すべての営業店でフルバンキングを行うことが困難となってきているため、業務を特化して専門性や、顧客の利便性を高めるために、住宅ローンや投資信託・保

険といったリスク商品等の営業面の販売センター（プラザ等）を設置しています。このように、金融機関におけるセンターは、大きく分けて、①現金・手形の集中センターといった事務部門の集中業務を行うセンターと、②住宅ローンセンター等といった営業部門のセンターに分けることができます。これらのセンター業務での不祥事件としては、事務系のセンターでは、現金の搾取等の不祥事件が発生しています。営業系のセンターでは現在のところ不祥事件はあまり発生していませんが、一般的に少人数で、営業に特化しており、内部管理面が脆弱な部分があります。また、勤務形態が変則的であり、正社員、派遣社員、パート、金融機関以外の他業界からの転職者がおり、考え方や価値観が相違してきており、今後留意が必要です。

2 事務部門のセンター業務での不祥事件

　事務部門のセンター業務での不祥事件としては下記の手口があります。

(1) 保管されている現金、手形等の着服

　保管されている現金（特に硬貨等）、手形から着服を行うという手口です。具体的には、金庫内で保管されている長期間使用されていない現金（大封筒、ドンゴロスの硬貨、コインコンテナ（棒金を収納するプラスティック容器））から現金を抜き取る、または他の紙幣等と入れ替えることにより着服しています。

(2) 大口集金・夜間金庫の処理時の現金着服

集中部門に集まる大口集金や夜間金庫の現金入金時において、日頃から伝票と現金との不一致が発生している取引先において、その資金の搬送時または現金処理時に一部の現金を着服して、伝票と現金との不一致として処理するという手口です。

3 事務部門のセンター業務での不祥事件の未然防止策

事務部門のセンター業務での不祥事件の未然防止策としては下記のものがあります。

(1) センター内の現金等に対する厳格な精査

通常の精査以外に、定期的にすべての現金等に対する精査を実施します。実施時には、担当者以外の者が複数で実施し、普段使用していない現金等についても厳正に精査を行います。また、普段長期間使用していない現金については、金庫内の保管場所・使用順番の見直しを実施し、長期間滞留することがないようにします。

(2) 監視カメラによる監視

現金等の処理をする場所、その作業台の手元が写るように監視カメラを設置し監視します。

(3) センターの作業場への私物の持込禁止

私物の持込みを禁止するとともに、女性については透明のビニール袋

を配布し、そこに私物を入れるようにします。現金を取扱いする部署では、ポケット等のない作業着等での作業とします。

(4) 職員の管理強化

金銭面に問題のある職員は現金等の取扱いを行う部署には配属しないようにします。

なお、事務部門のセンターにおいては、営業店等において過去になんらかの金銭面での問題や、金融機関に対する不満をもっているためにセンターへ異動となった職員が在籍している場合があります。それらの職員が現金等を取り扱う部署の担当となっていないか確認を行う必要があります。

営業部門のセンター業務での不祥事件

営業部門のセンター業務での不祥事件としては下記の手口があります。

(1) 顧客情報の漏洩

センターに集まる顧客情報をデータまたは紙の資料によりセンターから持ち出し、外部の業者に売り、現金を得るという手口です。

(2) 取引業者等との癒着

取引業者等と癒着して、住宅の売買契約書を水増しし、その水増しした金額に対応した住宅ローン等を実行し、その一部の資金をキックバックさせる手口です。

(3) 顧客の住民票や所得証明の取得のための申請書を偽造して申請

業績推進のため、顧客の住民票や所得証明の取得の申請書を偽造して申請するというものです。

営業部門のセンター業務での不祥事件の未然防止策

(1) 本部所管部署による内部管理の強化

営業店と異なり少人数であり、営業面に特化しているため内部管理面が弱い傾向があります。そのため、それらのセンターを所管する本部の所管部署に管理担当者を設置し、定期的に臨店し内部管理の強化を図る必要があります。

(2) センターとしての管理ルールの策定

これらのセンターは本部でもなく、営業店でもないという位置づけであるため、明確な管理ルールが制定されていない場合があります。そのため、本部所管部署により、それらのセンターの特色（少人数、営業面に特化、休日営業あり）にあわせた管理ルールを制定し、それを遵守させる必要があります。

(3) 案件管理の徹底

住宅ローン等の案件における進捗管理ルールを策定し、一人ひとりの業務や案件の進捗状況が明確になるように管理します。

(4) センター内・間でのローテーション

　取引先との親密な関係を構築することは営業面では重要なことですが、特定の業者との癒着の可能性もあるため、定期的な同一センター内での担当替えや、他のセンターとの異動を実施します。

(5) 内部監査部門による監査の実施

　内部監査部門による抜打ちでの現物関係の検証を行うとともに、それらのセンターにおける内部管理態勢（整備と運用）について監査を実施します。

(6) 各種データの媒体への掃出しの禁止

　各種データの媒体への掃出しを禁止し、物理的または論理的な制限を行います。

(7) 各種データの管理ルールの厳正化

　紙ベースの顧客データの保管場所を特定し、通常は施錠を行い管理します。データについても保存場所を特定し、アクセス権を制限するとともに、顧客情報のファイルについてはパスワードの設定を行います。

(8) アクセスログのモニタリング

　定期的に媒体等へのデータの掃出しといったアクセスログを取得し、それらのモニタリングを実施し、許可されたもの以外のデータ掃出しがないかを確認します。

6 営業部門のセンター業務での不祥事件の事前抑止策

　特定の業務に特化しているため、その業務に適したコンプライアンス研修が必要です。たとえば、住宅ローンプラザでは、住宅ローン等の業務内容に即した内容でのコンプライアンス教育を実施します。また、行ってはいけないことの明確化が必要です。

（吉田孝司）

Q63 人事ローテーションと職場離脱

設問

未然防止策としての、人事ローテーション、職場離脱はどのように実施すればよいのでしょうか。

ポイント　不正を行っていても、適切な人事ローテーションや職場離脱が実施されていれば、それらの不正を隠し続けることができなくなります。このように、人事ローテーション、職場離脱は、不祥事件における重要な未然防止策の1つです。人事ローテーションの実施においては、もれなく実施することが必要です。しかし、それが困難な場合においては代替策を検討する必要があります。また、職場離脱についても、単に休ませるだけでなく、その間に仕事ぶりや行動の管理を行うことにより、その効果を高めることが重要です。

1 人事ローテーション

(1) 人事ローテーションによる未然防止効果

同一の業務に長期間従事することは、その担当者の経験が深まることにより業務の効率化を図ることができますが、不祥事件防止の観点からすると、長期間同一業務に従事することは、仕事を任せたままとなりやすく牽制機能が弱まるとともに、不正を行っても発覚しにくく不祥事件

が発生する要因となります。

そのため、適切な人事ローテーションが必要となります。人事ローテーションが実施されることによって、不正を行っても、異動によりそれを隠し通すことが困難となるため、不正を行うことができなくなり、不祥事件の発生を防止することができます。特に顧客のお金を取り扱う金融機関においては、定期的な人事ローテーションは必須の対応策です。人事ローテーションについては金融庁の検査マニュアルにおいても、以下のように記載されています。

「管理者は、事故防止の観点から、人事担当者等と連携し、特定の職員を長期間にわたり同一部署の同一業務に従事させないように、適切な人事ローテーションを確保しているか。やむをえない理由により長期間にわたり同一部署の同一業務に従事している場合は、他の方策により事故防止等の実効性を確保しているか。管理者は、その状況を管理し、当該方策を確実に実施しているか」(「オペレーショナル・リスク管理態勢の確認検査用チェックシート」事務管理態勢Ⅱ.1.③(ⅴ)より)。

人事ローテーションの方法としては、人事異動と係(担当)替えがあります。これらは正社員だけではなく、派遣社員やパートタイマーにおいても同様です。従来は派遣社員やパートタイマーではあまり人事ローテーションは実施しない傾向にありましたが、最近では、不祥事件の防止と組織の活性化の観点より、派遣社員やパートタイマーに対しても積極的に人事ローテーションを行うようになってきています。

(2) 人事ローテーション実施のポイント

人事ローテーション実施におけるポイントは下記のとおりです。

a ローテーションの確認

人事部門では、長期在籍者の有無を確認し、適切に異動していること

を確認する必要があります。営業店長等は、部下の異動状況について定期的に確認するとともに、必要に応じて人事部門との協議を実施します。また、店内の役席等と協議のうえ、店内での係替えの検討を行います。

b　渉外担当職員の異動

渉外担当職員の異動においては、引き続き前任店の取引先に対する訪問を継続できないようにするため、近隣の店舗等ではなく、一定の距離が離れた店舗への異動が望まれます。

c　ローテーションが困難な場合の対応

やむをえない理由で人事ローテーションがむずかしく、長期間にわたり同一部署の同一業務に従事させざるをえない場合は、その長期在籍によるリスクを認識したうえで、不正が行われていないかの確認をするとともに、ローテーションの代替策の検討と実施が必要です。具体的には、強制的な休暇の取得や、一定期間の研修への参加や、近隣店舗への一時的な派遣や、職員をたすきがけで勤務させるなどの方法や、顧客への訪問や照会を実施等があります。また、人事部門では、やむをえない理由による長期在籍者に対する代替策の実施状況の確認が必要です。

2　職場離脱

(1)　職場離脱による未然防止効果

不祥事件が発生したときに、「不祥事件の事故者は非常に仕事熱心で、休暇も取得しないで一生懸命仕事をしていた。なぜあの仕事熱心な人が不祥事件を起こしたのか」といったことがよくみられます。このように

不祥事件における事故者は、その発覚をおそれて休暇をとらないという傾向があります。そのため、不祥事件の未然防止・事前抑止のためには、職場離脱の徹底が必要となります。

職務離脱については、金融庁検査マニュアルでも「管理者は事故防止の観点から、人事担当者等と連携して、連続休暇、研修、内部出向制度等により、最低限年1回1週間連続して、職員（管理者含む）が職場を離れる方策をとっているか。管理者はその状況を管理し、当該方策を確実に実施しているか」（「オペレーショナル・リスク管理態勢の確認検査用チェックシート」事務管理態勢Ⅱ.1.③(iv)より）と記載されています。

(2) 職場離脱のポイント

職場離脱のポイントは下記のとおりです。

a 連続休暇の取得状況のチェック

職場離脱においては、最低1週間以上の連続休暇の取得が不可欠となります。そのため、全員がもれなく取得できるように、計画的に取得するようにします。

b 連続休暇中の確認

単に休みをとらせるだけではなく、連続休暇中に、その休暇者の仕事ぶりを確認する必要があります。具体的には、キャビネット等の整理状況、連続休暇中の取引先からの電話の状況等を確認します。また、渉外担当職員の場合は、単独で訪問している先への訪問を実施し、不審な点がないかを確認します。

c 連続休暇中の出勤の確認

連続休暇中に出勤して業務を行っているようなことはないかを確認します。もし、出勤している場合は、その理由を確認し再度取得させます。

d 本部からの抜打ちでの職場離脱の指示

渉外業務で同一地域を長期間担当している場合や、不祥事件が懸念される場合には、本部または支店長の指示により、強制的に休暇をとらせることも必要です。

e 連続休暇以外の休暇の取得状況の確認

最近は、働きやすい職場環境づくり（ワークライフバランス）の観点より、連続休暇以外の各種休暇制度が拡充されています。それらの休暇制度を計画的に取得させるとともに、連続休暇しか取得していない職員については、その理由と勤務状況の確認が必要となります。

休暇の取得による職場離脱は、上記のような不祥事件対応としての直接的な抑止効果だけでなく、仕事から離れ、リフレッシュすることによりストレスを減らすことができます。また、役職員の健康や仕事の効率化の観点からも重要なことであり、金融機関全体として実施していく必要があります。

（吉田孝司）

Q64 福利厚生とカウンセリング

設問

未然防止策としての、福利厚生制度やカウンセリング制度の充実はどのように実施すればよいのでしょうか。

ポイント 不祥事件に対する未然防止策の1つとして、福利厚生制度やカウンセリング制度の充実があります。金融機関内での職員に対する貸出制度等の拡充により不祥事件の直接的な原因である金銭の困窮に対応することが可能となります。また、カウンセリング制度を充実させることにより、不祥事件における根本的な原因の1つである各種のストレスを緩和することが可能となります。いずれの制度にしても、抵抗感のない、利用しやすい制度とし、役職員に周知することが重要です。

1 福利厚生制度とカウンセリング制度の未然防止効果

不祥事件（特に取引先や金融機関の現金を着服するといった不祥事件）の原因の多くは、その事故者が仕事や家庭でのストレスや、その他のいろいろな要因により資金が必要となり、金銭に困窮することにより、目の前の現金や預金に手をつけるというものです。このように、各種のストレス等が根本的な原因の1つであり、金銭の困窮が直接的な原因といえます。この場合、そもそもの根本原因であるストレスを和らげたり、直

接の原因である金銭の困窮時に貸出等の対応を行ったりすることができれば、それらの不正行為の実施を回避することが可能となります。そのため福利厚生制度やカウンセリングの充実が必要となります。これらの対応は、不正のトライアングルでいえば、不正を起こす「動機」自体を和らげる対応策といえます。

2 福利厚生制度と留意点

　福利厚生制度の充実の対応策としては、金融機関における共済制度等による職員に対する貸出制度の創設と拡充があります。これらの貸出制度については、利用時には管理者等に申請しなくても、必要な職員が直接申請できるようにすることが重要です。また、それらの貸出制度を利用することについての機密保持と、それらを利用することによる人事上の不利益とならないようにして、利用しやすい環境づくりと、制度自体について周知し、抵抗感なく利用できるようにすることが重要です。

3 カウンセリング制度と留意点

　不祥事件における根本的な原因としては、仕事のストレスや家庭でのストレス等である場合が多くみられます。また、これらのストレスについてはだれにも相談できずに1人で抱え込むことがよくあります。そのときになんらかのカウンセリングを受けることができれば、不祥事件発生の根本的な原因についての解決を図ったり、相談したりすることにより、1人で抱え込まないようにし、ストレスを緩和することが可能とな

ります。

　そのため、それらの対応策としては、人事部門等にカウンセリングの担当者を設置し、職員からの質問・相談に応じることができるようにするとともに、定期的に営業店等に臨店し、面接を実施しカウンセリングを実施します。また、その相談内容によっては金融機関と契約している外部のカウンセラーを紹介し、専門家によるカウンセリングを行える体制を構築します。これらの実施においては、これらのカウンセリングにおける相談内容についての秘密を十分に管理され守られるとともに、カウンセリングを受けることによる人事上のマイナスがないようにすることにより、それらを周知することによって抵抗感なく利用できるようにすることが重要です。

（吉田孝司）

Q65 他の金融機関・他業態の事例の活用

設問

未然防止策の検討において、他の金融機関・他業態の事例はどのようにして活用すればよいのでしょうか。

ポイント 自分の金融機関において過去に発生した不祥事件については、その再発防止のための対策はよく行われていますが、自分の金融機関では発生していない不祥事件の手口や、金融環境の変化に伴う新たな手口での不祥事件については、その未然防止策の検討が十分になされていないことがあります。そのため他の金融機関・他業態の事例を入手し、自分の金融機関における不祥事件の未然防止策の検討のために活用していくことが効果的です。

1 なぜ他の金融機関・他業態での事例の活用が必要なのか

　自分の金融機関において過去に発生した不祥事件については、以降、同様の不祥事件が発生しないように再発防止等を策定し、その対策が行われています。しかし、自分の金融機関では発生していない不祥事件の手口については、対応がなされていなかったり、対応が十分でなかったりする傾向があります。また、金融機関を取り巻く内外の環境の変化によりいままで想定していない新たな手口での不祥事件が発生しています。そのため、新たな不祥事件を発生させないようにするためには他の

金融機関・他業態の事例に基づき不祥事件の未然防止策の検討が必要となります。

たとえば、某通信教育会社でのスマートフォンによる情報漏洩事件が発生した場合は、それらの事案における手口、リスクを調べ、同様の手口が自分の金融機関において発生することはないのかを検証し、もしその対応に不足がある場合には、対応を行うことが必要です。

2 他の金融機関・他業態の事例の入手

(1) インターネットでの検索

新聞に記載されている他の金融機関、他業態での不祥事件の事例を収集します。また、金融機関は不祥事件があった場合は、プレス発表することが多いため、定期的にインターネットにより検索を行うことによりそれらの事例の入手が可能です。また、大きな事件の場合は第三者委員会による報告書が公開されることが多いのでそれらも利用できます。

(2) 他の金融機関との情報交換

上記(1)のように新聞やインターネットによって不祥事件事例の入手は可能ですが、それらには具体的な手口やその対応についてはあまり記載されていません。そのため、近隣の金融機関や、同じ業界に属する金融機関間で直接情報交換を行い具体的な事例を入手します。これらの情報交換においては、不祥事件の手口等だけでなく、他の金融機関における不祥事件の対応状況についての情報を情報交換することにより、自分の金融機関での対応やコントロールのレベル感の比較・把握も可能とな

り、対応策の策定時に他の金融機関での対応事例として活用することができます。

(3) 金融機関向けの不正等に係るセミナーへの参加

上記(1)、(2)の方法では十分に情報を収集することが困難な場合は、金融機関向けの不正等に関するセミナーに参加することにより、最近の他の金融機関での事例や傾向等を入手することができます。

3 他の金融機関・他業態の事例の検討

上記2(1)～(3)で入手した他の金融機関・他業態の事例を分析し、その不祥事件が自分の金融機関において発生する可能性の有無とそれらに対する自分の金融機関における現時点での未然防止の対応の状況を検討します。その結果、未然防止策の強化が必要なものについては、具体的なコントロールの追加や、それらの事例について全部署または特定部署に対する注意喚起の実施等の対応を実施します。

なお、これらの対応は、一部門だけで対応するのではなく、コンプライアンス委員会や、不祥事件の対応検討会等の会議体を活用し、コンプライアンス部門、事務部門、リスク管理部門、人事部門、営業推進部門、内部監査部門等が連携し、情報の共有化を行うとともに、共同して定期的に対応していく必要があります。また、**Q66**、**Q67**と一緒に行うことが効果的です。

(吉田孝司)

Q66 未然防止策のモニタリング

設問

未然防止策の実施状況は、どのようにしてモニタリングすればよいのでしょうか。

ポイント 策定された未然防止策の実効性を確保していくためには、その実施状況をモニタリングすることが必要となります。モニタリングには、営業店等の未然防止策を実施する部署が実施するモニタリング、未然防止策策定の所管部署によるモニタリング、内部監査部署によるモニタリングがあります。これらのモニタリング結果を有効に活用して、再徹底や未然防止策の見直しを実施することにより、未然防止策の実効性を確保していくことが必要です。

1 未然防止策の実施状況のモニタリングの必要性

不祥事件防止のための未然防止策を策定しても、それらが適切に運用されなければ意味がありません。また、未然防止策は、それらが策定された当初は適切に運用されていましたが、時間とともに形骸化し適切に運用されなくなることも多く発生します。そのため、未然防止策の実効性を確保していくためには、その実施状況をモニタリングしていくことが必要となります。

2　モニタリング方法

モニタリングの実施主体としては下記の(1)〜(3)があります。

(1)　各営業店や本部各部の未然防止策の実施部署によるモニタリング

各営業店では、支店長がその対応先の策定の経緯を理解したうえで、自店での運用状況を確認し、不十分な場合は、運用の徹底を指示します。

(2)　未然防止策を策定した所管部署によるモニタリング

コンプライアンス部門、事務管理部門等の未然防止策を策定した部署は、その対応先が適切に運用されているかをモニタリングする必要があります。モニタリングの方法としては、営業店等における自店検査等に組み入れてその実施状況を報告させ、その内容を確認する。内部監査部門の監査結果の利用。自らが臨店しモニタリングするなどの方法があります。

(3)　内部監査部門によるモニタリング

内部監査部門は、営業店や本部への内部監査を実施するなかで、策定された未然防止策が適切に運用されているかを検証する必要があります。適切に運用されていない場合は、個別に指摘し対応を行わせるとともに、多数の部署で適切に行われていない場合には、本部の所管部署に対して、適切な実施についての注意喚起を行うか、必要に応じて対応先の実施方法の見直しについて改善提言を実施します。上記(1)、(2)のモニ

タリングが行われれば理想的ですが、現実的には業務が多忙で困難な場合が多いため、内部監査部門によるモニタリングが中心となることが多くなると思われます。

3 モニタリング結果の活用

　上記2でモニタリングした結果を活用し、必要に応じて未然防止策の再徹底や見直し等の対応を行わなければなりません。これらのモニタリング結果の活用においては、**Q65**、**Q67**での作業と連携を行って実施することが効果的です。

　また、当初の未然防止策がそもそも営業店等の現場の実態を反映していなく最初から形骸化していることもよくみられます。また、一つひとつの対応策は問題がなくても、複数の対応策が重なることによって過剰なコントロールとなり、結果的に運用ができなくなるということもよくみられます。これらについては、思いきってコントロールを減らし、実効性のあるコントロールに限定し、それを遵守させることも必要です（例：従来は上席1人の検証であったものが、それを見逃して不祥事件が発生したため、複数の上席による検証に変更した。しかし、検証する人間が増えたが、結果的には、他の人がみてくれているだろうということになり、複数の管理者のだれもしっかりと検証をしなくなり、かたちだけの印鑑が押印される結果となってしまった）。

（吉田孝司）

Q67 未然防止策の見直し

設問

営業体制、組織変更等があった場合に、不祥事件対応の観点から注意すべきことはありますか。

ポイント 不祥事件に対する未然防止策は、金融機関を取り巻く環境の変化に伴う営業体制の見直し、組織変更、各種のシステム化、店舗レイアウトの変更等が行われることにより、その実効性が低下することがあります。そのため、それらの変化があったときには、適時、見直しを実施し、実効性が低下している部分については、未然防止策の変更や追加を実施し、未然防止策の実効性の確保を図っていく必要があります。

1 営業体制・組織変更等に伴う未然防止策の見直しの必要性

　各金融機関では不祥事件に対するさまざまな未然防止策が策定されています。しかし、金融機関を取り巻く環境の変化に伴い、営業体制の見直し、組織変更、各種のシステム化、店舗レイアウトの変更等が実施され、それに伴い下記の例示のように、それらの未然防止策の実効性が低下することがあります。また、それらの変更等により新たな「不正の機会」が発生することもあります。このように、営業体制の見直し等を実施した場合は、それらの実施に伴う未然防止策の実効性の変化や、新た

な不正の機会の発生の有無について検討する必要があります。

　たとえば、見直しを行う契機として以下のようなものがあげられます。

・営業体制の見直しに伴い法人融資業務が大型店に集約したが、渉外担当職員が増加したため管理者による管理が十分にできなくなっている。
・営業力の強化を図るため、営業担当の職員を本部付きとし、営業店に駐在して業務を行うようにしたが、それらの職員の管理を本部が行うのか、営業店が行うのかが不明確となっている。
・店舗内のレイアウトが変更され、監視カメラに写らなくなり現金の取扱いを行う部分に死角が発生する。
・渉外担当職員の集約、債権書類の本部集中、還元資料のペーパレス化に伴い営業店内の資料が減少することにより、だれも使用していないキャビネットやスペースが発生し、顧客から預かった資料や事務の未処理分等を置くことが可能となり、不正が行いやすくなっている。
・新しい承認システムの導入によりパソコン上での役席承認が可能となったが、システム画面上の検証のため、従来に比べて検証が安易になっている。

　また、逆にシステム化等の実施により、従来の未然防止策が不要となっている場合もあります。業務の効率化の観点からも、それらの見直しも必要となります。

2 見直しの実施

(1) 所管部署による見直し

　営業体制の見直し等を行う場合は、不祥事件の未然防止の策定所管部は、事前にそれらの体制の見直しによって、未然防止策の実効性に変化がないかの確認を行う必要があります。そのため、営業体制自体の定着度やその効果のモニタリングを実施するときに、同時に、それらに伴う未然防止策の実効性の変化について確認を実施します。ただし、一部署だけで見直しを実施することはなかなかむずかしいので、**Q65**でも記載したように、コンプライアンス委員会等の会議体を活用して実施することが効果的です。

(2) 内部監査部門による検証

　内部監査部門による営業店監査実施時においては、常に不正の観点をもって、日頃から死角の有無、監視カメラの状況等を検証し未然防止策の実効性の検証を行う必要があります。特に営業体制等の見直しが行われた店舗等については、それらの店舗の監査実施時に監査プログラムまたは検証項目を追加し、それにより未然防止策の実効性に変化がないかについて検証する必要があります。また、必要に応じて、過去の不祥事件における未然防止策の実効性に関するテーマ別監査の実施を検討します。

3 見直しによる対応

　上記2にある見直しを行うことにより、未然防止策の実効性が低下している部分については、未然防止策の変更や追加が必要となります。これらの対応については、**Q65**、**Q66**との連携を図って実施することが重要です。

（吉田孝司）

Q68 抜打ちでのチェックの有効性

設問

不祥事件を事前抑止するためには抜打ちのチェックは有効でしょうか。

ポイント 不正な行為が行われている場合、抜打ちでのチェックを実施することにより、それが発覚する可能性が高くなります。そのため、抜打ちのチェックが行われていると、不正ができないと考えることにより不祥事件の事前抑止を図ることができます。このように抜打ちでのチェックは、不祥事件の事前抑止策として有効な手段の1つです。

抜打ちでのチェックの実施においては、「どうせ抜打ちでチェックをされても不正が発覚することがない」と判断されることのないように厳正な方法で実施することが必要です。

1 抜打ちでのチェックの有効性

不正等を行っているときに、その事故者がいちばんおそれていることは、なんらかのチェックが実施されることによって自分の行為が発覚することです。事故者はそれらのチェックが行われることが事前にわかっていれば、それに対してなんらかの対応を行うことは可能ですが、抜打ちで実施された場合は対応ができなくなり不正が発覚することになりま

す。このように抜打ちでのチェックが実施されていると、不正を行っても発覚してしまうと考えることにより、不祥事件の事前抑止を図ることができます。このように抜打ちでのチェックは、不祥事件の事前抑止策としても有効な手段の1つです。

2 抜打ちでのチェックの実施者・方法と実施上のポイント

(1) 抜打ちでのチェック実施者と実施対象

抜打ちでのチェックの実施者と実施対象は下記のとおりです。

a　支店長等

自店の職員の私物鞄や渉外担当職員の営業鞄、机やキャビネットのチェック、支店内の現金等の現物・現金のチェック、渉外担当職員の訪問先等への訪問を行います。

b　所管部署

事務管理部門等が、支店長に対して、抜打ちでの現金の精査や営業鞄等のチェックを指示し、その結果を報告させます。

c　内部監査部門

早朝からの抜打ち監査を実施し、現金、預り物件、鞄等のチェックを実施します。一部の金融機関では、夕方に抜打ちの監査や、休日営業・休日相談会時の抜打ち監査を実施している事例もあります。

(2) 抜打ちでのチェック実施上のポイント

これらの抜打ちでのチェックの実施においては、実効性のあるチェックを実施することが大前提となります。実効性のない形式的なチェック

を行っていれば、「どうせ抜打ちでチェックをされても不正が発覚することがない」と判断されてしまい、抑止効果どころか、逆に不正の機会を増やすことになってしまいます。

そのポイントは下記のとおりです。

a 事前の予告なしに、抜打ちで実施する

事前に通知することなく突然実施しなければなりません。そもそも抜打ちでのチェックは、事前の対応を行わせないことが目的ですので、事前にチェックすることがわかれば抜打ちで実施する意味がありません。予告なしに、実施することがわからないようにして実施する必要があります。

b 不定期に実施する

そろそろ抜打ちのチェックがあると予想できるようでは抜打ちのチェックを行う意味がありません。抜打ちのチェックの実施においては規則性のない、不定期での実施が必要です。

c 不祥事件対策としての厳正なチェック

抜打ちでのチェックの実施においては、不祥事件対策のために実施しているということを認識したうえで、形式的なチェックではなく、厳正なチェックを実施しなければなりません。

d 不備や不適切な取扱いはしっかりと指摘する

これらの抜打ちでのチェック実施においては、不正等が行われていない場合でも、取扱いに不備や不適切な取扱いがあれば、あいまいな対応をしないで、しっかりと指摘を行い、今後適切な取扱いとするように徹底させる必要があります。

（吉田孝司）

Q69 コンプライアンス教育

設問

不祥事件を事前抑止するためのコンプライアンス教育のポイントは何でしょうか。

ポイント　コンプライアンス教育は、不祥事件の抑制において、最も重要な対応策の1つです。不祥事件の事前抑止のためのコンプライアンス教育としては、全社的なコンプライアンス教育と、不祥事件に特化したコンプライアンス教育があります。全社的なコンプライアンス教育では、経営者が積極的にその必要性について声を出していくとともに、継続的に、すべての階層を対象として教育していくことがポイントです。また、不祥事件抑止に特化したコンプライアンス教育においては、単に知識としての倫理教育ではなく、具体的に事例を用いて、臨場感、納得感のあるコンプライアンス教育を行っていくことがポイントです。

1 コンプライアンス教育の重要性と体系

　コンプライアンス教育は、不祥事件の事前抑止において、最も重要な対応策の1つです。不祥事件を事前抑止するためのコンプライアンス教育としては、全社的なコンプライアンス教育、不祥事件抑止に特化したコンプライアンス教育、若手層に対するコンプライアンス教育がありま

す。それぞれのポイントについて解説します。

 全社的なコンプライアンス教育

　コンプライアンス教育においては、まずは企業全体としてのコンプライアンス意識を高めていくことが必要です。いくら不祥事件のためのコンプライアンス教育を行っても、企業全体のコンプライアンス意識が低く、法律やルールを遵守する意識が乏しければ意味がありません。そのため全社的な教育が必要となります。

　全社的なコンプライアンス教育の具体的なポイントは下記のとおりです。

a　経営者からの発信

　経営者自らがコンプライアンス意識の重要性について発信していく必要があります。コンプライアンス部門だけが倫理教育の重要性をいってもなかなか定着させることはできません。まずは、経営者が先頭に立って、年頭の挨拶、支店長会議、各種の会議、営業店への臨店時において発信するとともに、自らがそれを実践していくことが必要です。

b　継続的な教育の実施

　また数回程度教育を実施すれば十分というものではありません。繰り返し、繰り返し教育を実施し、役職員全体にコンプライアンス意識が浸透し、日常の活動に定着するようにする必要があります。

c　すべての階層に対する教育の実施

　経営者も含めたすべての階層に対して教育を行う必要があります。新入職員・若手の職員や特定の業務の担当者に対しては教育を行っているが、中間層の職員やパート職、中途採用者、派遣社員等についてはコン

プライアンス教育が行われていないという事例がよくみられます。すべての階層に対してもれなく教育を行うようにする必要があります。

3 不祥事件抑止に特化したコンプライアンス教育の実施

　不祥事件に関するコンプライアンス教育はよく実施されていると思われます。しかし、不祥事件を起こした事故者は、コンプライアンス研修後の確認テスト結果やコンプライアンス意識の調査結果をみてみると比較的良好な成績を収めています。このことから、事故者は決して知識として不正なことを起こしてはいけないことを知らなかったわけではないことがわかります。それにもかかわらず不祥事件を引き起こしています。つまり、不祥事件抑止のためには、知識としてのコンプライアンス教育だけではなく、不祥事件を起こさないようにするための実践的なコンプライアンス教育が必要ということになります。具体的には下記のとおりです。

a　「こんなことをすればどうなるのか」について教育する

　不祥事件の事故者になぜこのようなことをしたのかと聞くと、「まさかこんなに大事になるとは思っていなかった」という言葉がよく出てきます。自分としてはそれほど悪いことを行っているとの認識はないままに不祥事件を起こしています。そのため不祥事件を起こせば、どのようなことになるのか（犯罪であり、解雇、刑事告発、新聞報道、家族崩壊につながる等）について、具体的に説明する教育を実施する必要があります。

b　役員、支店長の過去の経験に基づく教育

　役員や支店長は長い金融機関での勤務経験のなかで、いろいろな不祥

事件や不正等に関する事案について知識を有しています。それらの役員や支店長のもつ経験談による教育を実施し、身近な具体的な話として認識をさせる必要があります。

c 過去の不祥事件事例や、他の金融機関・他業態の事例に基づく教育

不祥事件防止のためのコンプライアンス教育においては、教科書的・抽象的な内容よりも、具体的な事例で教育を行うことが効果的です。過去に自分の金融機関で発生した不祥事件の事例や、他の金融機関・他の業態で発生した事例に基づく教育を実施し、具体的・実践的な教育を行うことが効果的です。なお、不祥事件が起きてしまった後、再発防止のために行う研修については、**Q101**を参照してください。

d 周りで発生している不適切な事例に対して声をあげる教育の実施

不祥事件が発生すると、その周りから、「いつかあいつは何か起こすのではないかと思っていた」「いつ、事件が起こっても不思議ではなかった」という声を聞きます。つまり、周りの人間は、事故者の危うさについて認識していたということです。それらの周りの人が、その危うさについて声をあげていれば、早めの対応がなされ、その不祥事件は防止できたかもしれません。そのため、イレギュラーの事象があった場合に、声をあげるということと、その報告を受けた人が、それを聞き入れ、対応を行わなければならないことについての教育が必要です。

e DVD等や外部講師を活用したコンプライアンス教育の実施

一般的な事例や自分の金融機関での事例で研修を行っても、すぐにマンネリ化するおそれがあります。そのため、時には外部の専門機関が作成したDVD等や外部講師を活用し、最近の事例を活用した教育を実施することも必要です。

f 各部署にあったコンプライアンス教育の実施

金融機関では、本部と営業店で発生する不祥事件の内容は大きく異な

ります。そのため、全部署に共通したコンプライアンス研修を実施するとともに、各部署の業務に即したコンプライアンス研修が必要となります。それによって事前抑止としての効果を高めることができます。

若手向けのコンプライアンス教育

　最近では若手の職員の増加に伴い、営業店の現場では以前では考えられないような不祥事件や失敗例等が発生しています。

　それらの要因としては以下のようなことが考えられます。どの金融機関もその程度の差がありますが共通した傾向があります。それは、一時期に新卒の採用を大幅に絞っていた時期があり、30歳代の中間層がいなく、その対応として若手層を大量に採用しているため、ワイングラス型と呼ばれるいびつな人員構成となっているということです。そのため、若手層については、日常業務における指導者となるべき中間層や先輩となる層が少なく、従来は日常におけるOJTにより教育されてきた事項が教育されなくなっています。また、若手層はマニュアルに慣れている世代であり、以前のように「必要なことは先輩に聞きながら覚えろ」では通用しなくなってきています。そのため、若手については、当たり前すぎることも含めて、しっかりと教育していく必要があります。

　また、それ以外にも、女性の活躍、職員の高齢化、中途採用の増加等、金融機関の人材も多様化してきていますので、それらに対応したコンプライアンス教育も必要となります。

（吉田孝司）

Q70 事前抑止としての罰則強化

設問

不祥事件を事前抑止するためには罰則強化は有効でしょうか。

ポイント 不正に対する罰則の強化が実施されていれば、不祥事件の事故者が不正を行い、それが発覚した場合には厳しい罰則を受けることがわかっているので、それらの行為を止める効果が期待できます。このように、不祥事件の事前抑止のためには、罰則の強化は有効といえます。しかし、それらの効果を得るためには「不正が発覚する」ことと、「厳正に処罰しそれを公表する」ことが前提となります。

1 事前抑止としての罰則強化の有効性

　不祥事件が発生した場合に、その事故者やその関係者に対してなんらかの処分が行われます。この処分の目的としては、①組織内での不祥事件発生に対する責任を明確にする（それを行わなければ、組織としてのモラルハザードを引き起こすことになる）、②対外的に今回の不祥事件に対する責任を明確にしたことを強調する、③処分を行うことによって、事故者や関係者以外の職員に対して、不祥事件を発生させれば大きな罰則を受けるということを認識させることにより今後の不祥事件の抑止とする、があります。不正に対する罰則の強化は、上記の③に該当しますが、不祥事件の事故者が不正を行おうとしたときに、その不正を行った

ことが発覚した場合には厳しい罰則を受けることがわかっていれば、それらの行為を止めるという効果が期待できます。また、それ以外にも、管理職にある職員に対しては、不祥事件が発生すると自分にも影響があると認識させることによって、日々の業務におけるチェック等の形骸化を防ぐことも可能となります。このように不祥事件の事前抑止のためには、罰則の強化は有効であるといえます。しかし、それらの有効性を得るためには「不正が発覚する」ことと、「厳正に処罰しそれを公表する」ことが前提となります。

2 罰則強化のポイント

(1) 未然防止策等の厳正な運用

いくら厳しい罰則を設けても、不正が発覚しなければ意味がないものとなります。不正を防ぐための未然防止策が策定されていなかったり、策定された未然防止策が厳正に運用されていなかったりすれば、不正を行うことが可能となり、また、不正をしても見つからないと考え、事前抑止の効果はなくなってしまいます。このように罰則の強化については、未然防止策に実効性があり、「不正が発覚する」ことが前提となります

(2) 金融機関内での罰則規定の厳正な運用と公表

不正が発覚したときに、定められた罰則が厳正に運用されなければ、罰則強化の意味がありません。たとえば規定では懲戒免職となるはずなのに、実際には自己都合の退職となり退職金が支給されていたり、不正

があったことやその処罰の内容が金融機関内で公表を行わないで、内々で対応されていたりすれば、大部分の職員はその事実を知らないため、その抑止効果は期待できなくなります。罰則の強化においては、罰則の内容について周知させるとともに、その罰則に従って「厳正に処分する」とともに、その結果を金融機関内において「公表する」ことが必要となります。

(3) 継続的な教育の実施

公表された罰則強化や、実際の不祥事件は、一般的には時間の経過とともにその記憶が薄くなり、それに伴い罰則強化の抑止効果は薄れてしまいます。そのためコンプライアンス研修等において、過去の事例として繰り返し繰り返し周知していく必要があります。

(吉田孝司)

Q71 未然防止・事前抑止としてのコミュニケーション強化

設問

不祥事件を未然防止・事前抑止するためには、どのようにして部署内のコミュニケーションを図ればよいのでしょうか。

ポイント **不祥事件の事故者は、いろいろと悩み困ったうえで結果的に不正を行っています。そのような場合に、普段仕事をしている部署内でのコミュニケーションが図れていれば、困っていることについて率直に相談することにより不祥事故を防止することが可能となります。各部署中でのコミュニケーションを図るためには、コミュニケーションの重要性を認識するとともに、日頃からの管理者による積極的な声かけや、相談しやすい雰囲気づくりが重要です。**

1 未然防止・事前抑止としてのコミュニケーションの重要性

不祥事件における大部分の事故者は、決して好き好んで不正を行っているわけではありません。たとえば、金融機関や顧客の現金や預金を着服する事件では、個人的に金銭に困窮し、いろいろと考えたがどうしたらいいのかわからなくなり、やむなく目の前の現金や預金を着服し、不正を犯すことになっています。また、浮貸しの場合も同様で、顧客から融資案件の申出を受けたが、対応方法等がわからずにそのままとなり、顧客から督促を受けたときに、悩んだ末に、自分のお金や顧客の現金・

預金を流用することにより浮貸しを行っています。このような場合に、普段仕事をしている部署内の管理者や同僚に対して、困っていることについて率直に相談すれば問題が解決し、不祥事故を防止することも可能となります。そのためには、部署内での相談しやすさといったコミュニケーションの強化が未然防止における重要なポイントとなります。

2 管理者によるコミュニケーション強化のポイント

管理者がいつも部下を叱責していれば、何か困ったことがあっても、相談することができなくなります。できるだけ相談しやすい雰囲気をつくることが必要です。そのためのコミュニケーション強化のポイントは下記のとおりです。

(1) 管理者がコミュニケーションの重要性を認識する

コミュニケーションの強化により不祥事件を防止できることや、コミュニケーションが悪ければ、悪い情報もあがらなく、管理者としての組織運営にも影響があることを認識する必要があります。

(2) 日頃から積極的に部下との会話を行う

日頃から積極的に部下との会話を行い、最低1日に1回は部下と会話するように心がけることにより、相談しやすい雰囲気をつくるようにする必要があります。

(3) 悪い話に耳を傾ける

悪い話ほどすぐに報告するように日頃から伝えます。この場合、部下

が悪い報告をしたときに、頭ごなしに叱っていると、その後は悪い話を報告しなくなります。

　だれでも悪い話は聞きたくはありませんが、悪い話でも頭ごなしに叱らずに、まずは部下の話を聞くように心がけます。

(4)　相談することの重要性を説明する

　日頃から、自分の過去の経験等で、管理者に相談することによりうまくいった事例や、逆に管理者に相談しなかったためにトラブルとなった事例について話を行うようにします。また、相談があった場合は、アドバイスをしたり、良い点を褒めたりして、相談しやすい雰囲気づくりを行うようにします。

(5)　返却した稟議書や否決案件のフォロー

　部下からあがってきた稟議書の一部に問題があり返却した場合や、否決案件の対応等は言いっぱなしにせずにその後、どのようになったかについて進捗状況についてのフォローを行うようにします。

(6)　次席者やコンプライアンス担当者の活用

　どうしても支店長に直接相談しにくい場合には、次席や担当役席、コンプライアンス担当者等のいちばん相談しやすい人間に相談するように周知を図ります。

3　同僚間のコミュニケーション

　不祥事件の後で、事故者の同僚や周囲の職員にヒアリングを行うと、

「何かおかしいと思っていた」や「いつか、このようなことになるのではないかと思っていた」という意見を聞くことがあります。同僚間においてもお互いのコミュニケーション強化を図る必要があります。

(1) お互いの声かけ

お互いのコミュニケーションを行い、元気がなかったり、悩んだりして普段とは異なる状況の人がいれば声をかけるようにします。

(2) 上司への報告

上司に相談できないでいる同僚がいれば、そのことを上司に対して報告するようにします。

（吉田孝司）

Q72 行員の預金口座のモニタリング

設問

不祥事件防止のため、自行の職員の預金口座を常時モニタリングしたうえ、その情報を利用したいのですが、法律上は問題ないでしょうか。

ポイント 特段の不祥事件の疑いもない状況で、職員の預金情報を、本人の同意なく常時モニタリングすることは、個人情報保護法16条1項で制限される個人情報の目的外利用に該当するおそれが高いと考えられます。

一方、たとえば、当該職員による不祥事件が明らかになった場合などには、本人の同意なく職員の預金情報を利用することが、目的外利用の例外として許容されることがあると考えられます。

1 預金口座のモニタリング

金員の着服等の不祥事件の動機・背景には、金銭的な困窮や多重債務問題があることが多く、不祥事件防止の観点から、自金融機関の職員が開設する預金口座において、不祥事件につながるような金員の動き（消費者金融への返済の有無、クレジットカードの利用状況、多額の不自然な入出金の有無等）が生じていないか、常にモニタリングすることが考えられます。

しかしながら、職員が有する預金口座の情報は、職員のプライバシーに関する重要な情報であるほか、個人情報の保護に関する法律（以下「個人情報保護法」といいます）の観点からも、かかるモニタリングが許容されるかについて、検討を要します。

2 個人情報の目的外利用

金融機関が保有する職員の預金情報は、個人情報保護法に定められる「個人情報」に該当するところ、同法15条1項は「個人情報取扱事業者は、個人情報を取り扱うに当たっては、その利用の目的（以下「利用目的」という。）をできる限り特定しなければならない」とし、また、同法16条1項は「個人情報取扱事業者は、あらかじめ本人の同意を得ないで、前条の規定により特定された利用目的の達成に必要な範囲を超えて、個人情報を取り扱ってはならない」と定めています。

したがって、個人情報取扱事業者（同法2条3項）たる金融機関が、あらかじめ本人の同意を得ることなく個人情報を取り扱うことができる範囲は、特定した利用目的の範囲または特定した利用目的と相当の関連性を有する範囲内に限られることとなります。

ここで、職員の預金情報は、金融機関の職員の立場とは別に、一顧客としての立場において金融機関に提供された情報であり、その利用目的は、顧客としての預金情報の利用目的の範囲にとどまり、不祥事件防止といった人事労務管理目的で当該情報を利用することは、必ずしも利用目的と相当の関連性を有するとはいえないと考えられます。

したがって、特段の不祥事件の疑いもない状況で、職員の預金情報を、本人の同意なく常時モニタリングすることは、同法16条1項で制限

される個人情報の目的外利用に該当するおそれが高いと考えられます。

3　目的外利用の例外

　上記2のとおり、職員の預金情報を常にモニタリングすることが許されないとしても、例外的に、職員本人の同意なく預金情報を利用することが許されるケースがあるでしょうか。

　個人情報保護法16条3項2号は、目的外利用の制限の例外として「人の生命、身体又は財産の保護のために必要がある場合であって、本人の同意を得ることが困難であるとき」を定めています。そして、「人の生命、身体又は財産の保護のために必要がある場合」とは、人の生命、身体又は財産を侵害するおそれがあること（法的侵害の予見可能性）のみではなく、当該個人情報の利用によって当該法益を保護しうること（結果回避可能性）が合理的に認められなければならないと解されています。

　また、「本人の同意を得ることが困難であるとき」とは、①本人の同意を得ることが物理的に不可能または困難な場合、②本人に同意を求めたが同意を拒否された場合、および、③本人に同意を求めることによって違法または不当な行為を助長するおそれがある場合のいずれをも含むとされます（宇賀克也『個人情報保護法の逐条解説〔第2版〕』87頁）。

　なお、本号の適用は、個人情報を目的外利用しなくても、他の方法により保護が可能である場合にまで個人情報の目的外利用を認めるものではなく、本人の権利利益と、問題となる利益を比較考量し、個人情報の同意なき流通を許すことの合理性等により、判断されることになるものと解されます。

　本件の場合に検討すれば、金融機関による預金情報の利用によって保

護される利益は、銀行の財産権（最終的には金融機関の預金者の利益にもつながります）という重要な利益ですが、職員の預金情報もそのプライバシー性から要保護性は高いといえます。

　かかる状況で、預金情報の目的外利用が許容されるには、抽象的・一般的に不祥事件のおそれがあるのみでは足りませんが、たとえば、当該職員による不祥事件が明らかになった場合や、当該職員による不祥事件が疑われる合理的な理由がある場合には、「人の生命又は財産の保護のために必要がある場合」との要件を満たしうると考えられます。

　また、このように、当該職員による不祥事件が明らかになった場合や当該職員による不祥事件が疑われる合理的な理由がある場合には、預金情報の利用につき本人の同意を得られないことや、同意を得ていると手遅れとなる場合も多く、「本人の同意を得ることが困難であるとき」にも該当しうるものと考えられます。

　以上のとおり、たとえば、当該職員による不祥事件が明らかになった場合や当該職員による不祥事件が疑われる合理的な理由がある場合には、職員の同意なく預金情報を利用することが、目的外利用の例外として許容されることがありうると考えられます。

　ただし、上記の例外は多分に法的解釈を含むことから、実際に職員の同意なく預金情報を利用する際には、弁護士によるリーガルチェックを受けることが適切です。

（川西拓人）

第2章

不祥事件の早期発見

Q73 不正発覚のきっかけ

設問

横領等の不正行為はどのようなきっかけで発覚するのでしょうか。

ポイント

公認不正検査士協会（ACFE、本部：米国）が2年ごとに実施している不正の動向調査によると、調査対象となった世界各国の不正事件（横領、粉飾決算、汚職等）の約4割が、従業員や顧客などからの通報をきっかけに発覚しています。また、2015年に公表された預金等受入金融機関における横領事件についても、お客さまからの通報（照会や苦情）により発覚するケースが目立ちます。お客さまからいわれるまで横領等に気づかないというのは、金融機関として残念な事態ですが、お客さまの目もできる限り活用して、不正の抑止や早期発見への取組みを強化することが必要です。

1 公認不正検査士協会（ACFE）の調査結果にみる不正発覚のきっかけ

ACFEでは、世界各国の公認不正検査士（CFE）へのアンケート調査に基づく不正事件の動向調査"Global Fraud Survey"を2年ごとに実施し、その結果を"Report to the Nations on Occupational Fraud and Abuse"として公表しています。各報告書の全文（英語）は、ACFE本部のウェブサイト（http://www.acfe.com/）で閲覧可能です。また、日

本公認不正検査士協会が、日本語訳を「職業上の不正と濫用に関する国民への報告書」として順次公表しています（http://www.acfe.jp/books/report/）。

　2016年6月に公表された同報告書の内容は、2014年1月〜2015年前半にかけてアンケート回答者が調査に携わった不正事件2,410件に関するもので、ACFEが設定した81項目に及ぶ質問への回答内容をもとに、犯人像、不正の手口、実行金額、期間、発覚のきっかけ、被害を受けた企業の業種や規模、犯人に対する処分など、さまざまな角度から分析結果がまとめられています。

　では、ACFEの調査においては、どのようなきっかけで不正が発覚するケースが多いのでしょうか。2016年の集計結果は表1のとおりとなっています。

　通報による発覚が最も多く、全体の約4割と突出しています。この傾向は、ACFEが2年ごとに調査結果を公表するようになった2002年以降一貫しています。ただし、ここでいう通報には内部通報（従業員からの通報）以外のものも含まれているという点に注意する必要があります。通報者の内訳をみてみると、最も多かったのは、やはり従業員からの通報で全体の約半数（51.5％、485件）を占めています。一方、顧客からの通報も17.8％、167件にのぼり、匿名（14.0％、132件）、納入業者（9.9％、93件）、株主・オーナー（2.7％、25件）、競合先（1.6％、15件）と続いています（ACFE "2016 Report to The Nations on Occupational Fraud and Abuse", p.26）。

　通報による発覚に次いで、内部監査および経営者による（内部統制の）レビューによる発覚が比較的多く、あわせて約3割を占めています。「偶然に発覚」とは、監査や点検など業務の適切性をチェックするプロセス以外においてたまたま発覚したというケースを指します。たとえ

表1 不正が発覚するきっかけ

発覚のきっかけ	全体に占める割合（％）	件数に換算
通報	39.1	942
内部監査	16.5	397
経営者によるレビュー	13.4	323
偶然に発覚	5.6	135
勘定・口座の照合	5.5	133
文書の精査	3.8	91
外部監査	3.8	91
警察・検察等からの通知	2.4	58
行動監視、モニタリング	1.9	46
IT統制手続	1.3	31
自白	1.3	31
その他	5.5	133

（出所） ACFE "2016 Report to The Nations on Occupational Fraud and Abuse", p.21（件数は、調査対象件数合計と全体に占める割合から筆者が算出）

ば、キャビネットや金庫のなかを整理していたら不審な書類が出てきたなどの事例が該当するでしょう。

　本来であれば「勘定・口座の照合」や「文書の精査」など日常業務に組み込まれたチェックプロセスにおいて、より多くの不正が発覚するのが理想的ですが、実際には両方あわせて9％程度にとどまっています。これは、不正には隠蔽工作を伴うことが多いため、通常の照合・精査では見つかりにくいという限界があるからかもしれません。

　この結果から、企業が役職員による不正を早期発見するためには、内部通報制度を適切に整備・運用することはもちろん、それに加えて、顧客や納入業者から寄せられる苦情や相談を業務改善の観点のみならず、不正の早期発見という観点からも活用することが重要であるといえま

す。

2015年に公表された金融機関の横領事件の発覚のきっかけ

次に、金融機関における横領等の不正行為はどのようなきっかけで発覚しているかをみてみましょう。**Q2**において、2015（平成27）年には横領等の不祥事件が46件公表されたと記載しましたが、そのうち銀行、信用金庫、信用組合、労働金庫、JAで発生した41件について、新聞記事等から発覚のきっかけを調べました。

その結果、表2に示すとおり、全体の6割が「顧客からの問合せ・苦情」により発覚しました。具体的には横領の被害者やその家族から「口座の入出金額や預金残高がおかしいのではないか」などの連絡が支店等に入ったことを受けて内部調査をした結果、横領が発覚したケースです。

「顧客からの問合せ・苦情」をきっかけに横領が発覚した事例としては、以下のようなものがあります。

表2　金融機関の横領事件の発覚のきっかけ

発覚のきっかけ	件数	割合（％）
顧客からの問合せ・苦情	25	61.0
内部監査、自店検査	6	14.6
勘定・口座の照合	3	7.3
偶然に発覚	3	7.3
自白	3	7.3
その他	1	2.4

（出所）　当該金融機関のニュースリリース、新聞記事から筆者が分類

・定期預金の解約に訪れた顧客が「覚えがないのに解約されていた」と相談し発覚した（顧客の預金を無断解約して着服した事件）。
・市役所にある派出窓口で後期高齢者医療保険料を納めた市民から「すでに納めているのに、役所から保険料が未納との連絡があった」と問合せがあった（派出窓口で税金や保険料の収納金を着服した事件）。
・預金者から「定期預金の継続手続のため証書を預けたが、まだ返ってこない」と問合せがあり、調べたところ、担当者が当該預金を無断で解約し、着服していたことが発覚した。
・窓口を訪れた顧客が、他の職員に投資信託の運用状況を尋ねたことで発覚した（投信や一時払保険の解約金を着服した事件）。
・出納担当者が、窓口で受け付けた売上代金の一部を着服。取引先から「入金金額の違算が続いている」との問合せがあり、内部調査を行った結果発覚した。

　金融機関が、お客さまからいわれるまで横領の発生に気づかないというのは、内部管理態勢の不備を露呈する恥ずかしい事態です。日常業務においてチェックを行う点検者、承認者が不正リスクに対する感度を高め、ACFEの動向調査における「勘定・口座の照合」「文書の精査」による発覚の割合を高める努力を続けなければなりません。しかし、お客さまからの照会や苦情によって不正が発覚するケースが最も多いという実情をふまえると、お客さまの目も積極的に活用して、不正の抑止や早期発見への取組みを強化することも必要です。

　最近では「職員が店舗外で現金や通帳をお預かりする際には、必ず『預り証』を発行するのでお受け取りください。もし不審な点があれば、ご遠慮なく取引店にご連絡ください」という趣旨の告知をウェブサイト上で行ったり、職員の名刺の裏面に印刷したりする金融機関が増えています。そのようにしてお客さまの注意を喚起することは、不正の抑止お

よび早期発見に有効でしょう。さらに、単に告知するだけではなく、折に触れて役職者自らが担当者に同行したり、単独で主要な顧客を訪問したりするなどして、日頃の担当者の仕事ぶりをそれとなく確認することも重要です。

（甘粕　潔）

Q74 不正への対応と「懐疑心」

設問

不正の早期発見には「懐疑心」が必要といわれますが、どのようなものでしょうか。

ポイント 懐疑心とは「相手の発言内容や書類の記載内容を鵜呑みにせず、ミスや不正の可能性に注意しながら納得できるまで確認する心構え」をいいます。疑う心とありますが「相手を最初から疑ってかかる」ということではありません。「人はだれでもミスや不正を犯してしまう可能性がある」という認識をもち、信頼できると思う相手でも任せきりにせずにチェックすることが懐疑心を発揮した管理であり、そのような対応ができる人は、Q7で解説した「本来の性善説」による管理を徹底できるでしょう。

1 懐疑心とは

デジタル大辞泉は、懐疑を「物事の意味・価値、また自他の存在や見解などについて疑いをもつこと」と定義しています。また、懐疑（心）を意味するskepticismという英単語を英英辞典で引くと "an attitude of doubting that particular claims or statements are true or that something will happen" つまり「特定の主張や発言が真実かどうか、または何かが起きるかどうかを疑う態度」とあります（Longman Dictionary of

Cotemporary English)。

　これらの定義には「疑いをもつ」あるいは「疑う」という表現が含まれていますが、それは「相手はきっと悪いことをしている」「自分を欺こうとしている」と最初から疑ってかかるという意味ではありません。不正の早期発見に必要な懐疑心とは、相手を誠実とも不誠実とも決めつけず、相手の言動や相手が作成・提出した書類の真偽を批判的な目で確かめようとする姿勢を意味します。

2 不正への対応と懐疑心の関連

　不正リスクへの対応における懐疑心の重要性は、主として公認会計士監査の分野で強調されています。企業における会計不正が相次ぐなかで、公認会計士が財務諸表の虚偽表示リスクへの対応力を高めるためには、"professional skepticism"すなわち職業専門家としての懐疑心（または職業的懐疑心）の保持が不可欠であるということが強調されるようになりました。では、職業的懐疑心を保持するとは、具体的にどのような対応をすることなのでしょうか。

　日本公認会計士協会は「職業的専門家としての懐疑心」を以下のとおり定義しています。

> 　誤謬又は不正による虚偽表示の可能性を示す状態に常に注意し、監査証拠を鵜呑みにせず、批判的に評価する姿勢をいう。なお、職業的懐疑心ともいう。

(出所)　日本公認会計士協会　監査基準委員会報告書200「財務諸表監査における総括的な目的」

　そのうえで、職業的懐疑心を保持するためには、以下のような点に注意を払う必要があり、そうすることにより、監査手続の結果の徹底的な分析が可能となり、異例な状況を見落とすリスクを低減することができるとしています（日本公認会計士協会　監査基準委員会報告書200「財務諸表監査における総括的な目的」）。

①　入手した他の監査証拠と矛盾する監査証拠
②　監査証拠として利用する記録や証憑書類または質問に対する回答の信頼性に疑念を抱かせるような情報
③　不正の可能性を示す状況

　つまり、入手した監査証拠を鵜呑みにするのではなく、「誤謬（意図しない誤り）や不正による財務諸表の虚偽表示はどのような組織でも生じる可能性がある」という認識を保持しながら、他の証拠との矛盾（例：経理責任者の供述と矛盾する伝票の存在）はないか、証拠の信頼性（例：納入業者の請求書の真正性）に疑念を抱かせるような情報はないかなどに細心の注意を払うことが、懐疑心の発揮につながります。

　「不正の可能性を示す状況」とは、言い換えれば、役職員が不正のトライアングルをつくりやすい状況（例：現金・預金の処理を1人の担当者が行っている）または不正がすでに行われていることをうかがわせる状況（例：担当者に預けたはずの現金が口座に入金されていないとの苦情の受付）のことをいいます。そのような状況は、**Q75**で解説する「不正の兆

候」に該当しますので、詳しくはそちらで解説します。公認会計士は、不正リスクへの感度を高めて不正の兆候を見逃さないことが求められています。

3 金融機関の管理職に求められる懐疑心

　上記の報告書は、監査人が過去の経験から被監査企業の経営者は信頼できると考えているとしても、それによって職業的懐疑心を緩めてはならないと注意を促しています。

　金融機関の管理職も、同様の注意を払わなければなりません。つまり、過去の仕事ぶりから「この部下は信頼できる。任せて安心だ」と思えたとしても、その部下の仕事をチェックする際には懐疑心を保持しなければならず、部下のいうことを鵜呑みにしてはならないし、部下が作成する伝票、稟議書、日誌などは細心の注意を払って点検しなければならないということです。「どんなにしっかりしている部下でも、ミスや不正をしてしまう可能性はある」と心得て、部下の行動を観察し、密接なコミュニケーションを心がける。そして、少しでも異常を察知したら見過ごさずに確認するという姿勢を持ち続けることが、管理職としての懐疑心の保持につながります。

　繰り返しになりますが、部下が何か悪いことをしているのではないか。自分にウソをついているのではないかと常に疑ってかかるのは、懐疑心ではなく猜疑心といえるでしょう。健全な懐疑心を保持するためには、部下との信頼関係を前提としながらも、「人間であればだれでも、自分に不都合な事実を隠してしまうかもしれないし、横領などの不正行為を絶対にしないとは言い切れない」という冷徹な目で厳しくチェック

する必要があります。同時に、大切な部下が不正によってキャリアを台無しにすることのないよう温かい目で見守ることも大切です。そのような厳しい目とやさしい目を部下に向けられる管理職は、**Q7**で解説した「本来の性善説」に基づくマネジメントをすることができるでしょう。

（甘粕　潔）

Q75 不正の兆候

設問

「不正の兆候」とはどのようなものでしょうか。どのような点に留意すべきですか。

ポイント

不正の兆候とは「不正が発生する可能性が高い状況、または、不正がすでに発生したことをうかがわせる状況」を意味します。不正発生の可能性が高い状況とは「不正のトライアングルが形成されやすい状況」と言い換えることができ、横領に関していえば、①職員が金銭面でのプレッシャーや不満を抱え込みやすい状況、②現預金を横領しても発覚しにくい状況、③現預金の横領を正当化しやすい状況が該当します。また、不正がすでに発生している場合は、お客さまから現金・預金の処理に関して苦情が入る、伝票、受取証、契約書類等に不自然な記録が見つかるなどの異常な状況が、不正の兆候となります。

1 不正の兆候とは

広辞苑によると、兆候とは「何かが起ると思わせる前ぶれ。きざし」のことです。英語ではred flagsという表現を用います。つまり「この状況は放置するとまずいですよ！」という警告の旗があがっている状況ということです。

では、不正の兆候すなわち「不正が起ると思われる前ぶれ。きざし」

とは、具体的にどのような状況を指すのでしょうか。次の2つに大別することができるでしょう。

(1) 不正が発生する可能性が高い状況

不正の発生可能性が高い状況とは、役職員の心のなかに「不正のトライアングルがつくられやすい状況」のことをいいます。つまり、不正を誘発する3つの要素が生じやすい状況を指し、横領に関していえば、以下のような状況が該当します。

a 役職員がプレッシャーや不満などを抱え込みやすい状況

・私生活における問題などにより、金銭面で困っている(特に、ギャンブルや身分不相応なぜいたく、家庭内の問題などが原因となっている場合は、羞恥心などから周囲に相談できずに問題を抱え込みやすくなる)。
・自分の努力を上司が認めてくれないなど、処遇面で強い不満を鬱積させている。
・職場内のコミュニケーションが悪く、問題を報告・相談しにくい。

b 役職員が不正を犯し発覚を免れる機会を認識しやすい状況

機会の認識すなわち「不正をしても見つからないだろう」という打算は、内部管理態勢に以下のような不備がある状況で生じやすいといえます。

・職務分掌が不十分で、現預金の事務処理を単独で行える。
・再鑑者や検印者の能力・経験不足等により、相互牽制が効いていない。
・職務権限を悪用して自己承認できる状態にある。
・専門性の高い業務が特定の担当者に任せきりになっている。

c 役職員が不正を正当化しやすい状況

不正を正当化しやすい状況は、個人レベル、組織レベルで「コンプラ

イアンス意識の低下」が生じている状況といえます。具体的には、以下のような状況には要注意です。
・ルールを軽視する言動が目立つ。
・都合の悪いことを隠したり、取り繕ったりすることが多い。
・範を示すべき上司がルールを軽視している。
・ルール違反をしても厳しい注意を受けない。
・例外運用、異例取引が安易に認められている。
・時間や期限を守らないなど、職場内の規律が乱れている。

　もちろん、これらの状況では必ず不正が発生するというわけではありませんが、不正リスクを高める要因であり、放置してはなりません。この段階で適切な対処がなされれば、不正は未然防止できるといえます。

(2) 不正がすでに発生したことをうかがわせる状況

　残念ながら「不正が発生する可能性が高まっている状況」が放置されて不正が実行されると、必ずなんらかの異常が生じます。横領事例に即して考えると、次のような状況が不正の兆候となるでしょう。

a　お客さまから現金を預かった渉外担当者が、それを口座に入金せずに着服した場合

・受取証の控えに記載された集金額と出納への入金額が異なる。
・集金に行ったはずなのに、受取証を発行していない。
・集金から戻った担当者が直接更衣室に向かった。
・お客さまから、入金したはずの現金が通帳に記帳されていないという苦情が入った。

b　お客さまから通帳と届出印を預かった担当者が、払戻請求書を勝手に作成して現金を引き出した場合

・払戻請求書の筆跡がお客さまのものではなく当該担当者のものであ

る。
・担当者の鞄や机の引出しのなかから、お客さまの通帳や届出印が出てきた。
・お客さまから、預金残高が思ったより少ないとの照会が入った。

2　不正の兆候の典型例

　不正の兆候にはさまざまなものがあり、不正実行者個人の性格などにも左右されます。そのため、すべての兆候を網羅したリストをつくることはできませんが、以下に示すような資料を参考にすることで、不正の兆候に対する認識を高めることができるでしょう。

(1)　公認不正検査士協会による不正事件の動向調査

　Q73で紹介した、公認不正検査士協会（ACFE）の「職業上の不正と濫用に関する国民への報告書」には、調査対象となった不正事件の犯人の言動面にみられた兆候（behavioral red flags）が示されています。2016年版の結果は表のとおりとなっています。

　身分不相応な生活とは、ギャンブルや遊興、趣味などに収入を上回る支出を繰り返して借金を重ねるような生活をいいます。また、十分な給与が得られないなかで経済的に困窮してしまう場合も、人は「金銭面でのプレッシャー」を抱えやすくなります。離婚などの家庭内の問題、アルコールや薬物への依存も同様に金銭的な問題を深刻化させる要因といえます。

　納入業者や顧客と異常に親密な関係にある役職員は、不正を実行し隠蔽する「機会」を認識しやすいといえます。たとえば、発注責任者が懇

表　不正実行者の言動面にみられた兆候

不正実行者が示していた言動面の兆候	件数に占める割合（％）
身分不相応な生活をしていた	45.8
経済的に困窮していた	30.0
納入業者や顧客と異常に親密な関係にあった	20.1
やり手だが、抜け目なく不誠実な態度が目立っていた	15.3
自分の業務を分担するのを嫌がった	15.3
離婚などの家庭内に問題を抱えていた	13.4
怒りっぽい、疑り深い、身構えているなどの態度が目立っていた	12.3
アルコールや薬物に依存していた	10.0

（出所）　ACFE "2016 Report to the Nations on Occupational Fraud and Abuse", p.68（筆者仮訳）
（注）　件数に占める割合が10％以上の項目を記載。犯人が複数の兆候を示していた場合もあるため、合計は100％を超えている。

意の納入業者と共謀し、会社から業者に過払いをさせてキックバックを受領するなどの手口が起こりやすくなります。金融機関においては、親戚や知人などを担当している職員は、その親密さを悪用して顧客の預金を無断解約する機会に恵まれやすいといえるでしょう。

　やり手だが、抜け目なく不誠実な態度をとりがちな者は、見つからないと思えば平気でルールを破ってしまうかもしれません。そのような性格の持ち主は「盗むのではなく借りるだけ」などと不正を「正当化」してしまいやすいといえます。

　上記の兆候のうち「自分の業務を分担するのを嫌がった」および「怒りっぽい、疑り深い、身構えているなどの態度が目立っていた」は、すでに不正を犯した者が、発覚をおそれるために生じる兆候と考えられます。業務の分担を嫌うのは、同僚や上司に不正を見つけられるのではな

いかという不安によるものかもしれませんし、怒りっぽくなったり、指摘に対して過敏に反応したりするような態度は、不正を隠し続けるストレスが原因で生じる兆候かもしれません。特に、温和だった人が急にいらいらするようになるなどの変化には注意が必要です。

(2) その他の参考資料

a　内部監査人向けの実務ガイド

　内部監査人協会（the Institute of Internal Auditor、IIA、本部：米国）は、2009年に「内部監査と不正（Internal Auditing and Fraud）」と題するプラクティス・ガイドを発行しました。同ガイドには「不正の可能性を示すもの（Potential Fraud Indicators）」に関する解説が記載されています。

b　公認会計士向けの不正リスク対応基準

　日本の上場企業における粉飾決算が相次ぎ、公認会計士監査の有効性に対する社会的な批判が高まったことを受けて、金融庁の企業会計審議会監査部会は2013年3月に「監査における不正リスク対応基準」を設定しました。同基準の付録には、公認会計士が留意すべき不正の兆候として「不正リスク要因の例示」および「不正による重要な虚偽の表示を示唆する状況」が列挙されています。

　金融機関の職員、特にチェックや承認の責任を担う管理職は、上記の資料も参考にしながら不正の兆候への感度を研ぎ澄ませ、日々の再鑑・検印事務に活かす必要があります。

（甘粕　潔）

Q76 横領事件（不正）を行っている職員の行動特性

設問

横領事件（不正）を行っている職員の行動特性、兆候等何か特徴的な点はあるのでしょうか。

ポイント

不正を行っている人について、過去の研究や調査結果等からなんらかの兆候がみられると報告されています。これらの兆候は、日頃から職員の行動や「日常」を認識していれば、すぐになんらかの発見をしやすいといわれています。逆にいえば、たとえば、部下に関心をもたない上司は、その兆候が発せられていても気づかないということになります。

1 表面的な態度

不正を行っている人は、表面的には通常と同じような生活態度をとることにより、意図的に「自分にはお金はあるが、これまでとなんら変わらない」といった態度をとろうとします。したがって、普通の状態では、不正を行っていることは気づきにくいといわれています。

一般的によくいわれるのが、「不正を行っていることに気づかれないように、それまで以上にまじめに働く、一生懸命働く」「上司から変に注目されないよう、それまで以上にいい人を演じる」といったことがよくいわれます。

そうしたことから、不正が発覚すると「まさかあの人が」とおっしゃる方が多いのはこうした理由によるものと考えられます。

2 不正行為者の兆候

しかし、人間である以上、ましてや犯罪行為を行っているため、なんらかの兆候はあります。しかし、それはよくみないとわからないことが多く、また、相当の関心をもって日頃からその人をみていないと気づくことはありません。

ACFE（公認不正検査士協会）が2年ごとに公表している「職業上の不正と濫用に関する国民への報告書」で、この点について述べられています。

2014年度版によれば、不正行為者の兆候のトップ10として、以下の動的兆候があげられています。

① 身分不相応な生活（私生活において、高級車に乗り換える、高級な服を着始める、やたら人におごる、高級店に飲みに行く（回数が増える）、高級な化粧品を使い始める等）

② 経済的困窮（社内の同僚、部下に借金を依頼する、飲み会の費用を支払わない、カードローンを頻繁に利用する等）

③ 離婚・家庭内に問題（過去、地域金融機関において短期間に複数の不祥事件が発生し、その原因がいずれも離婚が根本的原因であった事例があった）

④ やり手だが不誠実（すごく仕事ができる人と評判だが、たとえば、自分の仕事をだれにも触らせない、数字さえあげていれば問題ないといった態度をとる、自分は仕事ができるのでだれにも文句をいわせない、といっ

たような人）

⑤ 業者・顧客と異常に親密（業者から過剰な接待を受けている、業者や顧客になんらかの弱みを握られている、業者・顧客からすでに金銭的な援助（借金）を受けている等）

⑥ 統制上の問題、職務分離を渋る（自分の仕事の領域に他人が入り込むことに極度に嫌がる、他人の検証を嫌がる、業務や配置換えに抵抗する等）

⑦ アルコール・薬物等の依存症（アルコール、薬物にすでに依存しているため、これらを購入するために不正を起こす）

⑧ 怒りっぽい、疑い深い、保身的

⑨ 過去に雇用上の問題（があった）

⑩ 社会的な孤立

これらについては、いわれてみれば「なるほど」と思うことが多いと思います。参考にしてみてください。

また、一般的に不正を犯す人はよく「孤独だった」「自分が組織のなかで孤立していたと感じた」といったことをいうといわれています。

それぞれの人を精神的に孤立させない組織的なケアが必要でしょう。

こうしたこと以外にも、職員の行動になんらかの変化が表れた場合には注意を払う必要があります。

(宇佐美豊)

Q77 横領事件（不正）を行っている外交・営業・渉外担当職員の行動特性

設問

横領事件（不正）を行っている外交・営業・渉外担当職員の行動特性、兆候等何か特徴的な点はあるでしょうか。

ポイント 外交・営業・渉外担当職員（以下「営業係」といいます）は顧客さえ騙すことができれば、不正行為についてだれにも知られることはない立場にあります。また、支店等に在席している時間が短いため、表情・行動を把握することがなかなかむずかしい状況があります。一方、日々の言動や特定顧客への頻繁な訪問、顧客から苦情等に対して敏感になるといった特徴があるといわれています。

1 営業係における行動の特徴

営業係は支店等から外に出て顧客対応を行う業務のため、上司等がその動向を把握しにくく、また、顧客とのやりとり等を営業係と顧客しか知らないため不正を犯している営業係からすれば、上司は騙しやすいといわれています。

一方、営業係は不正を実施している顧客から自分以外になんらかの連絡が入り、自分の不正が発覚することを極端におそれます。そのため、不正を犯している顧客への訪問頻度が多くなったり、実際には不正を犯している顧客を訪問しているのに、記録上は訪問していないことにした

り、連絡先として会社の固定電話の番号ではなく自分の私用の携帯電話に連絡するようにいっていたりします。

また、不正を犯している顧客の話題に触れることを極端に避けたり、逆に饒舌になったりするといわれています。

2 過去の事例における兆候

過去の不祥事件をみると、上記以外の兆候としては、以下のようなことがあげられます。
① 顧客からの預り物件の管理がルーズ。
② 顧客からの苦情が多い。
③ 過去に代筆等の重大なルール違反を犯し、同様のルール違反を繰り返している。
④ 急に当初予定にない顧客を訪問することが多い。

こうした点に留意していただきたいと思います。

(宇佐美豊)

Q78 横領事件（不正）を行っている融資担当職員の行動特性

設問

横領事件（不正）を行っている融資担当職員の行動特性、兆候等何か特徴的な点はあるでしょうか。

ポイント　融資担当職員（以下「融資係」といいます）は、基本的には、支店内にいることが多く、牽制をかけることは営業係と違い十分可能です。また、営業係と同様に特定の顧客に対して集中的に不正を犯す傾向にあるようです。日々の言動や特定顧客への頻繁な訪問、顧客から苦情等に対して敏感になるといった特徴があるといわれています。

1　融資係における行動の特徴

　融資係が不祥事件（不正）を起こした事例は過去あまりありませんでした。それは、融資のプロセスがはっきりしている、具体的には、その融資金が口座に入金されるため、現金を直接取り扱うことがないこと、融資実行に際しては複数の目があることなどが理由としてあげられます。
　では、こうした融資係が不正を犯すとどういった兆候が表れるでしょうか。
　先のQ77で述べたのと同じように、騙した顧客から自分の不正が発覚

するのではないかとの思いから、特定の顧客との連絡が頻繁になります。場合によっては、その騙した顧客のところに融資実行後も訪問するといった傾向があるようです。

また、新規の融資実行する顧客について、できるだけ上司や支店長に会わせることなく自分だけが金融機関の窓口になろうとする傾向があります。

2 過去の事例における兆候

以下に、過去の融資係が引き起こした不祥事件からその特徴・兆候を述べてみたいと思います。

① 頻繁に外出する。特にクレジットカードの利用額が引き落とされる日やその前の日に外出したがる。
② 解約依頼のあったカードローンカードを1人で解約処理をしたがる。
③ 職員の親族、友人等の（カード）ローンの申込みがやたら多く、こうした申込みについて、始めから終わりまで自分で処理しようとする。

なお、最近は融資係が架空の手数料をでっち上げ、顧客から騙し取るといった事例も多く、その点留意する必要があります。

もう1点、まれなケースですが、融資係が外部の人間と共謀して、融資金や住宅ローン等のお金を騙し取るといったケースも報道されています。

(宇佐美豊)

Q79 横領事件(不正)を行っている窓口・預金・為替担当職員の行動特性

設問

横領事件(不正)を行っている窓口・預金・為替担当職員の行動特性、兆候等何か特徴的な点はあるでしょうか。

ポイント 過去の不祥事件をみると窓口・預金・為替担当職員が不祥事件(不正)を起こした事例はあまり見受けられません。行動特性・兆候としては、書類や盗んだ現金を隠すため、頻繁にバックヤードや更衣室に行くといったことがあげられます。また、盗んだお金をストレス発散に使っている場合、特に女性においては、服装の趣味や化粧の仕方が変わる場合があります。

1 内部係における行動の特徴

　窓口・預金・為替担当職員(以下「内部係」といいます)が起こす不祥事件は、地方税等の全納分を分納に勝手に変更し、顧客が持参した全納分の現金と分納分の差額を詐取するという手口で、ほぼ毎年こうした不祥事件は発生しています。

　それ以外に、内部係が意図的なオペレーションで不正を働くといった事案は過去、数多くはありません(営業係が端末を勝手にオペレーションして不正を行ったり、内部係は不正とは知らずオペレーションさせられたりした事例はあります)。

したがって、騙し取った書類等をだれにも知られないように自宅等に持ち帰る必要があります。不正を実行した者としては、できるだけこうした書類を早く隠したいと思うため更衣室に行こうという衝動に駆られます。また、隠した後も何か検査でばれないかと頻繁に更衣室に行く傾向にあります。

2 過去の事例における兆候

また、先にも述べましたが「身分不相応の生活」に係る顕著例が、内部係、特に女性においてみられます。

過去の事例では、不正に手を染めてから、

① 私服の趣味が変わった（地味な服装から原色を含む派手な服を着るようになった、明らかにブランド品とわかる服を着てくるようになった）
② 髪型、化粧の仕方、香水等が変わった（化粧の仕方が変わった、化粧が濃くなった（薄くなった）、香水が変わって匂いが強くなった、髪型・髪の色が変化した、等）
③ 業務時間中、従前より明らかに眠そうにしていたり、ミスの発生頻度が多くなったりしている
④ 終業時間と同時に帰るようになった、やたら終業時間にこだわるようになった

といった兆候がみられたといわれています。

男性の上司の方の場合には、こうした点にもハラスメントにならないように十分に留意していただくとともに、関心をもっていただければと思います。

（宇佐美豊）

Q80 横領事件(不正)を行っている支店長・管理職職員の行動特性

設問

横領事件（不正）を行っている支店長・管理職職員の行動特性、兆候等何か特徴的な点はあるでしょうか。

ポイント 支店長や管理職は、管理する側であり、どういった点に注意すれば自分の不正が発覚しないかを心得ているため、特徴・兆候は見出しにくい傾向にあります。あえて見出そうとすれば、横領事件（不正）を行っている職員の行動特性一般と変わりなく、営業係、融資係、内部係における兆候を参考としていただければと思います。

1 管理職における行動の特徴

支店長、管理職（以下「管理職」といいます）の不正の兆候は非常に発見しにくいです。職員も顧客もその言動を信じてしまうため、牽制が働かず、結果、被害が大きくなる事例も少なくありません。

また、管理職はどういった点を注意すれば、不正が発覚しないかわかっているため、たとえば、チェック項目に該当するような行動や言動はとりません。

したがって、管理職の不正の特有の兆候を見出すことはなかなかむずかしいと思います。あえていえば、管理職とはいえ、人間です。横領事

件（不正）を行っている職員の行動特性一般と変わりなく（**Q76**参照）、営業係（**Q77**参照）、融資係（**Q78**参照）、内部係（**Q79**参照）における兆候を発することも十分に考えられます。

2 内部通報制度の周知徹底

　問題は、管理職においてこうした兆候を発見した場合にどこに報告すべきかを全職員に周知徹底しておくことです。特に、支店長について、その不正の兆候を発見した場合、支店長にいうわけにいきません。発見した職員の立場からいえば「仮にその他の管理職にいったとしても支店長の部下なので握りつぶされてしまうかもしれない」との思いを抱くこともあるでしょう。

　こうした点からも、内部通報制度について正職員に限らず、派遣・契約社員、パートタイマーにも周知徹底することが必要だと思います。

（宇佐美豊）

Q81 横領事件(不正)を行っている本部職員の行動特性

設問

横領事件（不正）を行っている本部職員の行動特性、兆候等何か特徴的な点はあるでしょうか。

ポイント

本部職員の不祥事件の特徴としては、その所管部門との関係が深い会社の人間と共謀して不祥事件（不正）を起こしている事例が多いことがあげられます。外部業者との接触頻度が多い、外部へのメールを頻繁に送受信している、離席の時間が多いこととあわせて、離席中に携帯電話で話をしていることが多いなどの兆候を見出すことができます。

1 本部職員による過去の不祥事件

　本部は、支店と異なり人員・組織の規模が大きく、また、専門性も高いのが特徴です。また、支店とは異なり、地域が限定されることもありません。一方、支店とは異なり相応の内部統制システムが働いています。こうしたことから、本部職員による不祥事件は過去、事例があまり多くないのも事実です。

　しかし、数は少ないとはいえ不祥事件（不正）が発生しています。以下、本部における不祥事件をみてみると、

① 外部の人間との共謀による融資金、住宅ローン詐欺事件

② システム部門の職員が出入りのベンダーと共謀した詐欺事件
③ 総務部門の職員が金券を架空発注し、換金していた事件

などがあげられます。

2 本部職員における行動の特徴

　では、こうした不祥事件（不正）を起こした本部職員に何か兆候や特徴はあるのでしょうか。

　本部職員の特徴として、金融機関以外の会社や組織との接触があげられます。こうした外部の組織との取引等において、不正行為が行われることが典型的な例です。したがって、なんらかの連絡を外部とする必要性があります。具体的には、携帯電話やメールによることが多いでしょう。こうした場合、自席で携帯電話を使用したり、就業時間中にメールを打ったりすることはなかなかむずかしいことですし、疑われてしまいます。そのため、自席から離れ、だれもいない場所に移動する必要があり、結果、在席している時間が短いといった特徴をみることができます。

　また、必要以上に外出したがる、あるいは、大した用事でもないのに出張したがるといった傾向もみることができます。

　別の特徴として、通常の出勤日では人目もあり、不正工作がなかなか行いにくいため、必要以上に土日出勤をしたがる傾向もあります。

　本部において重要なことはそれぞれの部署、部門において１人の担当者しかわからないブラックボックス的な業務をつくらないことです。ブラックボックス化が進行するとその担当者の意見にだれも牽制をかけることができず、その点から不正が発生するといわれています。

「本部の職員だから大丈夫」ではなく、支店等と同じように適切な牽制機能を発揮する必要があります。

（宇佐美豊）

Q82 不祥事件の早期発見

設問

管理職として、不祥事件を早期発見する能力をどうすれば高められますか。

ポイント 不祥事件を早期発見する能力を高めるためには、**Q75**で解説した「兆候」への認識を向上させるとともに、**Q74**で取り上げた「懐疑心」を保持して兆候を察知する感度を高める必要があります。金融機関の管理職としては、①自らの職務における不祥事件のリスクを特定すること、②業務処理ルール等の「あるべき姿」に精通すること、③不祥事件の発生が「あるべき姿」に及ぼす影響を理解すること、④部下の仕事を常に厳正にチェックし、疑問点を納得いくまで確認することの4つのポイントを押さえることが大切です。

いうまでもなく、不祥事件は「完全に未然防止してゼロにすること」が理想です。しかし、人と人のかかわりによって展開されるビジネスの世界において、ミスや不正を根絶するのは不可能といわざるをえません。そこで、未然防止の対応を徹底しつつ、防ぎきれない不祥事件を早期に発見して、ステークホルダーに生じる損失を最小限に抑える取組みも強化する必要があります。

管理職として不祥事件を早期発見する能力を高めるためには、①不祥事件の「兆候」に対する認識を深める（**Q75**参照）とともに、②健全な「懐疑心」（**Q74**参照）を保持して不祥事件の兆候を察知する感度を高め

ることが求められます。これら2つの能力について具体的に説明します。

 不祥事件の兆候への認識向上

　不祥事件の兆候とは「不祥事件が発生する可能性が高い状況」または「不祥事件がすでに発生したことをうかがわせる状況」を意味します。前者の状況を的確に察知して対応すれば、基本的に不祥事件を未然防止することができます。残念ながらそれを察知できずに不祥事件の発生を許してしまった場合には、後者の状況をいち早く察知して是正措置を講じなければなりません。不祥事件を早期発見するためには、どのような場合にどのような兆候が生じるのかについての認識を高める必要があります。そのためのポイントは、以下のとおりです。

(1) 自らの職務における不祥事件のリスクを特定する

　リスクの特定とは「組織に内在するリスクおよびそれらが顕在化する原因を洗い出し、具体的に記述すること」です（ISO 31000における定義、**Q 9**参照）。金融機関の管理職が不祥事件の兆候への感度を向上させるための第一歩は、各業法における不祥事件の定義に基づいて、自分が管理する業務ではどのような不祥事件がどのような原因で発生する可能性があるかをできる限り具体的に把握することです。

　預金等受入金融機関の渉外業務を例にとると「具体的な記述」は、以下のようになるでしょう。

・ギャンブルによる借金の返済に行き詰まった渉外担当者が、顧客の自宅を1人で訪問し、預金作成用に預かった現金を着服する。顧客に現

金の受取証は発行せず、後日他の顧客から集金した現金を流用して穴埋めする。
・集金を終えて車で帰店途中の渉外担当者が、コンビニエンスストアに立ち寄る。「ほんの1、2分」と考えて現金の入った鞄を車内に置いたまま車を離れたところ、うっかりして鍵をかけ忘れ、車上荒らしに遭って現金150万円を盗まれる。

その他、出納業務においては現金の違算や金庫内現金の着服、窓口業務であれば誤払いや税金等納付金の着服、融資業務であれば浮貸しやカードローン架空契約などがリスクとして想定されるでしょう。起こりうる事象を5W2Hの観点から詳細に記述することにより、不祥事件のリスクへの認識を高め、対応を強化することができます。原因の分析に関しては、**Q4**および**Q5**を参照してください。

(2) 「あるべき姿」に対する認識を深める

ここでいう「あるべき姿」とは、まず、業務においてするべきこと、してはならないことを定めたルール全般（就業規則、事務取扱手続、各種業務に関する規程やマニュアルなど）を指します。事務ミスか不正かを問わず、不祥事件はなんらかのルール違反が見過ごされることにより発生するといえるでしょう。したがって、内部管理態勢を司る管理職がだれよりも業務関連ルールに精通すれば、ルール違反を見逃さずに指摘・是正できるようになり、不祥事件の兆候への感度を高めることにつながります。

業務関連ルールに加えて、部下の本来の性格や普段の表情、声のトーン、身だしなみ、行動パターンなども「あるべき姿」として認識を深めておくことが重要です。なぜならば、ミスや不正を犯し、それを隠そうとする部下には、普段とは異なる言動が目立つようになり、それが不祥

事件発生の兆候となるからです。

(3) 不祥事件の発生が「あるべき姿」に及ぼす影響を理解する

これは、主として横領などの不正による不祥事件の早期発見にかかわりますが、**Q75**の1(2)に例示したとおり、不正が実行されると必ずなんらかの異常すなわち「あるべき姿」からの逸脱が生じます。そのため、特定した不祥事件のリスクが顕在化した場合に生じる異常についての理解を深めておけば、兆候を察知する力が高まります。

「あるべき姿」から逸脱は、以下の4つの観点から検討すると整理しやすいでしょう。

① **データ**：取引の日付・金額・頻度・取扱者・承認者などの記録、入退室記録、システムへのアクセス記録など
② **文書**：筆跡、訂正、原本の有無など
③ **内部統制（内部管理態勢）**：コンプライアンス意識、職務分掌や相互牽制、職場離脱、長期滞留、情報と伝達（コミュニケーション）、自店検査や内部監査（モニタリング）などの徹底状況
④ **人の言動**：表情・声の調子・服装などの変化、出退勤の状況（遅刻・欠勤・時間外勤務・直行・直帰）、そわそわした態度、ひそひそ話、特定の顧客との親密さ、不自然な行動（転勤後も前任店の顧客に連絡しているなど）

2 健全な懐疑心の保持による兆候への感度向上

不祥事件の兆候に対する認識を深めても、チェックが甘ければ実際に

生じている兆候は察知できません。そこで求められるのが健全な懐疑心の保持です。懐疑心とは「相手の発言内容や文書の記載内容を鵜呑みにせず、ミスや不正の可能性に注意しながら納得できるまで確認する心構え」をいいます。管理職としてそのような心構えを保持するためには、以下の点に留意する必要があるでしょう。

(1) 相手の誠実性や文書の真正性について予断をもたない

過去の経験から「この部下は信用できる」と考えても、それによって部下の発言内容や部下が作成した書類のチェックを緩めてはなりません。上司として、できる部下には「全幅の信頼」を置きたくなるかもしれませんが、不祥事件を防止・発見する観点からは危険な考え方です。「私の部下に限って……」と思い込んでしまうと、リスク感覚を鈍らせてしまいます。Q7において説明した「本来の性善説による管理」を実践するためにも、誠実性や真正性について予断をもたずにチェックする姿勢は非常に重要です。

(2) 内容に疑問点がないかを冷静に見極める

予断をもたずに内容を精査することができる上司は、過去の報告内容との矛盾などの疑問点に気づきやすくなるでしょう。たとえば、朝のミーティングにおいて集金に行くと報告していた渉外担当者が、戻ってきても現金の受取証を検印に回してこない場合、目敏い上司は「集金に行くといっていた」のに「集金した記録が出てこない」という矛盾に気づくことができます。一方、漫然と部下に任せている上司はそのような矛盾を見過ごしてしまうかもしれません。

⑶ **少しでも疑問に感じる点があれば、納得できるまで確認する**

懐疑心を保持して疑問点を浮き彫りにできたとしても、それを見過ごしてしまっては意味がありません。本人や関係者への質問、関連文書の精査等により疑問点の解消に努め、解消されない場合は、不正という最悪の事態を想定して慎重に調査を進める粘り強さが、管理職には求められます。

上記の例でいえば、上司は、矛盾に気づいたらすぐに「○○さん、集金に行ったんだよね。受取証は？」と問いただし、納得のいく説明を求めなければなりません。部下の説明に少しでも疑義があれば、集金（に行ったとされる）先に電話をかけて、実態を確認するなどの徹底した対応も必要です。

（甘粕　潔）

Q83 内部通報制度の活用

設問

内部通報制度は不祥事件の早期発見に有効でしょうか。内部通報制度の実効性を高めるための要点は何でしょうか。

ポイント

公認不正検査士協会（ACFE）の調査によれば、横領等の内部不正の約2割は、従業員からの内部通報をきっかけに発覚しています。したがって、内部通報制度を整備し適切に運用することは、不祥事件の早期発見・是正に有効だといえるでしょう。ただし、制度を導入しても、利用者からの信頼を得られなければ形骸化してしまいます。内部通報制度の実効性を高めるためには、経営トップが通報制度の価値を本気で認め、通報先や通報手段を整備してその利用方法を周知するとともに、通報者保護や対応結果のフィードバックを徹底することにより、利用者からの信頼を得ることが不可欠です。

1 不正発見に有効な内部通報制度

Q73で解説したとおり、公認不正検査士協会（ACFE）が2年ごとに実施している不正の国際動向調査によれば、調査対象となった内部不正（横領、汚職、粉飾決算など）2,410件のうち485件（約2割）が従業員からの内部通報をきっかけに発覚しています。日本においても「リコール隠しや食品偽装など消費者の信頼を裏切る不祥事の多くが、事業者内部

からの通報を契機として明らかになった」(消費者庁「公益通報者保護制度の実効性の向上に関する検討会第1次報告書」(平成28年3月))ことをきっかけに公益通報者保護法が制定されました。

したがって、金融機関が内部通報制度を整備し適切に運用することは、不祥事件の早期発見に有効だといえるでしょう。しかし、日本の金融機関における横領事件の場合、お客さま（被害者）からの照会や苦情で発覚するケースが大半で、従業員からの内部通報によるものは多くありません。よって、現状の制度運用にはなんらかの課題があるともいえるかもしれません。

2 内部通報制度の課題

公益通報者保護法を所管する消費者庁は、日本企業の内部通報制度に関するさまざまな報告書を公表しており、参考になります。それらの報告書から、内部通報制度の実効性を高めるための課題を探ってみましょう。

(1) 通報を受け付ける企業側の課題

消費者庁が平成27年6月に公表した「平成24年度民間事業者における通報処理制度の実態調査報告書」（上場・非上場あわせて3,624社が回答）には、内部通報制度を導入している企業が感じている「制度運用上の課題や実務上の負担」が示されています。上位10項目（複数回答）は表1のとおりです。

まず、①については、通報として受け付ける範囲についての課題です。通報制度を活性化するためには「不満や悩み」を含めて幅広く受け

表1　内部通報制度運用上の課題や実務上の負担

運用上の課題・実務上の負担	割合（％）
①通報というより不満や悩みの窓口となっている	41.4
②本当に保護されるのか、従業員に不安がある	29.7
③不利益な取扱いを受けた事実の確認がむずかしい	20.7
④保護すべき通報かどうかの判断がむずかしい	17.0
⑤社内風土から、通報への心理的な圧迫感がある	14.5
⑥制度の周知が進まない	13.7
⑦通報者の個人情報の保護がむずかしい	13.0
⑧人手不足	7.7
⑨通報があっても上層部の問題には対処できない	4.8
⑩金銭的負担が大きい	0.7

付けるのが理想ですが、⑧のような課題を抱えた企業の担当者は「うちはお悩み相談室じゃない」と思ってしまうかもしれません。

　次に、②、③、④、⑦は通報者保護に関する課題です。これは通報を受け付ける側はもちろん、通報制度を利用する側にとっても切実な問題です。⑤のような風土の会社においては、通報者保護の問題はさらに深刻になるでしょう。

　⑥および⑩については、経営者がどれだけ本気で内部通報制度を重視し、制度の充実に配慮するかどうかにかかっています。

　⑨への対処として、最近では第三者委員会に調査を委ねて経営トップの不正を徹底的に解明しようという動きが強まっていますが、第三者委員会の独立性にも課題はあります。

(2)　通報制度を利用する従業員の心理

　従業員が「当社の内部通報制度は安心して利用できる」と思えれば、

制度の実効性は高まるといえるでしょう。では、利用者側である従業員は内部通報制度をどのようにとらえているのでしょうか。この点についても、消費者庁は「平成24年度公益通報者保護制度に関する労働者向けインターネット調査報告書」(有効回答数3,000人)を公表しており、その内容から表2のような課題がみえてきます。

表2で「通報する」との回答が全体の約半数(52.8%)にとどまっているという点は、重視する必要があります。匿名で通報する理由としては「実名による通報には何となく不安がある」「不利益な取扱いを受けるおそれがある」が上位を占めており、これは、受け付ける側の課題②、③と合致します。

表2で「通報しない」とした回答者(47.2%)が感じている懸念も「不利益な取扱いを受けるおそれ」がトップです(表3参照)。③も不利

表2　労務提供先で法令違反行為等が行われていると知った場合に通報するか

①通報する、原則として通報する(実名)	15.3%
②通報する、原則として通報する(匿名)	37.5%
③通報しない、原則として通報しない	47.2%

表3　通報しない理由は何か(複数回答)

①(労務提供先に知れると)解雇や不利益な取扱いを受けるおそれがある	34.4%
②通報しても改善される見込みがない	22.3%
③(上司や同僚等に知れると)職場内でいやがらせ等を受けるおそれがある	21.1%
④通報したことによって労務提供先の業績の悪化や倒産を招き、自分も職を失ってしまう	19.6%
⑤公益通報者保護法で保護される通報か自信がない	18.6%

益扱いに含めることができるでしょう。

②のように感じている人が多いというのは、会社の通報対応が信用されていない証拠です。過去に一度でも不適切な対応をすると、そのうわさが社内に一気に広まり、通報制度の実効性に致命的な悪影響を及ぼすこともあります。

④のように感じてしまう心理はわからなくはないですが、通報をせずに不祥事の発覚が遅れると、会社にとっても社員にとってもより深刻な事態を招くということは、過去の不祥事が証明しています。⑤については、制度の趣旨や内容の周知徹底不足がもたらす問題であるといえます。

通報する先はどこかを尋ねたものが表4、労務提供先に通報しない理由を尋ねたのが表5となります。企業としては、まず社内（労務提供先）

表4　通報する場合、どこにするか

労務提供先（上司を含む）	52.7%
行政機関	41.9%
その他外部（報道機関等）	5.4%

表5　労務提供先に通報しない理由は何か（複数回答）

①労務提供先から解雇や不利益な取扱いを受けるおそれがある	43.3%
②通報しても十分に対応してくれないと思う（過去通報したが十分に対応してくれなかった）	42.6%
③通報を受け付ける窓口がない	29.1%
④通報したことが職場内に知れた場合、いやがらせ等を受けるおそれがある	27.2%
⑤その他外部（報道機関等）に通報したほうが多くの人に関心をもってもらえる	8.4%

に通報してもらえるのがベストですが、表2とあわせて考えると、その割合は全体の3割弱（52.8％×52.7％）にとどまっています。労務提供先に通報しない理由は、表3に示した「通報しない理由」と類似しています。

3 内部通報制度の実効性を高めるために

　平成28年3月、消費者庁は「公益通報者保護制度の実効性の向上に関する検討会第1次報告書」と題する有識者会議の検討結果を公表しました。同報告書の着眼点を参考に、通報者が安心して利用できる制度づくりのポイントをまとめてみましょう。

(1)　経営トップの本気度

　これは、内部通報制度の実効性を高める基盤です。経営トップが「通報制度は組織に波風を立てる厄介なもの」と考えている限り、どんなに形式を整えても従業員に本心を見透かされ、通報しても無駄と思われてしまうでしょう。「通報は会社を救うありがたいもの」と考えて、誠実な通報を歓迎する組織風土を本気で醸成しなければなりません。

(2)　通報者保護の徹底

　上記のアンケート結果からもわかるとおり、内部通報制度の主な課題はここにあります。①匿名性および通報の秘密の確保、②通報者に対する不利益扱いの禁止、③禁止行為に及んだ者の厳正な処分などに関する方針を明文化し、その運用を徹底する必要があります。また、有識者会議の報告書はリニエンシー制度（不適切行為への関与者が自ら通報した場

合に処罰を減免する制度）も検討に値するとしています。

(3) 制度の趣旨の周知徹底と従業員の意識向上

周知徹底すべき事項には、①通報受付の対象事項（法令違反に限定せず、相談・苦情などを広く受け付けるのが理想）、③通報の受付方法（窓口、受付時間、連絡方法など）、④通報者保護の具体策などがあります。

従業員の意識向上のポイントには、①従業員にはコンプライアンス違反等の問題を会社に通報する責任があること、②問題を見てみぬふりをするのはだれのためにもならないこと、③会社は誠実な通報者を保護する義務を果たすこと、③通報者に対する不利益扱いは重大な違反であり、厳正な処罰の対象となることなどがあります。

(4) 対応結果のフィードバック

受付後の進捗状況や最終的な対応結果を通報者に確実にフィードバックすることは、「通報しても十分に対応してくれないと思う」「通報しても改善される見込みがない」などの不信感を払しょくし、通報制度への信頼感を高めるために欠かせない取組みです。

(5) 通報受付担当者の育成と適切な処遇

通報者の保護や対応結果のフィードバックを適切に行えるかどうかは、通報制度の最前線で対応する受付担当者の能力にかかっています。したがって、担当者は可能な限り専任とし、必要なスキルを向上させるための教育訓練を充実させる必要があります。また、経営者が通報対応業務の重要性を十分に認識し、担当者を適切に処遇して、モチベーションの維持向上を図ることも大切です。

（甘粕　潔）

Q84 苦情対応と不正の早期発見

設問

不正の早期発見という観点から、お客さまの苦情にどう対応すればいいでしょうか。

ポイント 預金等受入金融機関において発生した横領事件の大半は、お客さま（被害者）からの苦情や照会をきっかけに発覚しています。金融機関がお客さまからの苦情を不正の早期発見に活かすためには、①苦情に応対する営業店職員、顧客サポート部署やコールセンターの担当者が、不正リスクへの感度を向上させること、②お客さまから寄せられる苦情に対応するだけでなく、金融機関から積極的にリスク情報を収集すること、③収集したリスク情報を一元管理する体制を構築し、苦情への対応ルールを明確化することなどがポイントとなります。

1 不正リスク情報としてのお客さまからの苦情

Q73でも解説しましたが、以下の例にあるように、預金等受入金融機関における横領事件の大半が、お客さまやその親族の方から、取引に不審な点があるとの問合せ・苦情を受けたことがきっかけとなって発覚しています。

・お客さまから「定期預金証書を受け取るまでに相当日数がかかった」との苦情があり、支店で取引状況を確認したところ、預金作成用現金

の預り証が発行されていないことが判明した。調査の結果、渉外担当者が預金を作成せずに現金を着服していたことが判明した。
・お客さまの1人が、カードローン返済資金を渉外担当者に預けた後も借入利息が発生していたため不審に思い、金融機関に問い合わせたところ、担当者が集金した返済資金を不正に流用していることが判明した。
・火災保険を契約したお客さまから保険料についての照会があり、調べた結果、担当者が火災保険料（現金）を過剰に受理し、差額を着服していた事実が判明した。
・お客さまの親族が、普通預金通帳にお客さまが行った覚えのない入出金が記帳されていると支店に相談した結果、担当者による不正な引出しの事実が判明した。
・定期預金の解約に来店したお客さまから、身に覚えのない貸越契約があるとの苦情が寄せられたことをきっかけに、担当者による不正が判明した。
・他の横領事件の新聞記事を読んで心配になったお客さま（被害者）が取引店を訪問し、自分の預金残高を照会した結果、預金残高の不一致が発覚した。

したがって、金融機関としては、お客さまからの苦情に受動的に対応するだけでなく、お客さまとの接点を積極的に拡大してリスク情報を収集できるような態勢を整備することにより、サービス改善のみならず不正の早期発見にもつなげることが可能となります。

2 不正リスク対応の観点からの苦情対応のあり方

　金融機関がお客さまからの苦情を不正の早期発見に活かすためには、具体的にどのような取組みを強化すべきでしょうか。①苦情に応対する職員が不正リスクへの感度を向上させること、②お客さまとの接点を拡大させて積極的に情報を収集すること、③収集した情報を一元管理し、苦情への対応ルールを明確化することの３点に絞って解説します。

(1)　苦情応対者の感度向上

　営業店でお客さまと直接やりとりする職員、「お客さま相談室」など顧客サポート統括部署の担当者、コールセンターのオペレーターなど、お客さまから苦情を最初に受ける可能性がある職員が、お客さまの声を傾聴する能力、お客さまのご要望を汲み取ってサービス改善につなげる能力に加えて、不正リスクに対する認識・感度を高めることが何よりもまず必要です。なぜならば、そのようなリスク感度を備えていなければ、苦情に潜んだ不正の兆候に気づくことができず、発覚のきっかけを見過ごしてしまうからです。

　職員のリスク感度を高めるためには、対応マニュアルの作成や継続的な研修などにより「不正のトライアングル」を参考にした不正の発生原因（**Q5**参照）、不正発覚のきっかけ（**Q73**参照）、不正の兆候（**Q75**参照）などについて基本的な知識の底上げを図るとともに、金融機関における過去の不正事例を活用して、具体的にどのような内容の苦情からどのような手口の不正が発覚したのかについての認識を向上させることが大切です。

(2) 顧客接点の拡大と積極的な情報収集

職員がリスク感度を向上させることとあわせて、対面、電話、電子メール、ソーシャルメディアなどのあらゆるチャネルを通じて顧客との接点を拡大し、積極的に苦情を吸い上げる機会を創出することも必要です。「積極的に」とは、顧客から寄せられる苦情に受動的に対応するだけでなく、①金融機関側から顧客に「取引について疑問点や不満があれば遠慮なく知らせてほしい」と伝えて連絡先を周知する、②職員が顧客に能動的に連絡をして要望や苦情を聴き出すなどの取組みを指します。たとえば、以下のような取組みが該当します。

・インターネットのホームページやお客さま宛てのダイレクトメール、職員の名刺の裏側などに「職員が店舗外でお客さまから現金、通帳、払戻請求書等をお預かりする際には、必ず金融機関所定の「預り証」を発行します」ということを周知し、不審な点があれば取引店や顧客サポート部署に連絡してもらうよう依頼する。
・預貯金作成や投信・保険の成約、融資契約締結などのタイミングで、管理職（担当者の上司）がお客さまに電話をかけて取引の御礼を述べるとともに、取引明細を伝えること（いわゆる「お礼電話」）により、担当者による不適切行為の有無をチェックする。

(3) 情報の一元管理と対応ルールの明確化

不正リスクへの感度を備えた職員が、お客さまからの積極的な情報収集を通じて、「何かおかしい」「ルールから逸脱している」などの不正の兆候を察知しても、その情報が組織としてのリスク対応に活かされなければ、宝の持ち腐れになってしまいます。そこで、お客さまの苦情から不正の兆候を察知した職員は、その内容を迅速かつ正確に所管部に伝達

し、所管部では情報を一元管理しながら、不正発生の有無、事実関係を慎重に調査しなければなりません。不正リスク情報は機密性が高い内容ですから、エスカレーションルール、機密保持対応（情報取扱者の限定など）を明記した規程やマニュアルを整備し、適切に運用することが不可欠です。

（甘粕　潔）

Q85 管理帳票等による不祥事件の早期発見

設問

管理帳票等のチェックを不正の早期発見に活かすためにはどのような点に留意すべきでしょうか。

ポイント　不正を早期発見する能力は、①起こりうる不正の手口を特定する能力、②特定した不正が行われた場合に生じる異常に対する感度を向上させることにより高めることができます。管理帳票等のチェックを不正の早期発見に活かすためには、特定した不正が発生した場合に生じる異常が、管理帳票等にどのようなかたちで表れるかを認識し、その兆候を見逃さずに不正の有無を確認できるようにすることが必要です。不正リスクの所管部署が、定期的な不正リスク評価に基づいて管理帳票をアレンジし、営業店における自店検査の支援ツールとして配布するような取組みを徹底できれば理想的です。

1　管理帳票の不正対策への活用

　Q82で解説したとおり、不正を早期発見し適切に対応する能力を高めるためには、①自らの職務における不祥事件のリスクを特定すること、②業務処理ルール等の「あるべき姿」に精通すること、③不祥事件の発生が「あるべき姿」に及ぼす影響を理解すること、④部下の仕事を常に厳正にチェックし、疑問点を納得いくまで確認することの４つに留意す

る必要があります。管理帳票は、①～③の能力を備えた管理職が活用すれば、④のチェックや確認を効果的かつ効率的に実施するための支援ツールとなりえます。

　通常、定期預金の満期や大口解約のデータを示した一覧表は、預金の解約防止や解約資金のトレース、預金取引推進のために活用されることが多いですが、一覧表に記載された解約データが職員による不正解約によるものではないか、という視点でチェックすることも必要です。そのほかにも、出金伝票や改印届、渉外担当者や窓口担当者が発行する預り証などは横領の実行や隠蔽に悪用される可能性が高く、それらの帳票の記載内容や筆跡などに異常値（不正の兆候）が表れることがあるでしょう。

　管理職は、自らが管理する業務において起こりうる不正をできる限り特定し、不正の実行、隠蔽により生じるルールからの逸脱が、管理帳票上にどのような異常値となって表れるかに対する認識を深めることによって、管理帳票を不正の早期発見に活用することができます。

2 起こりうる不正の手口と不正が管理帳票上のデータに及ぼす影響

　以下に、預金等受入金融機関の営業店において起こりうる主な不正の手口と管理帳票等のチェックのポイントを例示します。なお、**Q73**で示したとおり、お客さまからの問合せや苦情が不正発覚のきっかけとなる場合が多いことから、管理帳票等のチェックにもお客さまの目を活用することは非常に有効です。

① 「定期積金作成用の現金を集金した担当者が、現金を入金せずに着服する」手口による不正の早期発見

- 定期積金の証書に記載された掛け金の収納日付・金額とオンラインシステム上の収納明細とを定期的におよび抜打ちで照合する。
- 渉外係集金扱いの定期積金ご利用先に対して、定期的に取引内容の確認依頼を行う。具体的には、過去一定期間の積立記録一覧表を提示し、お客さまご本人の認識とズレがないかを確認していただく。

② 「満期が到来した定期預金を継続するために預金証書を預かり、実際にはお客さまに無断で解約して一時的に資金を流用する」手口による不正の早期発見
- 解約のための払戻請求書の筆跡と他の文書に記載されたお客さまの筆跡を比較する（または、担当者の筆跡に類似していないか確認する）。
- 定期預金の大口解約一覧表の明細に基づいて、解約先に連絡をとり、お客さまの認識どおりかどうかをチェックする。

③ 「担当者が顧客から預かった届出印を悪用して改印処理をし、預金から不正に出金する」手口による不正の早期発見
- 改印届の筆跡をお客さまの筆跡および担当者の筆跡と比較する。
- 管理役職者がお客さまに連絡し、たしかに改印届を出したかどうかをチェックする。

④ 「税金の全納処理をした窓口担当者が、お客さまに無断で分納扱いにし、差額を着服する」手口による不正の早期発見
- 当日に処理した納付書の抜打ちチェックを行う。無作為に抽出した納付者に連絡をして分納で間違いがないかどうかを確認する。

⑤ 防犯ビデオによるチェック：帳票ではありませんが、店内に設置された防犯ビデオの画像データを閲覧し、以下のような事務処理を行う職員に異常な動きがないかどうかをチェックすることも、不正の早期発見につながります。

- 金庫内の出納担当者、役職者による現金の取扱い
- 窓口担当者による税金収納事務
- ATMトラブルへの対応、ATM内現金在高精査、紙幣充填

⑥ 不正リスク所管部署による取組みの必要性

　なお、これらの取組みは、営業店の管理職の裁量に委ねるのではなく、不正リスク所管部署の主導により継続的に強化するのが理想的です。所管部署が不正リスクの洗い出しと評価を定期的に行い、リスクの高い不正行為の兆候を早期発見するために有効な切り口で管理帳票をアレンジできれば、営業店における日常の検印業務や自店検査の実施を強力に支援するツールとなるでしょう。

（甘粕　潔）

Q86 自店検査による不祥事件の早期発見

設問

自店検査を不祥事件の早期発見に活かすためにはどのような点に留意すべきでしょうか。

ポイント 自店検査の効果を高め、不祥事件の早期発見に活かすためには、自店検査は「自分たちの仕事を効率的に進めるために必要不可欠なもの」という前向きな意識で取り組める風土づくりが不可欠です。そのうえで、自店検査実施者の固定化を防いだり、チェックリストの書式を工夫したりして形骸化を防止するとともに、不正リスクを適切に評価して検査項目や検査方法に反映させることが必要です。

1 自店検査の概要

　自店検査は、その名のとおり自店における事務処理等の適切性を自らモニタリングする活動です。Q10で解説した内部統制の定義によれば、モニタリングは内部統制の基本的要素の1つであり、①業務に組み込まれて行われる日常的モニタリングと、②業務から独立した視点から実施される独立的評価に分けられます。自店検査は、日常的モニタリングの中核となる重要な活動です。

　日常的、定例的に行う活動は重要な取組みである一方で、慣れによる形骸化が起こりやすくなります。自店検査を実施する者および検査を受

ける者がその重要性を十分に認識し、チェックリストの空欄を形式的に埋める作業に終始しないようにしなければなりません。

　また、不祥事件のなかでも横領等の不正行為は、事故者による隠蔽工作を伴う場合が多く、発見は容易ではありません。したがって、自店における不正リスクを評価したうえで検査項目や検査方法に反映させるとともに、検査実施者の不正リスクへの感度を高めるための継続的な取組みも必要となります。

　上記をふまえ、自店検査を不祥事件の早期発見に活かすためのポイントを、①自店検査に前向きに取り組む組織風土の醸成、②形骸化の防止、③不正リスクへの適切な対応、という3つの観点から解説します。

2　自店検査に前向きに取り組む組織風土の醸成

　自店検査の効果を高めるためには、自店検査を実施する側と受ける側の双方が、その目的を十分に理解したうえで「自分たちの仕事を効率的に進めるために必要不可欠なもの」という前向きな意識で取り組めるような環境づくりを進めなければなりません。前向きな取組姿勢を強化するためには、「しっかりやれ」というだけでなく、「しっかりやったか」どうかを所管部署が評価し、店舗の成績評価に反映させることが欠かせません。それにより、自店検査に対する現場のインセンティブを高めることができます。

　自店検査の評価にあたり「不適切項目が少なければ評価を高くする」という基準を設けると、検査実施者が不適切だと思っても、評価を落とさないためにあえて「問題なし」としてしまう弊害が生じるリスクが高まります。問題を正直に申告し改善を図る姿勢を高く評価し、問題の見

過ごしや隠蔽はマイナス評価とするというスタンスを明確にすることで、検査実施者の誠実な取組みを促し、自店検査の実効性を高めることができるでしょう。

3 形骸化の防止

　自店検査の大敵は形骸化です。したがって、不祥事件の早期発見に活かすためには、以下のような工夫により形骸化を防ぎ、自店検査の実効性を高める必要があります。

(1) 検査対象業務の担当者・管理者以外の者が、客観的な目で検査を実施する

　自店検査は「別の人が視点を変えて」実施することが鉄則です。事務処理を行った本人がチェックするだけでは誤りを見過ごしやすくなりますし、ましてや、不正を行った本人にチェックを任せれば、隠蔽するのは目にみえています。

(2) 検査実施者を固定化しない

　「別の人が視点を変えて」行っても、同じ人が毎回自店検査を担当すると、慣れによる形骸化が生じます。また、業務担当者との間に徐々に馴れ合いの雰囲気が生じてチェックが甘くなる可能性もありますし、最悪は、検査実施者と業務担当者が結託して問題を隠蔽するおそれも生じます。そのようなリスクを未然に防ぐために、検査実施者を交代制にして固定化を防がなければなりません。

(3) チェックリストの書式を工夫する

チェックリスト方式は、多数の営業店が同じ項目に沿ってもれなくチェックすることを徹底するためには便利なツールです。しかし「○○はできているか」などの漠然とした項目に対して○×のチェックをするだけのリストで自店検査を行うと、具体的なチェック方法や○×の判断基準などが検査実施者任せになってしまいます。一方で、チェックリストの内容を詳細にしすぎると検査実施者の負担が増し、やらされ感が生じるおそれもあります。

したがって、どのような書式が最適かは一概にいえませんが、以下のような工夫は検討に値します。

・チェック方法のガイドを記載する（どの帳票のどのような点をチェックするか、どのような結果を重大視すべきかなど）。
・○（できている）、×（できていない）の二者択一にせず、チェックの結果を記述する形式とする（「不備はなかった」「○○もれが何件あった」など）。
・検査対象業務の担当者・管理者への改善指示の概要などを明記させる。

4 不正リスクへの適切な対応

横領などの不正行為は発覚を免れるための隠蔽工作を伴うため、ヒューマンエラーに比べて発見が困難です。自店検査を不正の早期発見に活かすためには、自店における不正リスクの適切な評価に基づいて以下のような対応を強化する必要があります。

(1) 不正リスクを評価し、自店検査プロセスに反映させる

所管部門主導により不正リスクを定期的に評価し、その結果に基づいて自店検査項目や実施方法を整備します。また、法令等の改正や業務内容の変更などのタイミングにおいても、適宜見直しが必要となります。

(2) 検査実施者が自店の不正リスクへの感度を高め、懐疑心を保持する

自店においてどのような不正が発生するリスクがあるかを理解していなければ、自店検査を不正の早期発見に活かすことはできません。継続的な教育により、自店検査を担当する職員の不正リスクへの感度を高める継続的な取組みが必要です。

たとえば、定例的な役職者会議において、他の金融機関で起きている横領事例を新聞報道などからまとめて共有し、①どのような立場にいる者が、②どのような手口で、③なぜ横領を犯したのか、④どのような経緯で発覚したのか、⑤自店では同じような不正は起きうるか、⑥起きうるとしたら、未然防止のための対応は十分に講じられているか、などを考える習慣をつけることで、役職者の不正リスクへの感度はおおいに高まり、自店検査を実施する際の着眼点も明確になるでしょう。

懐疑心の保持については、**Q74**を参照してください。

(3) 抜打ちの要素を適切に取り入れ、「予測不能性」「意外性」の高い検査を実施する

横領などの不正行為に及んでその発覚をおそれている者にとっては、自店検査がいつ、だれによって、どのように行われるか予測できれば、隠蔽工作が容易になります。したがって「予測しにくい」方法で自店検

査を実施すれば、不正を早期発見できる可能性が高まるでしょう。具体的には、以下のような工夫をすることが有効です。

・週次点検の曜日、月次点検の日付をランダムに選ぶ（監査部、コンプライアンス部等の所管部が、実施日をランダムに選定して営業店に指示を出すという、いわゆる「指示検査」も抜打ち検査の一種です）。
・検査項目や方法を毎回少しずつ変える。
・ATMなど自動機内の現金在高精査を行うタイミングを事前に知らせず、できる限り「全台一斉精査」を実施する。全台精査がむずかしい場合には、自動機ごとの精査の順番に法則性をもたせないようにする。
・当日突然に渉外担当者の訪問先に同行して、仕事ぶりをチェックする。
・予告なく職場離脱（スポット休暇の取得や研修受講）を指示し、該当者が不在の間にその者の業務内容を検査する。

上記のような点に留意して自店検査を徹底すれば、不正の早期発見に活かせることはもちろん、職員の心のなかに「不正は必ず発覚する」という意識を喚起して不正を抑止する効果も期待できるでしょう。

（甘粕　潔）

第3章 不祥事件発生・発覚時の対応

Q87 不祥事件発生時の初動対応（営業店）

設問

不祥事件の発生時には、営業店ではどのような初動対応が必要でしょうか。

ポイント 営業店において不祥事件が発生した場合や不正の兆候を掴んだ場合には、すみやかにその事実関係の確認を行わなければなりません。そして本部に対してその事実を正確に報告し、指示を仰ぐ必要があります。不祥事件の発生は営業店にとって店内に大きな動揺を与えるとともに作業負担等も発生します。そのため、支店長がリーダーシップを発揮することにより迅速な対応と、営業店全体としての対応が必要となります。

1 事実関係の確認の実施

不祥事件が発生した場合はすみやかに、その事実関係を確認する必要があります。事実確認においては、事故者に対して、応接室等を使用し必ず支店長や次席者等の複数名で対応し、その事実関係を確認しなければなりません。確認すべき事項は下記の事項です。

① 犯行の有無
② 共犯者・協力者の有無
③ 犯行の理由

④　対象先、金額
⑤　手法
⑥　余罪の有無とその内容

　確認した内容・顛末については、事実関係の確認後に、事故者に対して自筆で記載させたうえで、日時、署名、押印を行わせます。

　また、場合によっては、犯行自体を否認する可能性もあります。その場合は、伝票等の具体的な証拠を用いて、事故者に対して事実関係を確認することが必要です。

　なお、不祥事件はいろいろなきっかけによって発覚します（**Q73**を参照してください）。不祥事件は顧客からの申出により発覚する場合もあります。しかし、顧客からの申出にはいろいろなものがあり、その大部分が顧客の思い込みや思い違いによるものですが、そのなかには自分の金融機関の職員の不祥事件によるものがあります。その内容をよく確認しないと、場合によっては、不祥事件であることを見逃してしまう可能性もあります。そのため、常に不正の可能性を頭に置いて確認する必要があります。たとえば、高齢者の取引先から「覚えのない出金がある」といった問合せは日常よく発生していますが、それらのなかには職員の不正によるものが含まれている可能性もありえるということを頭に入れておく必要があります。

2　不祥事件の兆候を掴んだ場合

　上記1では不祥事件が発生した場合の対応について記載しましたが、実際の現場では、不祥事件であるとすぐに判明できることは少なく、職員による不祥事件かもしれないといった、不祥事件の兆候として認識す

ることのほうが多いと思われます。その場合は、いろいろな可能性を検討のうえ、事実確認を行う必要があります。

いろいろなケースがあるため一般論として記載することはむずかしいですが、一例として顧客の口座から認識していない出金があるとの申出があったケースで解説します。

顧客から本人が知らない間に出金があるとの申出を受けた場合は、その出金の日時、出金時間、出金場所（金融機関の店頭か、ATMか）等の特定を行います。店頭での出金の場合は、出金伝票の確認（伝票の有無、印鑑の再照合、筆跡）、監視カメラでの出金時の確認（だれが来店したのか、だれが受付してオペレーションしたのか、だれに現金の受渡しをしたのか等）を行います。それらの申出は、顧客の勘違いや顧客の家族間の問題のケースが大部分ですが、もし、その顧客が来店していなく、自店の職員が出金を行っている場合は、不正の可能性が出てきます。その場合は、該当する職員の行動の確認、伝票の筆跡確認等を行っていく必要があります。その結果、職員による着服の可能性が高い場合は、上記1のように本人に対して確認を行います。

3 本部への報告

事実関係の確認を行った後は、すみやかに本部の所定の部署に対して、それらの事実を報告しなければなりません。各金融機関においては、営業店においていろいろな事象が発生した場合の本部への連絡ルール等が定められていると思いますので、そのルールに従ってすみやかに報告が必要です。もし、報告ルールやルートが整備されていない場合やルールが不明確な場合は、その整備を行う必要があります。それについ

ては、金融庁検査マニュアルにおいても「役職員が法令等違反行為の疑いのある行為を発見した場合の連絡すべき部署等がコンプライアンスマニュアルに規定されているか」(法令等遵守態勢の確認検査用チェックリストⅡ.1.(1)④、一部文言修正あり) と記載されています。

また、報告においては、事実と推測 (意見) を区別して、正確な報告を行う必要があります。なお、顧客からの申出により不祥事件が発覚した場合は、その結果については、顧客よりも先に本部報告を行い、顧客への連絡については本部の指示のもとで行う必要があります。

事故者への対応

不祥事件発生後の事故者に対しては、本部からの指示を受けつつ、下記の対応を行います。

・現在従事している業務から外し、その業務を他の職員に引継ぎを行わせる。
・本人の机、パソコン、業務関連資料に触れさせない。
・事故者の同意を求め、本人立会いのもとで、業務用の机、キャビネット、業務用と私物の鞄等の確認を行い、事件の調査に必要なものを (特に手帳等) を預かる。
・不祥事件の関係者との連絡を禁止する。
・事故者の同意のうえで、携帯電話を預かる。

なお、不祥事件発覚時には事故者は不正が発覚したことに対して激しく動揺し、精神的に不安定な状況となる場合があります。そのため、事故者の表情、言動に留意する必要があります。場合によっては、落ち着くまでは本部と協議のうえ、自宅への送り迎えや、ホテル等への宿泊等

の検討も必要です。

5 店内での指示

不祥事件の発生時には、支店長は店内において下記の指示を行う必要があります。
・店内の職員への事実関係の周知
・必要以上に動揺しないで、平常どおりの業務を行うことを徹底する。
・事故者の業務代行者の任命
・事件関連の資料の確保（伝票、受取書、還元資料等）

6 本部からの指示事項の対応

本部への報告後は、基本的には本部の指示に従って対応を行います。

7 初動対応の留意点

(1) 支店長のリーダーシップ

不祥事件は、突然発生し、店内に大きな動揺を与えるとともに、長期間にわたり膨大な作業負担等も発生します。また、後ろ向きの仕事であり、営業店内の雰囲気も悪くなります。そのため、支店長がリーダーシップを発揮して、営業店全体をまとめ、全員で対応する必要がありま

す。

(2) 迅速な対応

不祥事件対応においてはスピーディーな対応が不可欠です。すみやかな事実確認や本部への報告を行わなければなりません。

(3) 自店で何とかしようとしない

不祥事件が発生した場合に、何とか自店で解決できないかと考えることがあるかもしれませんが、自店で小手先の対応や隠蔽は行わずに、すみやかに本部に対して報告し、その指示に従わなければなりません。

(4) 事故者への対応

営業店の管理者としては事故者に対して叱責等を行いたくなる気持ちはわかりますが、上記4でも記載したとおり、事故者も激しく動揺している場合があるため、必要以上に厳しい叱責や追及は行ってはなりません。

また、本部の指示なしに事故者の家族への連絡や自宅の訪問等は行ってはなりません。

8 本部等での発覚時の対応

本部で不祥事件が発生した場合は、営業店で発覚した場合と同様に対応を行います。

(吉田孝司)

Q88 不祥事件発生時の初動対応（本部）

設問

不祥事件の発生時には、本部ではどのような初動対応が必要でしょうか。

ポイント　本部において不祥事件発生の連絡を受けた場合は、不祥事件の担当部署（コンプライアンス部門等）は、その内容を確認するとともに、事実関係の調査の実施を準備します。また、不祥事件の兆候を掴んだ場合は、その事実関係の確認を実施します。これらの場合、事件が発生している営業店や部署との連絡窓口を一本化するとともに、関連する情報は不祥事件の担当部署が一元化し、そこを通じて関連する部署との情報の共有化を図る必要があります。

1　不祥事件の担当部署での初動対応

　不祥事件の担当部署（コンプライアンス部門等）は、不祥事件発生の連絡を受けた場合は、その内容を確認し、不祥事件に該当するか否かの判断を行います。不祥事件に該当する場合は、営業店に対して追加調査を指示（下記2参照）するとともに、事実関係の調査の実施の準備を行います。詳しくは、**Q89**を参照してください。調査は基本的には不祥事件の担当部署であるコンプライアンス部門等が実施しますが、内部監査部門等に依頼する場合もあります。また、対象業務に専門性がある場合

は、それらの担当部署に協力を依頼することもあります。なお、不祥事件においては、事件発生の後、当局に対して、第一報を報告するとともに、30日以内に当局への報告が必要ですので各部が連携して対応していく必要があります。

また、金融庁の監督指針に不祥事件発生時における当局の対応は、「主要行等向けの総合的な監督指針」Ⅲ－3－1－1、「地域金融機関向けの総合的な監督指針」Ⅱ－3－3－1に記載されているので参考にしてください。

2 営業店等への指示事項

不祥事件の担当部署（コンプライアンス部門等）は、不祥事件発生の連絡を受け、それが不祥事件に該当する場合は、当日中に営業店に対して下記の追加調査を指示し当日中に実施させるとともに、その報告を求めます。
［指示内容（ここでは不祥事件全般について記載していますので、事件の内容によっては該当しないものも含まれています）］
① 現金検査の実施
② 伝票、帳票等の内容点検
③ ゴミ袋等のゴミの内容確認とその保管
④ 現金関連の機器（ATM、両替機、OTM、オープン出納機、紙幣計算機等）の周辺の点検
⑤ 事故者の机、ロッカー、キャビネット、業務用・私物の鞄、営業用車両等の点検：これらを実施する場合は、必ず事故者本人の同意を求め、本人の立会いのもとで実施させる。どうしても本人が立ち会えな

い場合は、役席等の立会いのもとで支店長に実施させる。事故者が女性の場合は、特に配慮する必要がある。

⑥ 事故者の机、ロッカー、キャビネット周辺や、普段使用されていないキャビネット等の確認：普段使用されていないキャビネット等に資料等を隠している場合があるため。

⑦ 私物の確保：本人の同意と立会いのうえ、証拠となるような私物を点検し、必要なものを確保する。特に手帳類は必ず確保する必要がある。

⑧ 監視カメラの画像の保存（営業店で録画している場合）

⑨ 関係者への事実関係のヒアリング

⑩ 事故者の自宅に保管している資料の確保：事故者が自宅に不祥事件に関する資料等を保管している場合は、自宅に赴きそれらの資料を確保する。ただし、これらは自宅の資料が破棄される可能性がある場合のみに限定し、本部の指示に基づき事故者の同意のもとで実施し、家族との接触は極力行わないようにする。

3 情報の一元化

不祥事件発生時はいろいろな情報が交錯し、誤った情報が流れたり、複数の部署が同じような問合せを行ったりすることが発生します。また、これらの不祥事件に関する情報は、きわめて機密性の高い情報であり、不用意な情報漏洩により営業店での混乱や該当者のプライバシーが確保できない状況となるおそれがあります。そのため、事件が発生している営業店や部署との連絡窓口を一本化するとともに、関連する情報は不祥事件の担当部署が一元化し、そこを通じて関連する部署との情報の

共有化を図らなければなりません。

4 経営陣への報告

不祥事件の担当部署は不祥事件発生の連絡を受けた場合は、その内容を確認したうえですみやかに経営者（取締役、監査役）等への報告を行います。その後は、重要度や調査等の進捗状況に応じて定期的な報告を行います。

5 本部において不祥事件の兆候を掴んだ場合の対応

本部において不祥事件の兆候を掴んだ場合は、下記の対応を行います（各金融機関で組織が異なるため、一般論として記載しています）。

(1) 本部が営業店における不祥事件の兆候を掴んだ場合

顧客から本部への通報や各種モニタリング等により本部が不祥事件の兆候を掴んだ場合は、通報を受けた部署は、不祥事件の担当部に連絡を行い、その内容について協議を行います。不祥事件の担当部は、営業店（支店長）に対して、その事実関係の調査と報告を命じます。なお、営業店での調査が不十分な場合、その通報等の兆候の内容が支店長に関する事項である場合、本件が大きな問題につながる可能性がある場合等は不祥事件の担当部署等が事実関係の調査を行います。

(2) 本部での不祥事件の兆候を掴んだ場合

本部において自分の部署や他の部署における不祥事件の兆候を掴んだ場合は、その部署は不祥事件の担当部署に報告を行います。不祥事件の担当部署は、軽微なものについては、該当する部署にその事実関係の確認を求めます。大きな問題につながる可能性がある場合等は、不祥事件の担当部署等で事実関係の調査を行います。

(3) 不祥事件の兆候を掴んだ場合の事実関係の調査

不祥事件の兆候を掴んだ場合の事実関係の調査は下記の要領で実施します。

ここでは不祥事件の兆候・疑惑が生じた場合の調査での留意事項を解説します。不祥事件と確定した後は、**Q89**を参照してください。

a 実施者

通常コンプライアンス部門が実施しますが、必要に応じて、内部監査部門等の業務と利害関係がない部署が実施します。

b 情報の管理

これらの情報はまだ未確定な情報であるため、その情報は一元的に管理し、不用意に流失することのないようにする必要があります。

c 留意点

不祥事件の兆候においては、思い込み、憶測、誹謗中傷という可能性があるため、鵜呑みにせずにあらゆる可能性を想定して確認していく必要があります。

d 事実関係の確認

伝票、帳票、監視カメラの画像、オンラインデータを確認して、その事実関連を確認します。

e　関連者へのヒアリング

　本人以外の関係者にヒアリングして確認します。この場合に、事実関係を明確にし、推測と事実を明確に区分します。当然ながらヒアリングの主旨を説明し、本人への問合せ等を行わないように依頼する必要があります。

f　本人へのヒアリング

　d、eの作業で不祥事件としての確証が得られたならば、本人へのヒアリングを実施します。基本的に本人へのヒアリングは最後にします。これは、早い時期に実施すると資料を破棄されたり、対応の準備を行ったりする可能性があるためです。そのため、突然実施し、本人に事前準備を行う余裕を与えないようにして実施します。この場合、「なぜここに呼ばれたのかわかりますか」と質問して本人の自白を促します。また、d、eで得られた証拠に基づき質問を行い、事実関係を説明させるとともに自白を促します。

　　　　　　　　　　　　　　　　　　　　　　　　　（吉田孝司）

Q89 不祥事件の調査①：留意事項

設問

不祥事件の事実関係の調査はどのようなことをしなければなりませんか。また、留意すべき事項はありますか。

ポイント 　不祥事件の調査は、事件と利害関係のない部署が実施し、その事実関係の確認を行う必要があります。調査においては、すみやかに計画を策定し、役割を分担のうえ、あらゆる可能性を考慮し、客観的な調査を行わなければなりません。また、調査の実施においては、事故者のプライバシーや心理的状況への配慮も必要です。また、不祥事件の内容によっては、必要に応じて余罪の調査や全店調査も実施する必要があります。

1　金融機関における不祥事件での調査

　金融機関における不祥事件は、職員の単独での顧客または金融機関の現金等の着服か、浮貸しが大部分を占めているため、ここではそれらの事件における調査を前提として解説を行います。なお、大規模な事件や、組織的な事件等については最後の15で解説します。

2 調査実施部署

　不祥事件の調査では、通常は不祥事件の担当部署（コンプライアンス部門等）が実施しますが、必要に応じて内部監査部門等がコンプライアンス部門からの依頼に基づいて実施します。いずれにしても不祥事件のあった業務や部署と利害関係がない部署が実施する必要があります。金融庁検査マニュアルにおいても、「コンプライアンス統括部門は、（中略）法令等違反行為の疑いがある事象については、当該行為の事実の有無及び問題点の有無について、直ちに事実確認を実施し、又は事件と利害関係のない部署に事実確認された上で、法令等違反行為の事実の有無やコンプライアンス上の弱点の有無について検証しているか」（「法令等遵守態勢の確認検査用チェックリスト」Ⅱ.2.④ⅱより。下線は筆者による）と記載されています。また、調査においては調査実施責任者を任命します。

3 調査計画

　調査実施部署は、すみやかに調査の計画を策定する必要があります。計画を策定せずにやみくもに調査を行っても結果的には十分な調査ができなく時間だけが過ぎてしまうことになります。調査計画には、①分担、②実施範囲、③実施期間、④実施方法を定める必要があります。近年、金融機関では、営業店事務の本部への集中化、伝票等の本部集中化、書類のイメージ登録化、監視カメラのデータの本部集中化、稟議書等のウェブ化が進んできており、営業店に行かなくても確認できる事項

と、逆に営業店に行っても確認できない事項があります。オンサイトでの確認項目とオフサイトでの確認項目に整理して、分担を決めて調査を実施する必要があります。

 調査実施上のポイント

(1) 客観的な調査と分析

憶測に流されることなく、事実に基づいて客観的で慎重な調査と分析を実施しなければなりません。

(2) あらゆる可能性の考慮

事故者の発言や関係者からの発言等を鵜呑みにするのではなく、思い込みや憶測を排除し、あらゆる可能性を想定して調査を実施しなければなりません。

(3) 外部の専門家の協議

必要に応じて顧問弁護士等の外部の専門家の意見を聞きながら実施する必要があります。

5 具体的な調査内容

(1) 事前準備

営業店からの当初の報告、営業店に指示した追加報告（**Q88**参照）、事故者の人事関連資料等を読み込んだうえで、調査すべき項目、調査方法の検討等の事前準備を行います。

(2) 調査項目

ここでは不祥事件全般について記載しています。

a 現金の確定

すでに営業店で精査を実施していても、現金関連の不祥事件の場合は、本部の調査として再度確定を行います。

b 営業室内の机、キャビネット等のチェックと営業店が確保した資料・私物の確認

営業室内の机、キャビネット、ロッカー、鞄のチェックを実施します。この場合、事故者の承諾を得たうえで、その立会いのもとで実施しなければなりません。また、営業店に指示して発覚当日に確保した資料・私物の確認を実施します。

c 監視カメラのチェック

犯行時の監視カメラの画面を検証し、その手口と共犯者の有無を確認します。

d 集金監査の実施

事故者が渉外担当職員の場合は、集金先についての集金監査を実施します。

e　伝票、受取書、帳票等のチェック

・事故者の作成・事務処理した伝票の抽出と点検
・事故者の受取書のチェックと、事務処理の有無、金額の一致を確認
・事故者が関与した貸出金の稟議書・伝票・資金の流れの確認
・還元資料等により役席承認の状況を確認

f　伝票、申込書等で手口の流れと全体像の整理

　事故者のヒアリング内容等に基づき、犯行の手口についての証拠を収集し、犯行の流れを確認します。同じ手口で何回も犯行を行い、すでに補てんしているものも含めてすべての犯行の内容を把握する必要がありますので、最初に行った犯行からの全体の流れを把握します。

g　事故者の預金通帳とマネーフローの確認

　事故者の経済状況、着服金の流れを確認するために、事故者の口座履歴の作成を行います。この場合、事故者に対して承諾を得てから実施する必要があります。**Q90**を参照してください。

　また、必要に応じて店頭での振込みやATMからの振込状況の確認も行います。

h　事故者の資力の確認

　返済能力の確認のため預金等の確認と自宅等の保有資産の確認（簡易な担保調査も実施する）を行います。

i　該当部店でのコンプライアンス意識・内部管理全般の確認

　不祥事件発生の原因や、背景を把握するために、該当店舗でのコンプライアンス意識や、内部管理全般の機能状況を確認します。具体的には、業務関連の会議等の開催状況（日誌等より確認）、人事関連の点検状況、連続休暇や休暇の取得状況、店内検査の実施状況等を確認します。

6　証拠等の整理

　上記5の調査により収集した証拠等については、内容別に整理し、全体の流れを確認するとともに、事故者のヒアリング内容と一致しているのかを確認します。

7　ヒアリングの実施

　Q90にて解説します。

8　事故者への対応

　事故者については、本人立会いでの私物等の確認やヒアリングが終了した後は、営業店から離し、本部（コンプライアンス部門または内部監査部門、人事部門等）に出勤させるか、自宅待機を命じます。本部に出勤させる場合には、定時での勤務とし、交通費等は支給します。また、事故者本人の動揺が大きい場合等は、本部職員による自宅までの送り迎えや、ホテル等への宿泊等の検討が必要です。これらにおいては、事故者のプライバシーを配慮して対応する必要があります。

9 余罪の確認

　事故者が犯した不正事故については、発覚した事案以外にも同様の手口または異なった手口での不正事案がないかの確認を実施する必要があります。基本的には事故者に対する面接を実施するなかで、今回発覚した事案以外の不正行為の有無を確認する必要がありますが、事故者は余罪を隠そうとする場合もありますので、事故者の発言を鵜呑みにするのではなく、別途調査を行う必要があります。「あることの調査」と異なり、一般的に「ないことの確認」はむずかしいため、どこまでを対象として、どのように調査するのかを明確化したうえで実施する必要があります。たとえば、顧客の預金から三文判等により無断で出金を行っている場合は、事故者が取扱いした伝票の印鑑照合を実施することにより余罪の有無の確認を行います。また、過去に事故者に関しての問合せやクレーム等のあった取引先についても確認が必要です。

　また、必要に応じて事故者の過去の勤務店において同様の手口による不祥事件を行っていないかについての確認も必要となります。

10 全店調査

　今回発生した不祥事件が他店でも発生している可能性がある場合には、業務の所管部署と協議のうえ、全店を対象とした調査を実施する必要があります。たとえば、ATMからの現金の着服があった場合には、全店に対してATMや両替機、その他の出納等のすべて現金の精査を行い、他店で同様の事件が発生していないことを確認する必要がありま

す。その場合には、基本的には各営業店の支店長等の責任者に調査の厳正な実施を指示するとともに、その実施状況の確認も必要です。全店調査のなかで、新たな不正の可能性があるものについてはそれらについての調査を実施します。

11 進捗報告

調査実施責任者は、毎日進捗状況の報告を調査実施部署の責任者（部長）に報告しなければなりません。調査の内容については、適宜関係部署または経営者等に報告し、必要な指示を受け、対応していく必要があります。

12 報告書の作成

各金融機関の所定（任意）のフォームで報告書を作成します。主な記載内容は下記のとおりです。
・調査対象・調査方法
・不祥事件の概要（できるだけ時系列で記載）
・不祥事件を起こした原因
・余罪の有無
・反社会的勢力との関係の有無

13 本部での不祥事件の調査

本部で不祥事件が発生した場合は、営業店での不祥事件の調査と同様に実施します。

14 子会社での不祥事件の調査

子会社で不祥事件が発生した場合は、子会社に調査能力がある場合は、子会社で調査を行わせて、金融機関の不祥事件の責任部署と子会社の管理部署において、その内容の検証を行います。子会社での調査がむずかしい場合や、客観性が乏しい場合は、営業店と同様に本部の通常コンプライアンス部門または内部監査部門等の業務と利害関係がない部署が実施する必要があります。実施方法は、基本的には金融機関内での調査と同様です。

15 重大事件における調査

不祥事件が組織的なものや、事象が複雑なもの、外部の共犯者がいる場合、金額が大きく対外的に影響が大きな重大事件等の場合は、調査委員会を立ち上げます。調査委員会には、社内調査委員会と外部調査委員会があります。外部の共犯者等がいる場合は、外部とのメールの記録等の確認を行います。

(吉田孝司)

Q90 不祥事件の調査②：ヒアリング

設問

不祥事件の事実関係の調査におけるヒアリングはどのようにして進めなければなりませんか。また、そのときに留意すべき事項は何でしょうか。

ポイント　ヒアリングは、伝票等の証跡の収集分析とともに、調査の手法のなかで最も重要な手法であり、特に事故者へのヒアリングは調査自体の成否に大きな影響を与えることになります。そのため、十分に事前準備を行い効果的なヒアリングを実施する必要があります。また、事故者を非難するようなことは行わずに、あくまでも調査に協力してもらうという態度で接し、できる限り本人から話を引き出すように心がけて実施しなければなりません。

1 ヒアリングの重要性

　ヒアリングは、伝票等の証跡の収集分析とともに、調査の手法のなかで最も重要な手法です。特に事故者へのヒアリングは調査自体の成否に大きな影響を与えることになります。

第3章　不祥事件発生・発覚時の対応

2 事故者へのヒアリング

(1) ヒアリング者と人数

ヒアリングは、調査側は複数で実施し、決して1名では実施してはなりません。しかし、あまり多くの人数が参加すると威圧感が増すことになりますので最低限（2～3名）に絞ったうえで実施する必要があります。

(2) ヒアリング場所

ヒアリングは、会議室、応接室といったプライバシーを十分に保てる環境（個室）で実施します。また、圧迫感がないようにできるだけ窓のある部屋が望ましいです。ヒアリング時には、鍵をかけるなどの物理的・精神的な圧迫を与えないように実施する必要があります。

(3) 事前準備

ヒアリングの実施者は、営業店から提出された資料や、事故者に関する人事関連資料、事件が発生した部店に関する資料等を読み込み、十分な準備を行い、質問項目を整理したうえでヒアリングを実施しなければなりません。

事前準備として確認すべき事項は以下のとおりです。
・事故者のプロファイル（人事関連資料）
・今回の事件の内容
・該当部店の概要、組織図
・今回の不祥事件に関する業務の規定、マニュアル

(4) 最初に行うこと

最初は、挨拶、自己紹介を行ったうえで、今回のヒアリングの進め方を説明し、下記の事項について説明のうえで、同意を取り付けます。

a 調査同意書の徴求

事故者とヒアリングを開始するにあたり、調査に協力することを確認し、書面を徴求します。

b 通帳の開示依頼

調査のため事故者の通帳の開示を依頼します。開示は本人分と家族分を依頼します。また、自分の金融機関分については別途、口座の履歴照会を行うことについての同意を依頼します。

開始にあたっては、いきなり質問するのではなく、健康状況等の話から開始します。

(5) ヒアリング実施上の留意点

ヒアリングの実施においては、下記の事項に留意して実施する必要があります。

① 不正のトライアングル（不正の動機、機会、正当化）を意識しながらヒアリングを実施する。
② 丁寧な言葉遣いで対応する：金融機関は警察のように捜査権があるわけではないため、あくまでも調査に協力してもらうという態度で接する。ただし、逆に甘くみられないようにすることも必要。
③ 犯罪者の心理に留意する。
　・最初から本当のことはいわない。
　・すべての内容は話さない（自分に不利なことは隠す）。
　・隠しても意味がないことでも、ウソをついて隠そうとする。

④ 事故者を非難したり、人間性を否定したりするような発言は慎む。
⑤ 事故者、関係者の記憶を呼び起こす質問も必要であるが、回答を提示したり、暗示したり、強制したりすることはしてはならない。
⑥ こちらがしゃべるのではなく本人にしゃべらせるようにする。
⑦ 質問は1つの質問で1つの回答を求める形式とする。
⑧ 質問内容があちらこちらに飛ぶことがないようにし、全体の流れ、プロセスに沿って質問する。
⑨ 「いつ」「どこで」「だれが」「何を」「どのように」「どうした」を確認する：発言者の話の腰を折らずに、事実関係を詳細に語らせる。
⑩ すでに知っていることであっても、本人に発言をさせる。
⑪ 同じ質問を何回か行い、発言内容に変化がないかを確認する。
⑫ 事故者、関係者が回答するための十分な時間をとる。
⑬ ヒアリングにおいて事故者が話した内容は、証跡（エビデンス）と確認し、事実関係をしっかりと確認する。

(6) ヒアリング項目

不正のトライアングルを基本にしてヒアリングを実施します。

a 動機（犯行の動機）

なぜ犯行に至ったのかの原因を確認します。

① 犯行の背景・経緯
② 着服した金の資金使途
③ 小遣いの金額や、普段使えるお金の金額
④ 趣味（休日、アフターファイブの過ごし方）
⑤ 借入れの状況（借入先、借入金額、返済額、借入時期、資金使途）

b 機会（犯行内容）

どのようにして犯行を行ったのかを確認します。

① 犯行の計画時期
② 初回の犯行時期
③ 犯行の手口
④ 共犯者の有無
⑤ 日頃の内部管理状況
　・上司のチェックや監視はなかったか。ある場合はどのようにして実施したのか。
　・店内検査や本部のモニタリングはなかったのか。ある場合はどのようにして実施したのか。
　・内部監査部門の監査によるチェックはなかったのか。ある場合はどのようにして実施したのか。

c　正当化（自分の思い）

どうして思いとどまれなかったのか等について確認します。
・今回のことを事故者本人はどのように思っているのか。
・自分自身のコンプライアンス意識について
・営業店でのコミュニケーションの状況

d　返済意思、能力

着服した金についての返済の意思・方法・時期について確認します。

(7) ヒアリングの終了時に実施すべきこと

a　ヒアリング内容の確認

ヒアリング終了時には、ヒアリング内容を要約し、内容に齟齬がないかの確認を行い書面にします。

b　文 書 化

ヒアリングの内容をパソコン等でまとめた場合は、事故者本人に内容を復唱させ、その相違ない旨と日付を署名捺印させます。

c　個人信用照会の開示請求

債務状況の確認のため、個人信用照会の開示請求を依頼します。

この場合、最初に開示請求の書類をもらってしまうと、ヒアリングでは借入内容等についてはしゃべらないことも予想されるため、最初に事故者に話をさせて、その後の確認として使用します。

(8)　ヒアリング内容の文書化における留意点

a　事実と推測は区分して記載する

発言者の発言内容とヒアリング者の推測が混同しないように、事実と推測は区分して記載しなければなりません。

b　発言者の表現の使用

文書化においては、できる限り発言者のいった表現をそのまま使用するようにします。

(9)　非協力的な場合の対応

事故者本人にヒアリングしても非協力的な場合もあります。また、今回の不祥事件を反省している事故者でもすべてのことを話すわけではありません。そこでこれらの場合には下記の方法で実施する必要があります。

a　「すべてばれている」と思わせる

調査による証跡等を断片的にみせながら、自信をもって質問します。

b　あえてウソの発言をさせる

あえてウソの発言をさせて、その矛盾点を指摘する。また、反対にウソをいったときに、すぐにその内容を否定する方法もあります。

c　相手の気持ちに同調する

事故者の行った不正の正当化を全面否定するのではなく、相手の自尊

心を傷つけないようにしながら同調しつつ、話をさせるようにします。

3 関係者へのヒアリング

関係者へのヒアリングにおいては、下記の事項に留意して実施する必要があります。

(1) ヒアリング実施時の留意点

① 営業店の職員全員に対して平等に実施する。
② 基本的にあまり長時間実施しない（30分程度）。
③ 事件のショックで動揺している場合（特に女性）もあるので、実施時には配慮が必要となる。

(2) ヒアリング項目

a 事故者に関する事項

① 普段の仕事ぶり
② 事故者の性格
③ 出社時間・退社時間、服装
④ 事故者の趣味・関心事
⑤ 事故者の家族に関する情報
⑥ 金融機関内での交友関係
⑦ 今回の事件について
　・何かおかしいと感じたことはないか。
　・顧客や、その他外部からの電話等はなかったか。
⑧ 今回の手口について

・その手口が実施可能な状況にあったのか。
・管理者の管理はなかったのか。

b　部店全体に関する事項

① 部店の雰囲気
② コンプライアンス意識
③ 上司の指導状況
④ 店内検査等の実施状況

事故者の家族等へのヒアリング

事故者の供述の裏付けのため、家族への面談を実施します。

(1) 実施相手

既婚者の場合は配偶者、または同居親族に対して実施します。

なお、家族は事件とは直接関係がないので言葉遣いに十分注意したうえで実施しなければなりません。また、子どもがいる場合は面談場所・時間に配慮する必要があります。

(2) 確認事項

以下の事項について確認します。

① 家庭の資金繰りの状況
② 家族の状況（家族構成、健康等）
③ 自宅の状況

(3) ヒアリング結果の文書化

　事故者のヒアリングと同様に関係者や家族へのヒアリングについても文書化を行います。事故者のヒアリング結果の文書化と留意点は同様です。

〔吉田孝司〕

Q91 調査の留意点

設問

不祥事件の事実調査において、法令面でどのような点に留意が必要でしょうか。

ポイント 不祥事件の事実調査においては、事実調査中の労働法上の問題、調査対象者のプライバシー権との調整、調査に起因する紛争防止等の観点から、
・不正行為者の人事上の処遇
・所持品調査の限界
・ヒアリングの録音の是非
・ヒアリングの際の環境
等に留意する必要があります。

1 事実調査中の人事上の処遇

(1) 自宅待機命令

不祥事件の発生時、十分な事実調査を行うためには、不正行為者との間の雇用契約に基づき、事実調査に協力するよう業務命令を行うことが必要となり、調査継続中は雇用契約を継続することとなります。

他方、特に金銭的な不祥事件の場合、不正行為者にそれまでと同様の

業務を継続させることは、証拠隠滅やさらなる不祥事件の発生につながりかねず、困難です。

このような場合、いったん、総務部等の本部部署に人事異動を行ったうえで、自宅待機命令を発令し、調査協力を求めるときにのみ出社を求めることが多いと考えられます。

従業員に自宅待機を命ずることは、雇用契約における一般的な指揮監督権の行使として許容されると解されます。ただし、業務命令の濫用とみなされないためには、当該従業員に不祥事件調査を理由に自宅待機を命じるに足りる証拠、資料等が必要であることには注意が必要です。

また、自宅待機命令は、懲戒処分として行われるものではありません。懲戒処分においては、二重処罰禁止の原則が働くため、自宅待機命令（出勤停止命令）が懲戒処分として行われた場合、その後、同一の理由で、再度の懲戒処分を行うことは許されません。自宅待機命令を発するにあたっては、「自宅待機を命ずる」等の文言を用い、懲戒処分ではなく、業務命令であることを明確にするとともに、自宅待機期間は、所定の賃金を支払う必要があります。

(2) 退職届の提出

事実調査の期間中に不正行為者が退職を申し出た場合、どのように対応すべきでしょうか。

雇用契約が解除されれば、使用者が従業員に、業務命令として調査に協力するよう要請する法的な根拠が失われることから、このような場合、不正行為者に対し、事実調査はいまだ途上で、真実解明のためには調査終了まで雇用契約を維持する必要があることを説得するのが通常です。

かかる対応をとっても不正行為者が納得せず、一方的に労働契約の解

約を通知した場合、期間の定めのない雇用契約に基づく従業員については、2週間の予告期間をおけばいつでも雇用契約の解約が可能であることから（民法627条1項）、使用者としては、当該期間のうちに必要な調査を終了する必要が生じます（なお、期間の定めのある雇用契約については契約の解除には「やむを得ない事由」が必要とされています）。

2 所持品調査

(1) 所持品調査

不祥事件発覚後の初期対応として、調査対象者が有する所持品、具体的には、ロッカー、机のなかの物品、パソコン、携帯電話の調査が行われることがあります。

(2) ロッカー、机のなかの物品

ロッカー、机のなかの調査については、ロッカー、机等が金融機関の設備であったとしても、なかには私物が置かれている可能性も高いことから、プライバシー権への配慮が必要となります。

原則として本人の同意を得て、また、本人立会いのもとで調査を行うことが適切です。

ロッカー、机のなかの物品が不祥事件に関連している場合、当該物品が金融機関の所有物であれば、本人の同意がなくとも回収することが可能ですが、私物であれば、本人の同意なく回収することはできません。また、同意を得るに際しては、後に同意の有無につき争いが生じないよう、同意書を作成しておくべきでしょう。

では、金融機関が説得したにもかかわらず、本人がロッカー、机のなかの調査に同意しない場合、調査を行うことができるでしょうか。

　判例（最高裁判所昭和43年8月2日判決・最高裁判所民事判例集22巻8号1603頁）は、企業の実施する所持品調査に従業員が応じる義務があるかが問題となった事案において、
① 検査を必要とする合理的な理由が存在し、
② 検査の方法が一般的に妥当な方法と程度であり、
③ 制度として従業員に画一的に実施するものであり、
④ 明示の根拠に基づくものであること、
を要件として、従業員に調査の受忍義務を認めています。

　このような判例の考え方をふまえれば、不祥事件が発生し、調査対象者が不正行為者である蓋然性が認められる場合、調査方法が一般的に妥当な方法・程度で行われるのであれば、本人の同意がなくとも、当該従業員には受忍義務が認められることが多いと考えられます。

(3) 携帯電話、パソコンの調査

　携帯電話、パソコンについても、私物であれば、任意の提出がなければ調査対象とすることは困難です（ただし、私物パソコンの業務上の利用を許可制とし、就業規則上、当該パソコンは不正調査の対象とできることを明記する等の対応をとれば、業務命令により調査を要請することが可能となることがあります）。

　では、金融機関が貸与している携帯電話、パソコンは、従業員の同意なく調査することが可能でしょうか。携帯電話やパソコン内の情報については、金融機関が貸与したものであった場合でも、従業員のプライバシーを含むため、留意が必要です。

　参考となる裁判例として、東京地方裁判所平成13年12月3日判決（労

働判例826号76頁）があります。当該裁判例は、従業員が企業のネットワークシステムを利用して送受信したメールを、上司が従業員の許可なく閲覧したことの違法性が問題とされたものです。

　裁判所は、「監視の目的、手段及びその態様等を総合考慮し、監視される側に生じた不利益とを比較考量の上、社会通念上相当な範囲を逸脱した監視がなされた場合に限り、プライバシー権の侵害になると解するのが相当である」との判断基準を示し、当該上司の行為が、社会通念上相当な範囲を逸脱し、プライバシー権の侵害となるものとはいえない旨の判断を示しました。

　このような考え方からすれば、金融機関が貸与する携帯電話やパソコンについても、不祥事件が発生し、調査対象者が不正行為者である蓋然性が認められる場合、これらを回収して分析検証することも、調査の必要性と調査対象者が被る不利益を比較考量のうえ、社会通念上相当な範囲で行われるのであれば、本人の同意がなくとも可能と考えられます。

　ただし、本人が携帯電話やパソコンの回収を明示的に拒否しているような場合に強制的に取り上げる行為は、自力救済にあたり、社会通念上相当な範囲を超えているとされることがありえますので注意が必要です。

3　ヒアリングの録音

　調査の過程において、ヒアリングの状況を録音すべきかが問題となることがあります。

　録音を行うメリットとして、対象者の供述内容の事後検証が可能となり、「いった、いわない」の認識の齟齬を低減できることがあげられま

すが、他方、デメリットしては、対象者が録音の事実を認識することで、踏み込んだ供述を躊躇するおそれがあることがあげられます。

　録音の是非は、他の証拠の収集状況、ヒアリング対象者の属性や供述態度等によりケースバイケースですが、特に、不正行為者に対するヒアリングにおいては、不正行為者から、事後に、ヒアリングが威圧的で精神的苦痛を受けた、ヒアリングで侮蔑的な発言を受けた、誘導尋問を受けて事実と異なる供述を強いられた、ヒアリング時は精神的に混乱し、まともに供述できるような状況ではなかった等の主張が行われることがあり、かかる主張への反証の準備としても、録音が望ましいと考えます。

　では、ヒアリング対象者に秘密のうちに供述を録音する「秘密録音」は許容されるでしょうか。

　裁判例（東京高等裁判所昭和52年7月15日判決・判例時報867号60頁）においては、酒席における問答を、襖を隔てた隣室で録音テープに収録し、証拠提出した事案において、証拠が「著しく反社会的な手段を用いて人の精神的肉体的自由を拘束する等の人格権侵害を伴う方法によって採集されたものであるときは」証拠能力を失うとの基準を示したうえ、当該録音は、酒席における発言供述を、単に同人ら不知の間に録取したものであるにとどまり、人格権を著しく反社会的な方法で侵害したものということはできない、として証拠能力を認めたものがあります。

　また、他の裁判例（東京地方裁判所平成4年7月27日判決・判例時報1431号162頁）においては、JR東日本の車掌区長が国労組合員である内勤車掌に対して行った担当職務の指定変更が不利益取扱い等に当たるかが問題となった事例において、車掌区長の言動を国労の分会長が無断で録音した反訳テープの証拠能力が争点となりました。裁判所は、当該事例においても、証拠としての重要性と侵害される利益を比較衡量するな

どし、無断録音自体に法益を害する側面があるとしても、それだけで著しく反社会的であるとか、労使間の信義に反するとまではいえないとして証拠能力を肯定しました。

　このような裁判例の考え方からすれば、不祥事件の調査過程で秘密録音が行われたとしても、その手段・方法が社会通念上相当なものにとどまる限り、原則として証拠能力が否定されるリスクは低いと考えられます。

　しかし、裁判例のなかには、秘密録音は原則として証拠能力を否定すべきとの見解を示すものもあり（大分地方裁判所昭和46年11月8日判決・判例時報656号82頁）、また、そもそも紛争となるリスクを回避したいとの要請があり、実務的には、ヒアリング対象者が踏み込んだ供述を躊躇するおそれがある点を甘受してもなお、対象者に明示したうえで録音を行うことが多いといえます。

ヒアリングの際の環境

　ヒアリングに際しては、ヒアリング対象者の心理状況にも配慮する必要があります。特に、不正行為者はヒアリングに強い精神的な負荷を感じやすく、自暴自棄になることにより思わぬ事故が生じることもあるため、注意を要します。

　参考となる裁判例（新潟地方裁判所平成25年5月27日判決・公刊物未登載）として、JAに勤務していた職員が自殺したことが、不正行為の内部調査等が原因であるとして、遺族がJAに安全義務違反等を理由に損害賠償を求めた事案があります（なお、同事案において、当該職員の死亡は労働災害の認定がなされています）。

当該事例において、不正行為者は、友人らの名義を借りて共済契約を結び、掛け金を当該不正行為者の口座から引き落とす借名契約を繰り返し行っていましたが、事実調査の過程で自殺に至りました。

裁判では、JAが事情聴取のため休暇中の不正行為者を呼び出したこと、面談の態様、個人名を出さないで報道機関に公表したこと等が、JAの安全配慮義務違反となるかが争点となりました。

裁判所は、借名契約はJAにおいて禁止されており、内部調査で職員の借名契約が判明した後、JAが事情聴取のため呼び出し、面談し、個人名を出さないで報道機関に公表したこと等は、不祥事が発生した場合に企業の社会的責任を果たすために必要な対応で、いずれも相当性を欠くとはいえないとして、JAに安全配慮義務違反は存しないとの判断を示しました。

当該裁判例の判断は妥当で、不祥事件調査の過程で不正行為者へのヒアリングや公表を行うことは、その方法や態様が社会通念上相当な範囲で行われるものである限り、違法となるものではないと考えられます。

ただし、上記のような事態が生じることそのものが望ましくなく、また、かかる事態に至らないまでも、ヒアリング態様を理由に、後に供述内容の信用性に疑義が呈されることや、対象者から精神的苦痛を受けた等の主張が行われることを避ける必要があります。

精神的な負荷が高くなるおそれがあると考えられるヒアリングに際しては、
・ヒアリング実施者は3〜4名程度にとどめる（ただし、ヒアリングの状況を立証することが困難となることから、1名でヒアリングを実施することは避ける）
・ヒアリング対象者を取り囲むような配席は避ける
・ヒアリング対象者が女性の場合、ヒアリング実施者に女性を加える

・ヒアリング時間は1回につき2～3時間程度にとどめる
・ヒアリングが長時間に及ぶ場合、1時間に1回程度休憩を入れる

等、環境に配慮するとともに、録音により事後に状況が検証できるようにしておくことが望ましいといえます。

(川西拓人)

Q92 不祥事件の相手先への対応

設問

不祥事件の相手先（顧客）への対応はどうすればよいのでしょうか。

ポイント 不祥事件の相手先（顧客等）への対応については、常に本部と協議し、その指示のもとで対応を行わなければなりません。また、あいまいな説明、勝手な判断をしないようにする必要があります。相手先には、ご迷惑をおかけしていることを謝罪し、開示できる範囲で状況の説明等が必要となります。

1 不祥事件の相手先への対応の原則

　不祥事件が発生したときは、不祥事件の相手先（顧客等）に対する対応については、常に本部と協議を行い、本部の指示に基づき実施し、営業店等の勝手な判断で対応しないようにしなければなりません。
　また、下記の点にも留意する必要があります。
・あいまいな説明、不正確な説明は行わない。
・他の被害者の個人情報、プライバシーに留意する（必要以上に話をしない）。
・勝手な判断や説明はしない。
・融資先の場合は今後の融資での対応の約束や、金融商品の販売先にお

いては損失補てんの約束等を行わない。

　なお、当然ながら、不祥事件の相手先に対して不祥事件自体の隠蔽を依頼するようなことは決して行ってはなりません。

2　不祥事件発生時の対応

　ご迷惑をおかけしていることを謝罪するとともに、その内容については、調査を実施したうえでご説明すること、場合によっては一部調査に協力のお願いをすることがあることを伝えます。また、本件について今後は営業店の責任者等と話合いを行い、事故者とは連絡を行わないこと、事実関係が判明するまでは、第三者への伝達を控えていただきたいことを依頼します。顧客が今回の不祥事件による損害を受けている場合には、その対応については、本部と協議のうえ、回答することを伝えます。

3　事実関係の判明時の対応

　金融機関における調査により事実関係が判明した場合は、その内容について開示できる範囲で説明をするとともに、謝罪を行います。また、今回の不祥事件による損害を受けた場合には、不祥事件を起こした役職員に弁済させるか、役職員によるすみやかな弁済が困難な場合は、金融機関の使用者責任（民法715条）により、金融機関が賠償する責任を負う場合がありますので、現実的には、金融機関が弁済することが一般的です。

（吉田孝司）

Q93 不祥事件の外部への公表の対応

設問

不祥事件の外部への公表の対応の留意点にはどのようなものがありますか。

ポイント 不祥事件の外部への公表については、不祥事件の内容と影響度について十分に検討のうえ、判断するとともに、十分な準備を行ったうえで実施する必要があります。

1 公表の基準

　不祥事件の外部への公表の可否については、明確な基準等はありません。そのため、その不祥事件の内容と影響度により判断を行う必要があります。具体的には、その金額の大きさ、悪質性、組織性、反社会的勢力の関与等を考慮して判断する必要があります。

　また、外部に公表することのメリットとデメリットも考慮する必要があります。公表するメリットとしては、不祥事件を公表することにより、企業としての不祥事件に対する取組姿勢を明確にし、企業経営の透明性を高めることができます。また、公表することにより、不祥事件を起こせば、対外的に公表されるということで今後の不正に対する抑止にもなります。

　逆に公表することによるデメリットとしては、不祥事件の公表に伴う

風評リスク（レビュテーションリスク）が発生するということがあります。また、公表しなかった場合には、公表に伴う風評リスクを防ぐことはできますが、もし、その不祥事件がマスコミ等に伝わることにより報道された場合や、刑事事件となり警察等からの公表により公になった場合には、公表しなかったことに対する批判等を受ける可能性があります。

基本的には、刑事事件になるおそれのあるものは公開することが望ましいと思われます。しかし、金額が少額等で経営判断により外部への公開を行わないこともあります。公開しない場合は、後で不祥事件を隠蔽したと疑われるようなことがないように、顧問弁護士等とも協議し、外部への公開をしないと判断した理由が確実かつ納得性のあるものである必要があります。

2 公表方法

公表の方法としては、①報道機関へのプレスリリース、②ホームページへの掲示、③記者会見等があります。

通常は①、②の方法で対応するのが一般的ですが、金額が大きく影響がある場合等には③の記者会見により対応することも必要となります。

3 公表時の留意点

(1) 広報部門との連携

不祥事件の担当部署は、事前に広報部門と密接に連携を図り、公表時の対応を検討し、十分な準備を行う必要があります。

(2) 公 表 時

公表においては、そのタイミングが問題となります。公表においては、その迅速性を重視し早めに公表する場合と、情報の正確性を重視し、しっかりと事実関係を確認し、原因分析等を行って公表するという考え方があります。不祥事件の内容により異なりますが、金融機関においては、事実関係を確認したうえで公表する場合が一般的です。この場合は、調査に時間がかかることにより公表が遅くなったり、マスコミ等から先に報道されたりすることがないように留意する必要があります。

刑事事件となる場合は、警察当局とタイミングを調整するとともに、公表の範囲についても限定的に行う必要もあります。

(3) マスコミからの取材の対応

マスコミからの取材はすべて本部の広報部門が対応し、不祥事件が発生した部署に対する取材が行われないようにしなければなりません。また、不祥事件が発生した部署以外の部署でも、不用意にマスコミに対して発言しないように徹底しておく必要があります。

(4) 営業店の対応

　対外発表においては、事前に全営業店に通知し、顧客からの対応の窓口を支店長や次席に一本化するとともに、本部にて問合せに対するQ＆Aを作成し、それに沿った説明を行い、憶測などでの発言を行わないように徹底する必要があります。また、発表後の数日間は、営業店に対して問合せや苦情の件数や相手についての報告を求め、それらを集計し、経営陣への報告が必要です。

（吉田孝司）

Q94 人事処分

設問

不祥事件が生じた場合の不正行為者や監督者への人事処分の留意点はどのようなものがあるでしょうか。

ポイント　懲戒処分には、①根拠規定の存在、②懲戒事由への該当性、③相当性が問題となります。金銭的不祥事件の不正行為者については、裁判例上も懲戒解雇が相当とされることが多いですが、調査における事実認定は、十分な証拠に基づいて行う必要があります。

不正行為者の上席である監督者についても、管理・監督義務を適切に果たしていなかった場合、懲戒処分を検討することとなりますが、処分の程度は、事案の内容、義務の懈怠の程度、義務の懈怠が事案に与えた影響の程度によって異なることとなります。

1 懲戒処分

　従業員が不祥事件を行った場合、当該不正行為者やその監督者への懲戒処分（懲戒解雇、諭旨解雇、出勤停止・減給・戒告等）を検討することとなります。

　懲戒処分については、労働契約法15条が定められており、「使用者が労働者を懲戒することができる場合において、当該懲戒が、当該懲戒に

係る労働者の行為の性質及び態様その他の事情に照らして、客観的に合理的な理由を欠き、社会通念上相当であると認められない場合」には、権利を濫用したものとして無効となります。具体的には、以下のような要件が必要となります。

(1) 根拠規定の存在

懲戒処分が有効とされるには、懲戒の理由となる事由と、懲戒の種類・程度が就業規則に明記されている必要があります。

なお、懲戒処分の根拠規定を遡及適用することはできず、また、同一の事案については1回のみしか懲戒処分を行うことは許されません。

(2) 懲戒事由への該当性

懲戒処分が有効とされるには、労働者の行為が就業規則上の懲戒事由に該当しなければなりません。懲戒処分の有効性を争う裁判においては、具体的行為の懲戒事由該当性が問題となることがあり、不明確な懲戒事由に基づいて懲戒処分を行った場合、有効性が問題となりえます。

(3) 相当性

懲戒処分は、その行為の性質、態様その他の事情に照らして社会通念上相当なものと認められない場合には無効となります。すなわち、問題行為に対して、処分が重すぎると判断された場合には、懲戒権の濫用となることがあります。

懲戒処分の相当性の判断にあたっては、同じ規定に同じ程度に違反した場合には、同程度の懲戒処分が下されるべきであるとする公平性の要請があり、懲戒処分を決定するにあたっては過去の同種事例との均衡を検討しておくことが必須といえます。

また、懲戒処分では手続的な相当性も問題となります。就業規則（賞罰規程）や労働協約において、組合との協議や懲罰委員会の定めがあればそれに従い、そのような定めがなくとも、本人に弁明の機会を与えることが必要となります。

2 不正行為者に対する懲戒処分について

　不祥事件が金員の着服等である場合、不正行為者に対する懲戒処分としては、懲戒解雇（または諭旨解雇）が検討されることが多いといえます。

　裁判例においても、金銭の横領、詐欺、背任等については懲戒解雇を有効とする傾向にあるといえます。

　たとえば、信用金庫の職員が1万円を横領した事案において、「信用に立脚する金融機関の性質上やむを得ないもの」として懲戒解雇を有効とした事案（東京高等裁判所平成元年3月16日判決・労働判例538号58頁）があります。

　また、バス運転手がバス料金3,800円を着服した事案において「バス料金の適正な徴収は会社経営の基礎である」等として、懲戒解雇を有効と判断した裁判例（長野地方裁判所平成7年3月23日判決・労働判例678号57頁）、スーパーの業務部長が社員の夕食代の領収書を改ざんして10万円を水増し請求して着服した行為についても、「会社の金銭を着服する行為は、会社に対する重大な背信行為であるというべきである」として懲戒解雇を有効と判断した裁判例（大阪地方裁判所平成10年1月28日判決・労働判例733号72頁）があります。

　上記の裁判例にかんがみれば、金員の着服等の不祥事件については、

金額、回数を問わず基本的に懲戒解雇は有効と解され、また、仮に被害金額が弁償されていても、その目線は変わらないと考えられます（たとえば、上記大阪地方裁判所平成10年１月28日判決では、被害金額は返還されています）。

なお、銀行の副支店長が取引先の不動産会社から個人的に350万円を借り入れ、さらに、当該取引先に顧客を紹介した謝礼として620万円を受け取ったことを理由とする懲戒解雇についても、「銀行業務の公正さに対して社会一般から寄せられる信頼を維持していくことが企業秩序の維持・存続の大前提」であるなどとして、相当性を認めた裁判例（東京地方裁判所平成12年10月16日判決・労働判例798号９頁）も参考となります。

ただし、金銭の着服等に関する懲戒解雇については、金銭の着服等の事実の存否が争われることが多く、裁判例のなかには、現金の着服・横領を認めるに足りる合理的立証がないとして懲戒解雇を無効と判断したものもあるため（東京地方裁判所八王子支部平成15年６月９日判決・労働判例861号56頁）、調査における事実認定は、十分な証拠に基づいて行う必要があります。

3 監督者に対する懲戒処分

不祥事件が生じた場合、不正行為者の上席である監督者についても、管理・監督義務を適切に果たしていなかった場合には、監督者に対する懲戒処分を検討することとなります。

就業規則上の根拠、懲戒事由該当性のほか、処分の内容や手続に相当性が必要であることは、不正行為者の場合と同様といえます。

監督者については、不正行為者本人よりも軽減した処分となり、また、不正行為者本人との関係が近い監督者ほど、処分は重くなるのが一般的と考えられますが、処分の程度は、事案の内容、義務の懈怠の程度、義務の懈怠が事案に与えた影響の程度、によって異なることとなります。

　上記のとおり、監督者への処分においても処分内容の相当性として、過去の同種事案との均衡を考慮することが必要です。

　また、監督者への処分はあくまで監督責任の懈怠に基づくものであり、結果責任を問うことはできません。処分にあたっては、各監督者が、それぞれの地位や職務上の権限において、
・不祥事件の防止・発見が可能であったか
・防止・発見のため具体的にどのような行為がとりえたのか
・防止・発見が可能だとしても、職務の実態にかんがみて、当該監督者が防止・発見できなかったことが義務違反とまでいえるのか
といった点を検討する必要があります。

　なお、単に監督責任を懈怠したのみならず、たとえば上司のパワーハラスメントによって部下が追い詰められ、結果として不正に至ってしまったというような事情があれば、その責任は加重される場合があるでしょう。

 役員の責任

　取締役や理事（以下「取締役等」といいます）と金融機関の関係は雇用契約ではなく、就業規則の適用がないため、原則として（使用人を兼務する場合を除き）懲戒処分の対象の対象となりません。

取締役等への責任追及としては、取締役会、理事会（以下「取締役会等」といいます）において、当該取締役等から代表権を外したり、業務執行権を剥奪したり等の対応があります。

　取締役等の解任は、株主総会で行う必要があり（会社法339条1項）、取締役会等で決定することはできません。また、解任に「正当な理由」がなければ損害賠償請求が行われることがあるため（同条2項）、解任にあたっては、善管注意義務違反を基礎づける事情を明確にしておく必要があります。

　不祥事件の際、取締役等が責任をとる手段として、役員報酬の返上や辞任が公表されることが多いですが、これらの対応は、当該取締役等の同意を前提としているものです。

（川西拓人）

Q95 刑事・民事上の責任追及

設問

不祥事件が生じた場合の不正行為者に対する刑事上、民事上の責任追及の検討上の留意点について教えてください。

ポイント 不祥事件に関して不正行為者が負う責任としては、労働法上の懲戒処分のほか、刑事罰（刑事責任）と金銭的な損害賠償責任（民事責任）があります。

告訴・告発の要否については、犯罪の悪質性や重大性、被害回復の有無、行内のモラルに与える影響等を総合的に考慮して検討する必要があります。また、損害賠償責任の追及の要否についても一定の裁量が認められますが、取締役の善管注意義務違反とならないよう、検討を経ることが必要です。

1 不正行為者が負う責任

不祥事件に関して不正行為者が負う責任としては、労働法上の懲戒処分のほか、刑事罰（刑事責任）と金銭的な損害賠償責任（民事責任）があります。

金融機関としては、不祥事件の事実調査が一定終了した時点で、不正行為者に対し、告訴・告発等によって徹底した刑事責任の追及を行うか否か、また、金銭的な損害がすべて賠償されない場合には、民事訴訟の

提起等の法的手段をとるべきか否か、判断する必要が生じます。

刑事上の責任追及について

　不正行為者の刑事罰を問う行為としては告訴・告発があります。

　不祥事件が生じた場合でも、金融機関は告訴・告発を行うべき法律上の義務を負うものではなく、その裁量によって、告訴・告発まで行うべきかを判断することとなります。

　なお、告訴・告発を行った場合、捜査機関はこれらを受理する法的義務を負っていますが、現実には、証拠関係が不十分であることを理由に告訴状を受理してもらえないことや、正式に受理してもらえるまで何度も補充の要請を受け、数カ月を要することもあります。

　また、不祥事件の不正行為者に対し、告訴・告発までの責任追及を行わない場合でも、金融機関が被害者となっているケースでは、金融機関として、まずは警察に被害届を出し、その後の対応を相談することが、多くの例で行われています。

　告訴・告発の要否については、以下のような事情等を考慮して決定することとなると考えられます。

a　犯罪の悪質性や重大性

　犯罪の悪質性や重大性が深刻であれば、告訴・告発の必要性は高まることとなります。犯罪の悪質性や重大性は、公益侵害の程度、被害の程度、行為自体の悪質性、当該行為が行われた期間や反復性、故意性の有無、組織性の有無、隠蔽の有無、反社会的勢力の関与の有無等の事情を考慮することとなります（**Q20**を参照してください）。

b 被害感情、被害回復の有無

　被害者が強く告訴を望んでいるのか、また、被害回復がなされているのかも告訴・告発の必要性の判断事由となります。金銭の着服等（業務上横領等）の、金融機関が被害者となる犯罪の場合には、親族等から被害が全額弁償されることも多く、そのような場合、告訴・告発を見合わせる判断をとるケースも存在します。

c 金融機関内のモラルに与える影響

　不祥事件に対し、金融機関として厳しい態度で臨むことが、職員のモラルの維持・向上に資することとなります。特に、顧客の預金を預かる金融機関において金員の着服は決して許されない行為であり、きわめて厳しい対応を受ける、との認識は、職員間で共有されるべきです。少なくとも、「結果として被害弁償さえすれば、刑事責任まで問われることはない」との誤った理解が職員に広がることがないよう、留意を要します。

d 不正行為者の反省、調査への協力姿勢

　不正行為者の反省の情も、告訴・告発の要否に関する考慮要素となります。不正行為者が十分な反省をみせて、不祥事件の調査に全面的に協力している場合、告訴・告発を見合わせることがありえますが、調査に非協力で、事件の全貌が明らかにならない場合には、刑事手続を通じた真実解明が選択肢となることもあるでしょう。

e 公表の有無、報道の見込み

　告訴・告発を行うことで、当該不祥事件が一般に報道され、対外的に明らかとなることがありえるため、そのような場合の金融機関のレピュテーションリスクを考慮する必要があります。他方、金融機関が公表を避けていた不祥事件が、思わぬかたちで世間の知るところとなった場合、「隠蔽を行おうとした」と批判が高まるリスクも考えられるため、

告訴・告発の要否の判断にあたっては、両面のリスクを考慮する必要があります。

3 民事上の責任追及について

　不正行為者から被害弁償がなされない場合、金融機関は、不正行為者に対し、被害額の損害賠償請求等の民事責任の追及を検討することとなります。

　責任追及の方法としては、任意の交渉（必要に応じて弁護士に委任することになる）によって損害金の支払を求める方法や、損害賠償請求訴訟を提起する方法があります。

　不正行為者が不動産等の資産を有している場合、資産の移転を防ぎ、債権を保全する観点から、取り急ぎ仮差押え等の民事保全処分を行うことも検討すべきです。

　ただし、民事訴訟を提起した場合、判決までに一定の期間を要し、また、弁護士費用等の費用負担も生じます。不正行為者は金銭に困窮していることが多く、勝訴判決を得ても債権回収ができるとも限りません。

　かかる観点から、金融機関は、上記2のa～eと同様の要素を考慮して、民事訴訟の提起の要否・是非を検討することとなります。

　もっとも、かかる判断は無制限に裁量が認められるわけではありません。たとえば、民事訴訟を提起すれば勝訴の可能性が著しく高く、債権回収も間違いなく見込まれる状況において、金融機関の取締役が、合理的な理由もなく不正行為者への責任追及を怠れば、取締役としての善管注意義務違反に該当することとなります。

　類似の場面における取締役の善管注意義務を検討した裁判例として、

東京高等裁判所平成16年12月21日判決（判例タイムズ1208号290頁）があります。

同裁判例は、株式会社（仮に「A社」といいます）の株主らが、A社取締役らに対し、同社がゴルフ場開発計画に関し行った資金拠出が、関係者らの欺罔行為によるものである旨主張して、A社から当該関係者らへの損害賠償請求訴訟の提起を求めたものの、A社（取締役ら）がこれを提起しなかったことについて、株主代表訴訟が提起されたものです。

同裁判例では、概要、会社の有する債権の管理回収について取締役の裁量の逸脱があったと認められるためには、

① 勝訴の高度の蓋然性
② 債権回収の確実性
③ 回収が期待できる利益が諸費用等を上回ること

に加えて、訴訟提起を行った場合に会社が現実に回収しえた金額の立証が必要であるとの判断を示しました。

かかる裁判例の考え方をふまえ、金融機関において、不正行為者への民事責任の追及を行わないとの判断を下す際には、上記①ないし③の観点での検討を行っておくことが必要であろうと考えられます。

（川西拓人）

第4章

不祥事件の再発防止

Q96 不祥事件の再発防止

設問

不祥事件の再発防止を徹底するためにはどのような点に留意すべきでしょうか。

ポイント 不祥事件の再発防止を徹底するためには、まず、原因を徹底的に分析しなければなりません。金融庁が公表している「金融検査結果事例集」においても、原因分析の不徹底が再発防止への取組みを不十分にしているとの指摘がなされています。原因分析を徹底するためには、事故者本人のみに原因を求めず、不祥事件発生の背後関係を多面的に検討することが大切です（Q5参照）。また、不祥事件が発生した部署以外でも同様の事象が発生する可能性があるという前提で、すべての部署を横断的に調査することも必要です。原因を深く分析したうえで、Q8で解説した「不祥事件防止の要点」を参考にして再発防止策を策定し、組織全体に周知徹底します。

1 原因分析の重要性

　不祥事件の再発防止を徹底するためには、何よりもまず、発生した不祥事件の原因を徹底的に分析する必要があります。原因分析が不十分であると、対策は場当たり的となり、再発防止は徹底できないでしょう。平成27年6月に金融庁検査局が公表した「金融検査結果事例集」におい

ても、再発防止の徹底における原因分析の重要性が以下のとおり指摘されています（下線は筆者による）。

> ・取締役会等が、不祥事件が連続して発生している中、再発防止策の実施内容の審議を行っていないことから、同様の不祥事件が発生している。
> ・監査部門が、営業店等に対し、不備事項の補完を中心とした改善を提案するにとどまり、不備事項の<u>発生原因の分析やそれを踏まえた改善策の策定を指示していない</u>。
> ・取締役会が、コンプライアンス統括部門等による不祥事件に係る特別調査において、<u>事実関係の究明や発生原因の分析を十分に行わないまま終了</u>していることを把握しているにもかかわらず、再調査を指示するなど具体的な対応を行っていない。
> ・コンプライアンス委員会は、コンプライアンス統括部門が策定した不祥事件等に係る再発防止策に、実効性があるかどうかについて十分に検証していないほか、不祥事件等が繰り返し発生している支社等が認められるにもかかわらず、その<u>原因について調査・分析を行っておらず、再発防止策の検討も不十分</u>となっている。

2 原因分析の徹底

(1) 事故者本人のみに原因を求めない

たとえば、A支店で職員Bが事務ミスをした場合に、原因究明をせず

に「Bの不注意による」ですませてしまうと、再発防止策は「Bに厳重注意をする」のみになってしまうでしょう。しかし、人間の不注意によるミスを本人の努力だけで根絶することはできません。

　不祥事件の主な原因は、事故者本人にあることは間違いありませんが、有効な再発防止策を講じるためには事故者のみに原因を求めてはいけません。「事故者にミスや不正をさせてしまった原因は何か」という視点で複合的に分析し、職場全体、組織全体の課題も浮き彫りにする必要があります。

　原因分析にあたっては、**Q5**で解説したように、事務ミスについては「ヒューマンエラーを誘発する4M」の切り口を用いて、エラーの背後関係も含めて多面的に問題を浮き彫りにするようにします。横領等の不正行為については「不正のトライアングル」の3つの心理的要因に着目しながら、悪いと知りながら不正を犯してしまった事故者の心理状態を浮き彫りにする方法が有効です。

(2) 「悉皆調査」を実施する

　金融機関の各店舗で行われる業務の内容や事務処理の手順は、基本的に統一されています。したがって、A支店の職員Bがある事務処理において起こした不祥事件は、他の支店に勤務する職員によっても引き起こされるリスクがあると考えなければなりません。そこで、再発防止策を組織全体で徹底するためには、A支店で発生した不祥事件と同様の事象が発生していないかどうかを、他のすべての店舗も対象にして徹底的に調べる必要があります。そうすることにより、以下のような効果が期待できます。

① 　他の店舗に注意喚起をすることにより、同様の不祥事件の未然防止を図ることができる。

② 万一、他の店舗で同様の不祥事件が発生している場合には、早期発見につなげることができる。
③ すべての店舗の状況を把握することにより、不祥事件のリスクに対する認識が深まり、より有効な再発防止策を講じることができる。

3 原因分析をふまえた再発防止のポイント

再発防止のポイントは、基本的に**Q8**で示した未然防止のポイントと同様ですが、あらためて要点をまとめると表1、2のとおりとなります。

表1　ヒューマンエラーの再発防止

着眼点（4E）	再発防止のポイント（例）
Education （教育訓練）	・法令等や事務手続に関する知識不足が原因の場合には、知識向上のための教育訓練を実施する ・ルール軽視による不安全行動が原因の場合は、ルールの重要性（ルール軽視の重大性）についての認識を向上させるための教育・指導を徹底する
Engineering （技術の活用）	・不注意による電子メールの誤送信の再発防止策として、メール送信ソフトのセキュリティ機能を強化する
Enforcement （ルールの徹底）	・ルールの不徹底によるヒューマンエラーの再発防止策として、当該ルールを通達等により再徹底するとともに、承認プロセスを厳重にする
Example （率先垂範、事例の共有）	・事故事例を研修教材として活用し、再発防止に向けた意識を高める

第4章　不祥事件の再発防止

表2　不正の再発防止

着眼点	再発防止のポイント
機会を認識させないために	・発生した不正行為のリスクを再評価し、内部管理態勢を見直す(自店検査、内部監査の項目の見直し、抜打ちチェックの活用等) ・担当者を信頼しても任せきりにしない ・職場離脱や長期滞留防止の取組みを強化する ・内部通報制度の実効性を高める
問題(プレッシャー、不満等)を抱え込ませないために	・私生活における自己規律を促す ・公私両面における問題を相談しやすい雰囲気づくりに努める ・借金の返済に窮した職員が利用できる融資制度を設ける ・無理な業務目標(金額、件数、期限)を課さない ・管理職が部下を公平に評価するよう心がける
不正を正当化させないために	・再発防止研修において、不正はいかなる理由があっても正当化できないことを強調する ・経営者・上司の率先垂範によりコンプライアンス意識、倫理観を向上させる ・小さな違反を見過ごさずに指摘し合える職場風土を築く

　上記の一般的なポイントを参考に、発生した不祥事件の原因分析に基づいたメリハリをつけた対応が求められます。

（甘粕　潔）

Q97 再発防止に向けた内部管理態勢の強化

設問

不祥事件の再発防止に向けた内部管理態勢強化の要点は何でしょうか。

ポイント

内部管理態勢の強化は「内部統制の強化」になぞらえて考えることができるでしょう。したがって、Q10で解説した金融庁の「財務報告に係る内部統制の評価及び監査の基準」において定義されている内部統制の6つの基本的要素（統制環境、リスクの評価と対応、統制活動、情報と伝達、モニタリング、ITへの対応）を切り口として、不祥事件の再発防止に向けた内部管理態勢強化の要点を解説します。

1 内部管理態勢の強化

　金融機関における内部管理態勢は、金融機関の業務の健全性と適切性を目的として組織内部で整備する態勢であり、「財務報告に係る内部統制」とまったく同じものではありませんが、財務報告に係る内部統制も「業務の有効性と効率性」を向上させ、「事業活動に関わる法令等の遵守」を徹底するという目的を達成するために整備されるものですから、類似点が多いと考えられます。

　そこで「内部管理態勢の強化」を「内部統制の基本的要素の強化」に置き換えて考え、不祥事件の再発防止という観点から、内部統制の6つ

の基本的要素を強化するための要点を解説します(以下、枠内の記述は、金融庁「財務報告に係る内部統制の評価及び監査の基準」より引用)。

2 統制環境

> 統制環境とは、組織の気風を決定し、組織内のすべての者の統制に対する意識に影響を与えるとともに、他の基本的要素の基礎をなし、各要素に影響を及ぼす基盤をいう。

「財務報告に係る内部統制の評価及び監査の基準」には、組織の統制環境を醸成するものとして、①誠実性および倫理観、②経営者の意向および姿勢、③経営方針および経営戦略、④取締役会および監査役または監査委員会の有する機能、⑤組織構造および慣行、⑥権限および職責、⑦人的資源に対する方針と管理という7つの要素が記載されています。不祥事件の再発防止とそれらの要素には、たとえば以下のような関連があるといえます。

・過度な営業目標設定が原因で担当者による不適切な販売行為(優越的地位の濫用や適合性の原則違反など)が生じた場合には、「経営方針及び経営戦略」を見直すとともに、コンプライアンス最優先という「経営者の意向」をあらためて明示する。
・職員の長期滞留が一因となって横領事件が発生した場合には、「人的資源に対する方針と管理」を見直し、人事ローテーションの短期化を図る。
・特定の職員に過度の権限集中が生じたことが原因で不正が発生した場

合には、「権限及び職責」の付与のあり方を見直す。

 リスクの評価と対応

> リスクの評価と対応とは、組織目標の達成を阻害する要因をリスクとして識別、分析及び評価し、当該リスクへの適切な対応を行う一連のプロセスをいう。

　不祥事件が発生したということは、従来のリスク評価と対応への取組みが不十分であったことを示している可能性があります。したがって、再発防止に向けて、少なくとも不祥事件が発生した業務プロセスにおける不祥事件のリスクを再評価し、既存の内部管理態勢の脆弱性の有無を検討して、統制活動やモニタリングなどの基本的要素の強化に活かす取組みが早急に求められます。

 統制活動

> 統制活動とは、経営者の命令及び指示が適切に実行されることを確保するために定める方針及び手続をいい、権限及び職責の付与、職務の分掌、内部牽制等の広範な方針及び手続が含まれる。

　事務ミス等のヒューマンエラーよる不祥事件の再発防止を図る際に

は、まず、既存の統制活動すなわち事務取扱手続等のルールから逸脱した結果生じたものか否かを見極める必要があります。そのうえで、ルール不遵守によるものであれば、当然のことながら、当該ルールの重要性や存在意義を通達や研修により再徹底して、担当者および役職者の意識を高めることが再発防止には不可欠です。もし、ルールどおりの処理をしたにもかかわらず事故が発生した場合は、事務処理の手順、権限付与、職務分掌、内部牽制のあり方自体を見直す必要があるでしょう。

一方、不正行為による不祥事件は、意図的なルール違反によるものですから、ヒューマンエラーとは異なった対応が必要になります。不正のトライアングルにおける「機会」の要素をいかに認識させないかという視点で、権限付与、職務分掌、相互牽制のあり方を見直すとともに、抜打ちチェックの活用や職場離脱の徹底などにより不正を抑止する取組みが必要です。

5 情報と伝達

> 情報と伝達とは、必要な情報が適時かつ適切に識別、把握及び処理され、組織内外及び関係者相互に正しく伝えられることを確保することをいう。

この要素は、組織内外のコミュニケーションにかかわるものです。コミュニケーションが不十分な職場においては、情報不足や誤解などから事務ミスが発生しやすくなるでしょうし、プレッシャーや不満を1人で抱え込む職員が増えて不正リスクが高まるおそれがあります。そのよう

なことが原因で不祥事件が発生した場合には、再発防止にあたって、職場内および本部と営業店の間のコミュニケーション環境を改善することが必要です。

　また、不適切な状況に気づいた職員がそれを見過ごさずに上司や本部に伝達しやすくする仕組みを強化することも大切です。普段から上司が部下に「悪いことほど早く報告するよう」徹底するとともに、内部通報制度の利便性や機密性を改善し（**Q83**参照）、いざというときに職員が安心して通報できるようにします。

　さらに、お客さまや業務委託先など組織外のステークホルダーとのコミュニケーションにも留意し、苦情を含むリスク情報を円滑にやりとりできる関係を構築することも大切です。

6　モニタリング（監視活動）

> 　モニタリングとは、内部統制が有効に機能していることを継続的に監視及び評価し、必要な是正を促すプロセスをいい、業務に組み込まれて行われる日常的モニタリング及び業務から独立した視点から実施される独立的評価に大別される。

　不祥事件の発生原因をふまえて、日常的モニタリングである自店検査のチェック項目、独立的評価である内部監査の監査項目の見直しを検討します。また、発生した不祥事件の再発防止を主眼とした「テーマ監査」を実施したり、策定した再発防止策の履行状況をモニタリングしたりする取組みも必要となります。

7　IT（情報技術）への対応

> ITへの対応とは、組織目標を達成するために定められた方針及び手続を踏まえて、業務の実施において組織の内外のITに対し適切に対応することをいう。

「財務報告に係る内部統制の評価及び監査の基準」には、「ITへの対応は、内部統制の他の基本的要素と必ずしも独立に存在するものではないが、組織の業務内容がITに大きく依存している場合や組織の情報システムがITを高度に取り入れている場合等には、内部統制の目的を達成するために不可欠な要素として、内部統制の有効性に係る判断の規準となる」と記載されています。現在の金融機関は例外なく「組織の情報システムがITを高度に取り入れている」ため、ITへの依存度は高いといえます。したがって、不祥事件の再発防止にあたっては、ITへの対応を見直す必要性を検討する必要があるでしょう。

たとえば、再発防止に向けて内部統制の各要素を強化するためにも、以下のようなかたちでITを取り入れることが考えられます。

① 統制環境：トップが再発防止への明確な姿勢を組織全体に浸透させるために、イントラネットやeラーニングシステムを活用する。
② リスクの評価と対応：リスク統括部門や内部監査部門が、オペレーショナルリスクの解析にソフトウェアを活用する。
③ 統制活動：システムへのアクセス権限や承認権限を厳しくする。
④ 情報と伝達：電子メールやウェブシステムを活用して内部通報制度の利便性、匿名性を高める。

⑤ モニタリング：内部監査部門が、コンピュータ利用監査技法（Computer Assisted Audit Techniques, CAAT）を導入し、不正検知能力を高めた監査を実施する。

なお、内部統制の強化は、一方で業務の効率性を低下させる側面があります。そのようなトレードオフを考慮して「適度に」実施する必要があります。

（甘粕　潔）

Q98 再発防止に向けた経営者の役割

設問

不祥事件の再発防止に向けて、経営者は何をすべきでしょうか。

ポイント 経営者の真価は、組織が危機に直面したときにこそ問われるといえます。経営者は、組織内に健全な経営姿勢を示すことにより、誠実な組織的風土の醸成および内部管理態勢の基盤強化に努める責任を担っています。そして、不祥事件発生により組織内に混乱が生じた際には、先頭に立って事態の収拾および再発防止への取組みを進めなければなりません。「危機から逃げない姿勢」を組織内外のステークホルダーに示し続ける強さが求められます。

1 内部管理態勢の基盤となる「経営者の姿勢」

金融検査マニュアル（預金等受入金融機関に係る検査マニュアル）の「経営管理（ガバナンス）態勢―基本的要素―の確認検査用チェックリスト」は、金融機関の経営陣に対して以下のような取組姿勢を求めています。

取締役をはじめとする役員は、高い職業倫理観を涵養し、全ての職員に対して内部管理の重要性を強調・明示する風土を組織内に醸

> 成する責任があり、代表取締役、取締役、監査役をはじめとする各役職員は、内部管理の各プロセスにおける自らの役割を理解し、プロセスに十分関与する必要がある。

　経営者が常に高い倫理観を保持し、それを着実に組織内に浸透させることができれば、不祥事件を未然防止する組織力を高めることができるでしょう。しかし、いかに内部管理態勢を強化したとしても、残念ながら役職員によるミスや不正を根絶することはできません。そして、不祥事件発生という危機に直面したときにこそ、経営者の「高い職業倫理観」の真価が問われるといえます。

　2013年5月に米国トレッドウェイ委員会支援組織委員会（COSO）が公表した改訂版内部統制フレームワークは、経営者の姿勢が組織に及ぼす影響について以下のように指摘しています。

> ・経営者および取締役会の業務運営スタイルや個人の行動、リスクに対する態度などはすべて、組織に対するメッセージとなり、組織の気風に影響を及ぼす。
> ・経営者個人の不謹慎な行動、都合の悪い情報に対する受容力の欠如、不公平な報酬慣行などは、組織の文化に悪影響を与え、最終的には（組織構成員による）不適切な行動への動機づけにもなる。
> ・対照的に、経営者および取締役会の倫理的で責任ある行動の歴史と、不正行為への対処で強く示されたコミットメントは、誠実性を育む強いメッセージになる。
> ・従業員は、善悪およびリスクと統制に関して、経営者と同様の態度を示す傾向がある。
> ・経営者の姿勢および組織全体の気風は、内部統制システムが機能

> するための基盤となる。強固な内部統制の文化を支援する経営者の姿勢が強固なものでなければ、リスクへの認識や対応、統制活動、情報と伝達、モニタリングの各要素が脆弱なものになってしまう可能性がある。
> ・そのため、経営者の姿勢は、内部統制強化の推進力にも障害にもなり得る。

（出所）　八田進二・箱田順哉監訳、日本内部統制研究学会　新COSO研究会訳『COSO内部統制の統合的フレームワーク　フレームワーク編』日本公認会計士協会出版局、64、65頁

　つまり、経営者は、自分が示す姿勢は、良くも悪くも他の役職員に多大な影響を及ぼす「諸刃の剣」となるということを十分に自覚して、不祥事件発生という危機から目を背けずに毅然と対応し、再発防止へのコミットメントすなわち本気で取り組む姿勢を組織内外に示さなければなりません。

2　不祥事件への毅然とした対応

(1)　ステークホルダーを見据えた誠実な対応

　COSOのフレームワークが指摘するとおり、不祥事件が発生した金融機関の職員は、経営者がどのような対応をするかに注目しており、それにより多大な影響を受けます。もし、経営者が自己保身のために事件の隠蔽を指示したり、責任を転嫁するような言動に終始したりするようなことがあれば、組織の内部管理態勢の土台である倫理的風土は一気に蝕まれてしまい、再発防止どころではなくなってしまうでしょう。

たとえば、2015年6月に金融庁検査局が公表した「金融検査結果事例集」には、次のような指摘事例が掲載されています。

> 　理事会は、「審査委員会規程」を策定し、健全な融資の確保等を図るため、理事長を委員長とする審査委員会において、大口先や問題先に対する融資案件を審議することとしている。
> 　しかしながら、不祥事件の事故者の親族に対する事故補てん金の融資について、理事長が、資金使途の偽装や同委員会委員の持ち回り決裁による承認を指示している中、審査委員会は、理事長の指示であることをもって、返済能力や資金使途の確認が不十分なまま承認しており、代表理事に対する牽制機能が発揮されていない。

　Q1で解説したとおり、不祥事とは「関係者にとって不名誉で好ましくない事柄・事件」（広辞苑）であり、不祥事対応を的確に行うためには、関係者すなわちステークホルダーを広範に見据えなければなりません。それこそが危機に瀕した組織の経営者に求められる姿勢であり、自己保身や責任転嫁、都合の悪い事実の隠蔽・改ざんなどは、いうまでもなく経営者にあるまじき行為です。

　不祥事件が発生した背景には、組織の内部統制におけるなんらかの不備があり、その基盤となる統制環境を司る経営者にも重い責任があります。そのことを十分に自覚し、「都合の悪い情報」にも真摯に耳を傾け、ステークホルダーへの情報開示と謝罪、原因の究明、自らも含めた関係者の厳正な処分、再発防止策の策定と実施などの一連の対応に本気で取り組む姿勢を内外に示し続けなければなりません。

(2) 経営者間の相互牽制

とはいえ、経営者も1人の人間ですから、危機に直面すれば判断力が鈍ることもあるでしょう。そこで、組織としての最高意思決定機関である取締役会や理事会を構成する複数の役員がステークホルダーを見据えて率直な議論を行い、経営者間の相互牽制を図ることで、不祥事件への適切な対応を担保する取組みが求められます。金融検査マニュアルにも、「取締役は、業務執行に当たる代表取締役の独断専行を牽制・抑止し、適切な業務執行を実現する観点から、取締役会において実質的議論を行い、業務執行の意思決定及び業務執行の職責を果たしているか」という着眼点が明記されています。

最近では、取締役会での適切な意思決定を促進するために「社外役員」の登用が重視されています。2015年6月に東京証券取引所が公表した「コーポレートガバナンス・コード」は「上場企業は、会社の持続的な成長と中長期的な企業価値の向上に寄与するような資質を十分に備えた独立社外取締役を少なくとも2名以上選任すべきである」との原則を示しています。金融機関の不祥事件対応に際しても、そのような「社外の目」が有効に機能すると考えられます。

上記のコーポレートガバナンス・コードは、コーポレートガバナンスを「会社が、株主をはじめ顧客・従業員・地域社会等の立場を踏まえた上で、透明・公正かつ迅速・果断な意思決定を行うための仕組み」と定義しています。この定義は、不祥事件発生という危機に直面した経営者にとって重要な指針となるでしょう。つまり、組織のステークホルダーの立場を見据えることが適切な意思決定の出発点であり、不祥事件対応のキーワードは、透明、公正、迅速、果断であるということです。

（甘粕　潔）

Q99 再発防止に向けた本部各部の役割

設問

不祥事件の再発防止に向けて、本部各部はそれぞれ何をすべきでしょうか。

ポイント Q100に記載しているとおり、金融機関の不祥事防止態勢には「3つのディフェンスライン」があります。ここでは、金融庁による指摘事例を題材にして、第2のディフェンスラインを構成する本部の管理部門（コンプライアンス、事務統括、人事など）および第3のディフェンスラインである内部監査部門が、不祥事件の再発防止において果たすべき役割について解説します。発生した不祥事件への個別の対応にとどまらず、リスクを幅広く想定し、第1のディフェンスラインである営業店とも密接に連携して徹底的な対策を講じることが求められます。

1 金融庁の指摘事例にみる再発防止に向けた課題

平成27年6月に金融庁検査局が公表した「金融検査結果事例集」に以下のような事例が掲載されています。

> 取締役会等が、不祥事件が連続して発生している中、再発防止策の実施内容の審議を行っていないことから、同様の不祥事件が発生

している事例（地域銀行）

　取締役会及び頭取を委員長とするコンプライアンス委員会は、職員が取引先から金銭借入等を行った不祥事件が連続して発生しているにもかかわらず、コンプライアンス統括部門が作成した再発防止策について報告を受けるにとどまり、同防止策の実施内容に関して審議を行っていないことから、以下のような問題点が認められる。

　不祥事件の再発防止策について、コンプライアンス統括部門は、職員が取引先から金銭借入等を行った不祥事件が発生しているにもかかわらず、未然防止の観点から取引先への営業記録をチェックするといった職員の行動管理を行っていない上、研修において、取引先との金銭貸借等の禁止に係る指導を行っていない。

　また、人事担当部門は、不祥事件の発生を踏まえ、職員面談において職員の金銭貸借状況を含む身上把握を行うこととしているものの、営業店指導を徹底していないことから、身上把握した内容を記録していない営業店が多数認められるにもかかわらず、これを看過している。このため、営業店において、職員が取引先から金銭借入を行った不祥事件が再発している。

　さらに、内部監査部門は、事件発覚前、当該事故者が「職員間の金銭私借」により懲戒処分を受けた際に、当該事故者の預金取引に関する調査を行っているが、金銭貸借の状況を調査しておらず、取引先から金銭借入があったことを看過している。

　この事例は、営業店で発生した不祥事件（職員による取引先からの金銭借入れ等）に対する第2のディフェンスライン（コンプライアンス統括部門および人事担当部門）ならびに第3のディフェンスライン（内部監査部門）の対応が不十分で、さらに経営者（取締役会およびコンプライアンス

委員会）が対応状況を確認しなかったために、再発防止策が有効に機能しなかったというものであり、「不祥事件の再発防止に向けて、本部各部は何をすべきか」を考えるうえで参考になる事例です。

この指摘事例から、不祥事件防止の第2のディフェンスラインを担うコンプライアンス統括部門、人事担当部門がそれぞれ学ぶべき教訓にはどのようなものがあるでしょうか。

2 不祥事件の再発防止に向けてコンプライアンス統括部門がとるべき対応

(1) 指摘事例から得るべき教訓

a 「未然防止の観点から取引先への営業記録をチェックするといった職員の行動管理を行っていない」

この指摘から学ぶべきことは、発覚した不祥事件への個別の対処だけでは不十分であり、「取引先からの金銭借入」を行える立場にある営業担当者全員を対象にして、同様の事件が起きていないか、起きる可能性はないか、再発防止を徹底するためにはどのような対応が必要かを深掘りして検討しなければならなかったということです。

b 「研修において、取引先との金銭貸借等の禁止に係る指導を行っていない」

この指摘から得るべき教訓は、aと同様に「取引先と接点をもつ職員全員に、取引先からの金銭借入という不正行為を犯してしまう可能性がある」という前提で対策を考えなかったために、他の営業担当者に注意喚起するという対応がおろそかになってしまったということです。

(2) 教訓をふまえた対応のポイント

a 「固有リスク」に基づく徹底的な対応

　固有リスクとは「経営者によってリスクの発生可能性または影響度を改善する措置が何も講じられないとした場合に、事業体の目的に及ぼすリスク」と定義されています（八田進二・箱田順哉監訳、日本内部統制研究学会　新COSO研究会訳『COSO内部統制の統合的フレームワーク　フレームワーク編』日本公認会計士協会出版局、103、104頁）。上記の事例でいえば、「取引先と接点をもつ営業担当者であれば、取引先から私的に金銭を借り入れるという不正行為に及ぶリスクは誰にでもある」と考えたうえでリスクの評価と対応を行うということです。そのようなリスク感覚があれば、1件の不祥事件をきっかけにして全営業担当者の実態を調査する（悉皆調査を実施する）という取組みにつながります。

b あらゆる手段を用いた職員の意識づけ

　人的リスクの典型である不祥事件の再発防止を徹底するためには、職員に対する研修を通じた意識づけが必要不可欠です。集合研修、eラーニング、エリア会議、営業店における上司からの訓示など、あらゆる手段を活用して、再発防止に向けた意識づけを繰り返す必要があります。研修に関しては、人事担当部門との連携も重要です。

3 不祥事件の再発防止に向けて人事担当部門がとるべき対応

(1) 指摘事例から得るべき教訓

「職員面談において職員の金銭貸借状況を含む身上把握を行うことと

しているものの、営業店指導を徹底していないことから、身上把握した内容を記録していない営業店が多数認められるにもかかわらず、これを看過している」

この指摘から得られる教訓は、身上把握の実施を営業店に任せきりにした結果、その趣旨や重要性が営業店の役職者に伝わらず、形骸化してしまったということです。身上把握は、横領の動機となる金銭的なプレッシャーの有無を確認する有効な手段となりえますが、人事担当部門の指導不足によりその効果が十分に発揮されませんでした。

(2) 教訓をふまえた対応のポイント

再発防止策を営業店の協力を得て実施する際には、まず、対策実施の意義を十分に説明し、営業店側にやらされ感が生じないよう注意しなければなりません。また、実施方法や実施期限を決めるにあたっては、営業店の負担や繁忙状況に配慮し、無理なく実施できるような内容にすべきです。

そのうえで、実施状況は厳正にチェックし、不備があれば徹底的に是正します。突発的な事情により営業店での実施がむずかしい場合には、人事担当部門からサポート人員を送ることも検討します。

最後に、実施結果およびそれに基づく対策については、職員のプライバシー保護に留意しつつ、営業店にフィードバックします。「面倒なことをさせておいて結果を何も知らせない」という不満が高まると、その後の協力を得にくくなります。

不祥事件の再発防止に向けて内部監査部門がとるべき対応

(1) 指摘事例から得るべき教訓

「事件発覚前、当該事故者が「職員間の金銭私借」により懲戒処分を受けた際に、当該事故者の預金取引に関する調査を行っているが、金銭貸借の状況を調査しておらず、取引先から金銭借入があったことを看過している」

この指摘からは、1つの事象からさまざまなリスクを想定する感度が内部監査部門に求められているという教訓が得られます。言い換えれば、「他の職員から私的に金銭を借りている⇒金銭面で問題を抱えている⇒取引先からも借金をしているおそれがある⇒集金現金や預金の横領はしていないか」と想定すべきであったということです。

(2) 教訓をふまえた対応のポイント

日本内部監査協会は「内部監査基準」において、内部監査人は、監査の実施過程で「違法、不正、著しい不当および重大な誤謬のおそれ」に対して、専門職としての正当な注意を払うべきとしています。また、「内部監査部門は、組織体が不正リスクをいかに識別し、適切に対応しているかを評価しなければならない」と規定しています。

内部監査人の職務は、不祥事件を防止・発見することだけではありませんが、不祥事件防止の最後の砦として、日々不正リスクへの感度を高めつつ、監査においては懐疑心を発揮して不正の兆候を見逃さない対応が求められています。

(甘粕　潔)

Q100 再発防止に向けた営業店の役割

設問

不祥事件の再発防止に向けて、営業店は何をすべきでしょうか。

ポイント

「事件は現場で起きる」といわれるとおり、最前線で不祥事件のリスクと戦う営業店の役割は非常に重要です。営業店長が中心となり、自店において不祥事件が発生した場合はもちろん、他店における不祥事件も重く受け止め、自店における内部管理態勢を見直すための教訓として活用しなければなりません。再発防止に向けては、発生した不祥事件の原因を十分に把握したうえで、ヒューマンエラー、不正行為に分けて対策を講じます。店舗内のコミュニケーションの向上はあらゆる不祥事件を防止するために役立つ重要な取組みです。

1 3つのディフェンスライン

組織の内部統制には、不祥事の発生を防ぐための「3つのディフェンスライン」があるといわれます。金融機関においては以下のような布陣で不祥事件のリスクと戦っています。

・第1のディフェンスライン：営業店
・第2のディフェンスライン：本部の管理部門（コンプライアンス、事務統括、人事など）

第4章 不祥事件の再発防止

・第3のディフェンスライン：内部監査部門

　したがって、不祥事件発生後の再発防止においても、経営者のリーダーシップのもと、3つのディフェンスラインが連携しながら役割・責任を果たすことが求められます。本項では、再発防止に向けた第1のディフェンスラインの役割について解説します。第2、第3については**Q99**を参照してください。

　以下、営業店における再発防止への取組みの留意点を概説します。

（1）　不祥事件発生時の基本的な心構え

　自店において不祥事件が起きてしまった場合には、職員の間に動揺が走り、店舗内の雰囲気は悪化して、職員一人ひとりのモチベーションが低下するおそれが高まります。営業店長は、お客さまや地域住民からの信頼回復に向けて「店舗経営のトップ」としてリーダーシップを発揮しつつ、所管部署と密接に連携して事件の原因分析および再発防止策の策定を迅速かつ的確に進めなければなりません。そのうえで、職員全員を巻き込んで再発防止への取組みに着手し、内部管理態勢の強化に向けて舵を切らなければなりません。

　他店において不祥事件が起きた場合でも、「うちの店でなくてよかった」などと安堵してはいけません。他店での不祥事件を他山の石となし、「うちの店で同じ不祥事件が発生するリスクはどの程度あるか」「リスクへの対応は十分になされているか」「不十分な点があれば、どのようにして改善を図るべきか」などを管理職を中心に検討し、店舗経営に活かす必要があります。

(2) 発生した不祥事件の詳細および原因の把握と再発防止徹底への活用

Q96にあるとおり、有効な再発防止への出発点となるのは、起きてしまった不祥事件の詳細な経緯や原因を把握することです。営業店で発生した不祥事件については、通常、本部が主体となって調査が行われますので、営業店長または次席が調査担当者と緊密に連携して、事件の経緯や原因の把握に努めます。可能であれば、事故者や関係者から独自にヒアリングします。その際には、事故者を一方的に責めることなく「管理職として部下に不祥事件を起こさせてしまった」という反省を込めて、事故者の心情にできる限り耳を傾ける必要があります。

他店で発生した不祥事件については、通達等により事件の概略を把握できますので、支店長や他の役職者が適宜追加情報を得たうえで、部下と経緯を共有し、自店で同じ問題を起こさないよう注意喚起をします。その際には、事故者や事故発生部署に関することが興味本位で広まらないように十分注意を促します。

(3) ヒューマンエラー（事務ミス等）の再発防止に向けた営業店の役割

Q8および**Q96**で示したヒューマンエラー防止の「4E」の観点から、営業店において取り組むべきことを例示します。

a Education（教育訓練）

① 発生した不祥事件を題材に店内勉強会を実施し、不祥事件の重大性を再認識するとともに、決して他人事ではないという意識を高め、再発防止への主体的な取組みを促す。

② 他店で発生した不祥事件については、自店において同じ問題が発生

する可能性を検討するための教材とし、必要な改善策を講じる。

b　Engineering（技術の活用）

① 発生した不祥事件の原因に、機器やシステムの取扱ミス（電子メールの誤送信や端末への入力ミスなど）が絡んでいる場合には、自店の職員に対して、取扱い上の留意点をあらためて周知する。

② 職員から、店舗内の機器やシステムに関する不具合や老朽化、使いにくさなどの問題を感じていないかヒアリングし、適宜改善を図る。

c　Enforcement（ルールの徹底）

① 発生した不祥事件の原因に、ルールに関する知識不足や認識不足が絡んでいる場合には、自店の職員の理解度を確認し、足りない点を補う。

② 不祥事件の原因分析を参考にして、自店における就業環境や職場規律の改善に活かす。

d　Example（率先垂範、事例の共有）

① 管理役職者会議において、再発防止の徹底に向けて管理職のリーダーシップ発揮を促すとともに、営業店長が率先して模範を示す。

② 可能であれば、不祥事件が発生した営業店の支店長が、支店長会議や管理職研修の場で経験談を語り、受講者は持ち帰って職場で共有する。

⑷　**不正行為（横領等）の再発防止に向けた営業店の役割**

同じく、**Q8**および**Q96**で示した不正のトライアングルをつくらせない管理の観点から、営業店においては以下のような取組みを強化すべきでしょう。

a　機会を認識させない

① 発生した不祥事件の手口や原因、発覚の経緯を把握し、役職者間で

共有する。

② そのうえで、自店において同様のリスクが高まっていないかどうかを検証し、必要な改善策を講じる。

③ 自店検査の実施状況を見直し、実効性を高める（例：抜打ちの要素を盛り込むなど）。

④ 役職者会議などにおいて、金融機関における横領事例などを定期的に共有し、管理役職者の不正リスクへの感度を高める。

⑤ 職員に対して「不正は必ず発覚し、懲戒解雇はもちろん刑事告訴される可能性もある」ということを知らしめる。

⑥ 職員に対して、書類やデータ、職員の言動に少しでも違和感を覚えたら、躊躇なく上司に報告するよう促す。また、上司にいいにくい場合は、内部通報制度を利用するようあわせて周知する。

b 問題（プレッシャー、不満等）を抱え込ませない

① 職員一人ひとりと面接を行い、私生活も含めて問題を抱え込んでいないかどうか確認する（ただし、日頃のコミュニケーションがとれていないと、このような場で本音を聞き出すことはむずかしいでしょう）。

② 管理役職者が、部下と必ず1日1回は会話を交わすよう心がけ、実践する。

③ 過度な目標を課したり、無理な指示を出したりしないように心がける。

④ 私生活も含めて、部下の身上把握に努める（家族構成、子育てや介護に関する苦労、趣味、休日の過ごし方、将来の希望など）。

c 不正を正当化させない

① 業務は常にコンプライアンス最優先で臨むよう厳命し、営業店長以下役職者が手本を示す。

② 「いかなる理由があってもコンプライアンス違反は許さない」と宣

言し、違反を見過ごさずに厳正に対処する（違反の見過ごしは、違反を許可したのと同じであり、正当化の温床となる）。

③　誠実な言動を高く評価する。

上記(3)および(4)に記載した取組みに関して、営業店のみでは対応がむずかしい事項については、営業店長から所管部宛てに積極的に意見具申をすることが大切です。

(5) 店舗内のコミュニケーション向上

コミュニケーションは組織の血流であり潤滑油であるといわれます。したがって、店舗内のコミュニケーションが滞ると店舗運営に不具合が生じやすくなります。職員によるヒューマンエラーや不正行為の発生もコミュニケーション不足によって生じる不具合の1つと考えることができるでしょう。

たとえば、風通しの悪い組織では、職員間のコミュニケーションが不十分になり、誤解が生じたり、問題の報告が滞ったりするリスクが高まります。また、職員がお互いの仕事に関心を払いにくくなるため、以下のようなかたちで「不正のトライアングル」の3要素が生じやすくなるでしょう。

・組織のなかで孤立し、プレッシャーや不満を抱え込む社員が増えるリスクが高まる。

・お互いの仕事への無関心から、チェックが甘くなり、任せきりの状態が生じやすい。

・「会社が悪い」「上司が悪い」などと身勝手な正当化をしてしまう心理状態になりやすい。

逆に、職員間の活発なコミュニケーションは、営業店の就業環境を活性化し、不祥事件の防止にもおおいにプラスの影響を及ぼします。組織

コンサルタントのデビッド・シロタらは、その著書『熱狂する社員』（英治出版）のなかで、企業が社員のモチベーションを向上させ活力ある職場をつくるためには、「公平感」「達成感」「連帯感」の3要素が必要であるとしていますが、コミュニケーションはこれら3つの要素を高めるための潤滑油として機能します。

・「公平感」は、上司がすべての部下と分け隔てなく接し、部下の適性や希望を理解したうえで、自分の考えや評価を率直に伝えることにより生まれます。

・「達成感」は、お互い常に相手に関心をもち、相手の長所を率直に褒めたり、認めたり、感謝したりすることにより感じることができます。

・「連帯感」は、まさに日頃のコミュニケーションの賜物です。朝の挨拶を起点として、お互いに声をかけ合ったり、困っている相手には自然と助けの手を差し伸べたりすることができれば、ミスや不正を減らすことができるでしょう。時には不適切な言行をきっちり指摘し合うという厳しい連帯感も必要です。

したがって、不祥事件の再発防止にあたっては、営業店長や管理職が率先して部下と挨拶や会話を交わすなどにより、店舗内のコミュニケーション環境を向上させることが非常に重要です。それにより、再発防止への取組みを全員参加で推進する土壌が整備され、職員が問題や悩み、不満などを抱え込みにくくして、不祥事発生のリスクを低減することができるでしょう。

（甘粕　潔）

Q101 再発防止に向けた研修の実施

設問

不祥事件の再発防止に向けた研修の内容は、どのようなものが効果的でしょうか。

ポイント　再発防止のための研修は、発生した不祥事件の原因究明に基づいて実施しなければなりません。研修の実施形式にかかわらず、経営トップが再発防止に向けた決意を表明するメッセージから始めるのが理想的です。それを受けて、不祥事件の原因究明や再発防止策の策定にかかわった担当者が講師を務め、事件の発生経緯や原因、また、それに対する再発防止策の詳細を伝えます。研修終了時には必ず受講者の理解度を確認するとともに、1回の研修で終わらせず、継続的な取組みを進めることが大切です。

1 不祥事件の再発防止策における研修の重要性

　不祥事件の主たる原因は、事故者および関係者の事務処理ルールに関する知識不足、ルールの重要性に対する認識不足、コンプライアンス意識の低下、プレッシャーや不満の抱え込み、私利私欲や保身などの人的な要因です。したがって、不祥事件の再発防止を徹底するためには、不祥事件の主たる発生原因となる「人」の知識、認識、誠実性、倫理観などを向上させる取組みが不可欠であり、研修の実施はその有力な手段と

なります。再発防止に有効な研修の要点を以下に解説します。

再発防止研修の要点

(1) 再発防止研修において取り上げるべき項目と留意点

不祥事件の再発防止を主眼とした研修の基本的な項目としては、以下のようなものが考えられます。

a 経営トップからのメッセージ

再発防止研修の内容は、基本的には不祥事件の抑制のためのコンプライアンス教育（**Q69**参照）と同様ですが、再発防止の決意を示す経営トップのメッセージで始めなければなりません。発生した不祥事件に対する強い危機感を表明するとともに、当該事件の重大性、再発は許されないことなどを自らの言葉で訴えかけます。特に、詐欺・横領・背任などの不正行為による事件が発生した場合には、いかなる理由があっても不正は絶対に許さず、違反者に対しては刑事告訴も辞さない旨を明言することは、不正行為の抑止効果を高めます。

集合研修であれば、代表取締役（代表理事）またはコンプライアンス担当役員が受講者に直接語りかけるのが効果的です。eラーニングの場合、可能であれば経営トップからの動画メッセージを組み込みたいところです。「経営者が危機感をもって本気で取り組んでいる」ということが伝わらないと、職員の意識も高まりません。

b 発生した不祥事件の詳細と発生原因

効果的な再発防止策は、発生原因の徹底的な究明なしには策定できません。また、不祥事件の事故者や関係者を除けば事故の内容を理解して

第4章　不祥事件の再発防止

いる職員は少なく、それゆえに危機感も相対的に薄くなってしまいます。そこで、不祥事件の調査に携わった職員などが講師を務めて事件の詳細を解説し、どのような状況で、どのような事故が、何が原因で起きてしまったのかについて、受講者の認識を高める必要があります。

なお、詳細を解説する際には、事故者や関係者の立場に十分配慮しなければなりません。「どこのだれが事件を起こしたのか」ということが興味本位に広まるのを避けるため、部署名や関係者名などは伏せる必要があります。

c 当該不祥事件の重大性

不祥事件は、さまざまなステークホルダーに損失や不利益をもたらし、金融機関の信用も深く傷つける重大な事態をもたらします。研修では、発生した不祥事件が実際にどれだけのステークホルダーにどのような損失をもたらしたのか、自組織は不祥事件対応にどれだけの金銭的・時間的コストをかけなければならないのか、自組織に対する信用がいかに失墜したのか、再発防止のためにどれだけの負担が生じるのかなど、不祥事件を起こすことの重大性を具体的に知らしめます。

d 具体的な再発防止策の内容と職員一人ひとりの役割・責任

当然のことながら、これが再発防止研修の最も重要な項目です。上記bやcをふまえて、どのような再発防止策を何のために実施するのか、対策を徹底するためのポイントは何か、職員一人ひとりが自分の職務においてどのような点に留意すべきかなどを具体的に説明します。

e 主体的な取組みの促進

不祥事件を起こした当事者および関係者を除き、多くの職員は「今回の事件が自分のところで起きなくてよかった」程度に考えてしまうかもしれません。それでは、再発防止策の実効性は高まらないでしょう。そこで、受講者が不祥事件を「自分ごと」としてとらえ、健全な危機意識

を高めるように促す必要があります。たとえば他の金融機関で年間どのくらいの横領事件や顧客情報の漏洩事故が発生しているかを知らしめることにより、「同じような不祥事件は他の部署で十分に起こりうる」「あすはわが身という緊張感をもって再発防止に臨まなければならない」という意識を喚起する工夫が求められます。

f　質疑応答

各受講者の理解度や問題意識にばらつきがありますから、できる限り質疑応答の機会を設けるべきです。講師がその場で即答できない質問については、その場しのぎのあいまいな回答をせずに、持ち帰ったうえで後日回答するようにします。

g　理解度テスト

受講者の理解度を確認し、その後の研修運営に活かすためにも、なんらかの方法で研修内容の理解度テストを実施すべきです。集合研修の最後にその場で実施するか、後日eラーニングシステムを利用して実施してもよいでしょう。

h　具体的な研修内容

上記をふまえて、再発防止のための具体的な研修内容は、発生した不祥事件の原因によって異なります。たとえば、新たに導入された事務規定に対する知識や理解が不十分なために発生した事務ミスの再発防止については、担当者・役職者それぞれのレベルにおける事務知識向上に主眼を置いた研修を実施すべきでしょう。一方、職員による横領事件の再発防止にあたっては、人はなぜ悪いと知りながら横領をしてしまうのか、未然防止にはどのような対応が求められるか、早期発見するためにはどのような兆候に注意したらいいのかなどについて、事例研究やディスカッションなどを通じて考えさせ、認識を深めさせるのが望ましいといえます。

(2) 再発防止研修の実施形式

a 集合研修

　再発防止に向けて役職員全員の意識を高めさせるためには、全員を対象とした集合研修を実施するのが理想的です。研修時間は内容次第ですが、業務時間中に開催することを考慮すれば、2時間程度が一般的でしょう。あるいは、振替休日扱いで土曜日に役職員全員を大講堂等に集めて、一斉に集合研修を実施するパターンもあるでしょう。

　全員を対象とした集合研修の実施がむずかしい場合には、善後策として、各部署の代表者（コンプライアンス推進責任者など）を対象に集合研修を実施し、その後、代表者が各部署に持ち帰って研修講師を担当するという方法を採用することもできます。その場合には、代表者向けの研修には時間をかけて、講師として強調すべき点などに対する理解を十分に深めさせる必要があります。そのうえで、以下のようなツールを提供し、各自の実施内容にばらつきが生じないように工夫します。

・経営トップからのメッセージの動画
・研修配布資料
・講義の要点を記したメモ
・修了テストと解説

　各部署での研修が終了したら実施報告の提出を求め、全職員が受講したことを確認します。

b eラーニング

　職員の知識を底上げすることを主眼とするのであれば、eラーニングと理解度テストを組み合わせた形式が最も効率的でしょう。ただし、eラーニングに真剣に取り組むかどうかは受講者次第という面がありますので、受講後に研修内容の理解度テストに合格することを修了条件とす

るのが一般的です。合格基準は正答率80％以上などとしてもいいですが、再発防止を徹底するためには全問正解を条件とすべきでしょう。また、研修主管部署において受講状況をモニタリングし、各部署のコンプライアンス推進責任者と連携して早期に対象者全員が修了するよう徹底を図ります。

(3) 継続的な実施の重要性

　再発防止への取組みは一過性のものであってはなりません。不祥事件抑制のためのコンプライアンス教育（**Q69**参照）と同様に、再発防止研修も一度限りではその効果は限定的であり、継続性をもたせることが不可欠です。監督官庁から継続的な報告を義務づけられるか否かにかかわらず、不祥事件発生から最低１年間は集合研修、ｅラーニング、部署内勉強会などを織り交ぜた再発防止のための研修を計画的に実施すべきです。内部監査部門やコンプライアンス統括部門の臨店時に、抜打ちで知識や意識を問うような取組みも効果的です。

　その後は、経常的なコンプライアンス・プログラムに組み込んだり、事故発生日を「コンプライアンスの日」や「情報セキュリティの日」などと銘打って、苦い経験を風化させない工夫をしたりすることも大切です。また、新卒・中途を問わず、新たに組織に加わる職員に対しては、入社時研修などのタイミングで過去の不祥事件とその教訓を伝えることも必要でしょう。

（甘粕　潔）

「金融検査結果事例集」から得られる教訓

設問

「金融検査結果事例集」から得られる不祥事件対応上の教訓にはどのようなものがありますか。

ポイント 金融庁検査局が公表する「金融検査結果事例集」は、金融検査における指摘事項や評価事項のなかから、当局が金融機関の管理態勢強化に資すると考える事例を掲載したもので、不祥事件への対応を強化するための参考資料としても役に立ちます。事例集に記載された不祥事件対応の好事例や失敗事例を自組織の現状に照らし合わせることにより、不祥事件の未然防止、早期発見、再発防止への取組みを強化するための教訓を得ることができます。

1 「金融検査結果事例集」とは

　金融庁検査局は、平成17年より、金融検査における指摘事項のなかから、金融機関の適切な管理態勢構築に資する事例をまとめた「金融検査指摘事例集」の公表を開始しました。そして、平成23年2月に公表した平成22検査事務年度前期版からは、タイトルを「金融検査結果事例集」と改め、指摘事例のみならず好事例としての「評価事例」も掲載しています。

　不祥事件の未然防止、早期発見、再発防止への取組みに関しても、毎

回複数の事例が取り上げられており、各金融機関が不祥事件への対応力を強化するための教材として活用することができます。以下、本稿執筆段階における最新の事例集（平成27年6月公表）のなかから、不祥事件に関連する事例およびそれらの事例から得られる教訓について解説します。

なお、農業協同組合の事業に関しては、農林水産省大臣官房検査・監察部と金融庁検査局が連名で「農協検査（3者要請検査）結果事例集」を公表しています。

2 不祥事件に関連する事例およびそこから得られる教訓

平成27年6月に金融庁検査局が公表した「金融検査結果事例集」（以下「事例集」といいます）のPDFファイルを「不祥事件」をキーワードにして簡易検索すると27件の該当があり、以下のような関連事例が掲載されています。各事例から得られる教訓をあわせて記載します。

(1) 内部監査態勢に関するもの

【事例1】
　内部監査部門が、営業店に対する監査について、発見された事務不備に起因して派生する可能性のあるリスクについて、本質的な解決・改善につながるような指摘を行っていない等の事例（地域銀行）

　同部門は、「内部監査実施基準」において、不祥事件発生等に対して機動的に監査を実施することとされているものの、他の営

> 業店においても発生し得る不祥事件について機動的な監査を実施していないなど、不祥事件再発防止等の観点から実効的な監査を実施していない。

この事例からは、以下のような教訓が得られます。
・「機動的な監査」とは具体的にどのようなものなのか。実施基準の記述内容が抽象的で、内部監査担当者の理解が不十分な点はないか。基準のあいまいさを補完する実務マニュアル等の整備を検討すべきである。
・ある営業店で発見された不備は、他の営業店でも生じうるという認識を強め、個別の不備の是正にとどまらず、全店に注意喚起を行う取組みを徹底すべきである。

> 【事例2】
> 　監査部門が、営業店等に対し、不備事項の補完を中心とした改善を提案するにとどまり、不備事項の発生原因の分析やそれを踏まえた改善策の策定を指示していない事例（信用金庫及び信用組合）
> 　　監査部門は、営業店等に対し、不備事項の補完を中心とした改善を提案するにとどまり、不備事項の発生原因の分析やそれを踏まえた改善策の策定を指示していない。
> 　　このため、営業店において発生原因を踏まえた改善対応が図られておらず、内部監査において、預り物件管理簿への記載不備や、現金等預り時の受取証未発行が繰り返し指摘されている。

この事例からは、以下のような教訓が得られます。
・有効な再発防止策を講じるためには、徹底的な原因分析が不可欠であ

るという鉄則を肝に銘じなければならない。
・個別の不備を指摘して補完させるだけでは、内部監査の役割は十分に果たせない。

(2) 法令等遵守態勢に関するもの

【事例3】
　取締役会が、コンプライアンス統括部門等による不祥事件に係る特別調査において、事実関係の究明や発生原因の分析を十分に行わないまま終了していることを把握しているにもかかわらず、再調査を指示するなど具体的な対応を行っていない等の事例（地域銀行）
　取締役会は、コンプライアンス統括部門等による特別調査が、事実関係の究明や発生原因の分析を十分に行わないまま終了していることを把握しているにもかかわらず、再調査を指示するなど必要な対応を行っていないほか、事故者による他の事案や事故者以外による同様の事案が潜在している可能性について検証していない。

【事例4】
　コンプライアンス委員会は、コンプライアンス統括部門が策定した不祥事件等に係る再発防止策に、実効性があるかどうかについて十分に検証していないほか、不祥事件等が繰り返し発生している支社等が認められるにもかかわらず、その原因について調査・分析を行っておらず、再発防止策の検討も不十分となっている（生命保険

会社)

この事例からは、以下のような教訓が得られます。
・有効な再発防止策を講じるためには、徹底的な原因分析が不可欠であるという鉄則を肝に銘じなければならない。
・取締役会やコンプライアンス委員会のメンバーは、自らの姿勢や言動が組織の内部管理態勢に良くも悪くも大きな影響を与えるという自覚を新たにしなければならない。

【事例5】
　コンプライアンス統括部門が、代理店総点検の実施に当たり、点検を的確に行うための必要日数等を十分に考慮しないまま、実施期限を一律に定めて指示している事例（損害保険会社）
　当社の保険代理店において、多額の費消・流用事件が発覚したことを受け、同部門は、原則、年1回「全代理店総点検」を営業部および支店（以下「部支店」という）において実施するなど、代理店における不祥事件の再発防止策を強化している。
　しかしながら、同部門は、当該点検の実施に当たり、点検を的確に行っていくために必要となる日数等についての把握・見積りを十分に行わないまま、実施期間を一律に定めて部支店に指示している。
　このため、当該点検は、指示された期間内に全代理店の点検を消化することに重点が置かれ、実効性ある点検が行われておらず、点検で「問題なし」と判定された代理店において、その後、不祥事件等が発生している実態が認められる。

この事例からは、以下のような教訓が得られます。
・現場の実情をふまえない制度は「やらされ感」を高め、形骸化を招きやすい。
・点検実施の必要性およびその効果に対する現場の認識を高めるとともに、点検の適切な実施を積極的に評価する取組みが求められる。

(3) 保険募集管理態勢に関するもの

【事例6】評価事例
　保険募集の高度化に向けて、単に規程の改定や募集人教育を行うにとどまらず、商品の統廃合・簡素化、顧客管理などに係るシステムを導入するなど、効果的かつ実効性ある取組を行っている等の事例（損害保険会社）
　　当社の保険募集の高度化に向けた取組は、単に保険募集規程の改定や募集人教育にとどまらず、個人向け商品を中心に商品の統廃合・簡素化、顧客管理や契約案内の作成など大半の業務プロセスを代理店システム上で行う仕組みを導入するなど、効果的かつ実効性ある取組となっており、この結果、不祥事件届出件数や保険募集等に係る本社受付苦情件数は減少している。

この事例からは、以下のような教訓が得られます。
・単に規程を整備して「守れ」というだけでなく、現場の負担軽減に配慮した抜本的な取組みが功を奏した事例として参考にする。

【事例7】
　保険募集管理部門が、コンプライアンス一斉点検に際し、保険料

> の収納において、口座振替への移行などキャッシュレス化が進展していることを踏まえたリスクの洗出しや代理店指導等を実施していない事例（損害保険会社）
>
> 　当社の代理店における不祥事件については、「保険料の費消・流用」、「無断契約」および「無登録・無届募集」等が発生している状況にある。
>
> 　このため、保険募集管理部門は、コンプライアンス・プログラムの最重要課題として、上記の３つの問題に焦点を当てたコンプライアンス一斉点検を各事業部門に実施させることとしている。（中略）
>
> 　しかしながら、同部門は、保険料の収納において、口座振替への移行などキャッシュレス化が進展していることを踏まえたリスクの洗出しや代理店指導等を実施していない。
>
> 　こうした中、今回検査において、口座振替契約の中から、契約者と口座名義人が異なり、かつ募集人名義の口座を使用している契約を抽出して検証したところ、当社基準に照らして不適切な（若しくは疑義のある）契約が多数認められる。

この事例からは、以下のような教訓が得られます。

・事務プロセスの改定等により常にリスクは変化しており、定期的なリスクの洗い替えとそれに基づく対応（監査項目や自店検査項目の見直しなど）を継続的に実施しなければならない。

（甘粕　潔）

Q103 渉外業務における再発防止のポイント

設問

渉外業務における不祥事件の再発防止のポイントは何でしょうか。

ポイント 　渉外業務は支店の外で行われる業務のため、牽制がかけにくいという特徴があります。そのため、いろいろな方法で「あなたの行動はだれかにみられている」「上司として適切な管理がされている」といった意識づけを常に行う必要があります。

1 金融機関における対応策の具体例

　本書の他の設問でも多く説明されていますが、渉外業務における不祥事件は、一般的に「不正のトライアングル」（**Q5**参照）と呼ばれている仮説で説明できるといわれています。渉外業務は、「不正のトライアングル」でいわれている「機会」を認識することが多いためです。また、その多くは現金の授受において発生しています。

　多くの金融機関では、以下のような対応策を実施しています。
・現金の届出について、顧客へ確認の電話
・複数名の行職員による現金届出
・定期預金、投資信託等の解約で現金による支払について、確実に顧客に現金が届けられているかのフォローアップ

・上司等による訪問予定と実際の訪問実績の検証と実地確認
・私的な鞄等の検証　など

　特に、「私的な鞄等の検証」は重要であり、また、留意すべき点があります。

　渉外業務における不祥事件においては、盗んだ現金を私的な鞄で運び出すことがあります。では、盗み出した現金はどこに隠して持ち帰るのでしょうか。

　当然のことながら「本人の承諾を得てから、鞄を就業時間内に抜打ちで検査を行う」といったことは多くの金融機関で行われています。しかし、その多くは、早朝出勤時に検査を行っているのではないでしょうか。しかし、持ち帰るのは当然「帰り」であり、就業時間、それも渉外活動を行っているときです。

　したがって、こうした検査を行う場合、検査実施のタイミングを一律にするのではなく、ランダムな時間に検査を行うことが必要ではないでしょうか。

　また、地域金融機関では自家用車での出勤を行っている場合があると思います。そのため、通勤用の自家用車についても留意する必要があります。

　もし、自家用車について検査を行うのであれば、十分な配慮が必要です。

2　倫理観の涵養の必要性

　こうした点も重要ですが、やはり根本的な問題として、コンプライアンス・倫理観の涵養を継続的に行うことが必要です。あわせて、渉外業

務を担当する者への内部牽制に係る意識をどのように教育していくかが鍵になります。

　実際、渉外業務をよくこなす者には「任せておけば大丈夫」いった意識が働き、牽制機能が低下する傾向がみられます。この点は管理する者として留意するべき点だと思います。

（宇佐美豊）

Q104 融資業務における再発防止のポイント

設問
融資業務における不祥事件の再発防止のポイントは何でしょうか。

ポイント
融資業務でよく行われる不祥事件の代表的なものとして「不正融資」「浮貸し」があげられます。これらの再発を支店だけで防ぐことは大変むずかしいことです。本部等が客観的な立場で継続的なモニタリングを行うとともに、本部自らが検査を実施するなどの対応策が必要です。

1 不正融資の手法とその対応策

不正融資については、さまざまな方法があります。顧客と共謀するケースもまれにありますが、その多くは、以下のケースに分類されます。
① まったく架空の人物をつくりあげ、融資金を詐取する。
② 実在する人物の名義を勝手に使用し、融資金を詐取する。
こうした手口は、金融機関の通常の手続を適切に実施すれば防ぐことが可能です。しかし、こうした不祥事件は管理職や支店長自らが行う場合があり、こうした場合見つけ出すことはなかなかむずかしいことです。

では、どういった対応策がとられているのでしょうか。たとえば「確認資料については、コピーは不可」「融資申込み人の住所地への訪問」「これまでまったく使われなかったカードローンが急に残高一杯使われた場合は、その名義人に確認を行う」といった対応がとられています。
　なお、今後は、真正な本人確認資料なのかどうか（偽造免許証等を想定）の確認のため、IT技術を活用することも考えていかなければならないでしょう。

2　浮貸しの手法とその対応策

　また、浮貸しについては、こうした例が典型的なものとしてあげられています――「Aさんはお金の運用に困っていました。Bさんはどこかからお金を借りたいと思っていました。こうした状況を知った金融機関勤務のCさんは業務外でAさんとBさんのお金の仲介を行い、手数料を貰いました」。
　しかし、実際の例はこうしたものはあまり発生していません。そのほとんどは、金融機関の職員が融資案件をうまく処理できなかったり、自分の勝手な判断で顧客に融資が可能といったりしたケースです。その結果、自分の失敗を隠すために他の顧客預金を着服したり、自己資金で立替えを行ったりしているケースです。
　こうした浮貸しの再発防止策としては、
・支店長自ら融資案件の進捗を管理システム等で管理する
・融資係について、1週間ごとにその状況を上司が確認するとともに、実際の書類の授受がどうなっているのか、現物の確認を行う
・本部によるモニタリングの実施（案件の進捗に係るシステムを導入）

といったことが行われています。

　融資業務については、一見適切な手続のようにみせているケースが多く、支店でそういった兆候をとらえたり、発見したりすることはなかなかむずかしいことです。

　こうした点については、本部の融資部門で専門的な観点からモニタリング等を繰り返し行うことが必要でしょう。

（宇佐美豊）

Q105 預金・出納業務における再発防止のポイント

設問

預金・出納業務における不祥事件の再発防止のポイントは何でしょうか。

ポイント 預金・出納業務においては不祥事件はあまり多く発生していません。典型的な不祥事件としては、「税金・年金等の詐取」「大量の硬貨入金時の詐取」があります。こうした事例や類似事例を発生させないためにも、内部牽制を適切に行える環境づくりが必要です。

1 税金・年金等の詐取

　税金・年金等の詐取は、税金・年金等について、全期分納付にいらっしゃった顧客に焦点を当て、全期分の領収書に押印し、顧客には全期分納付したようにみせかけ、実際の納付は一期分のみとして、その差額を詐取するというものです。これは、過去から行われてきており、不祥事件の専門家の間では「古典的手法」といわれているものです。こうした行為を複数のお客さまに対して自転車操業的に行い、発覚しないようにするのです。

・営業場に持ち込むものを制限するあるいは禁止とする。
・窓口担当行職員の手元が写るような監視カメラの設置

第4章　不祥事件の再発防止　495

・税金等の受付票に印字記録を残す。
・地方公共団体等派出業務先と交渉し、派出窓口に監視カメラを設置する。

　やはり、上記のように物理的な牽制機能を何かしら行うことが有効な手段であると考えられます。

　あわせて、担当者を固定化しないことも必要です。

2　大量の硬化を持参されたケース

　次に、顧客がビニール袋などに大量の硬貨を入れて持参するケースです。多くの場合、なかの金額は不明で顧客は「金融機関で数えてください」という気持ちでいらっしゃっています。そのため、被害が発生した場合、被害金額が特定しにくいといわれています。金融機関によっては、こうした場合、お客さまに入金金額を特定してもらわない限り入金をしないケースもあります。

　では、こうしたケースの再発防止策にはどういったものがあるでしょうか。

・入金をする場合には、あらかじめ担当者を決めておき、所定の場所で計算する（計算する場所は、監視カメラで手元が写る場所とする）。
・入金を受け付ける際には、複数名で受け付けることとし、受け付ける際には蓋のあるプラスチック性の容器にその現金を入れ、複数人による封入を行う。

　預金・出納業務の不祥事件は意外と少ないのです。その理由としては、窓口担当者は顧客のほうに視線がいく一方、自分の後ろについては「みえない」が「みられている」という意識があります。こうしたこと

から「だれかにみられているかもしれない」という無意識の意識が働くためということです。

　「だれかにみられているかもしれない」という無意識の意識づけを行うことが必要です。

(宇佐美豊)

Q106 個人情報漏洩・紛失の再発防止のポイント

設問
個人情報の漏洩・紛失による不祥事件の再発防止のポイントは何でしょうか。

ポイント 個人情報の漏洩・紛失の再発防止を図るためには、まず、発生した事故・事件の原因を徹底的に究明しなければなりません。原因分析および再発防止のあり方は、事故者による意図的な行為であるか否かによって異なります。また、単に、発生した事故・事件への個別の対策を講じるだけでなく、日本の組織における情報漏洩事故・事件の発生状況などを参考にしながら、自組織に内在する個人情報漏洩・紛失のリスクを洗い出し、個人情報管理態勢の全般的な見直しにつなげるのが理想的です。

1 金融機関における個人情報漏洩・紛失

個人情報の漏洩・紛失は、すべてが不祥事件に該当するわけではありませんが、大量に流出した場合や、役職員の不正により漏洩した場合などは「その他」の不祥事件として届出が必要となる可能性があります。なお、個人情報については、金融庁が定める「金融分野における個人情報保護に関するガイドライン」により、金融機関は「個人情報の漏えい事案等の事故が発生した場合には、監督当局に直ちに報告すること」が

義務づけられています

　ここでは、まず、情報セキュリティに関する啓発活動などを行っているNPO法人「日本ネットワークセキュリティ協会」が公表した「2014年情報セキュリティインシデントに関する調査報告書」を参考にして、日本の組織で発生している情報漏洩・紛失の動向を概観します。そのうえで、ヒューマンエラーによるものと不正行為によるものに分けて、再発防止のポイントを解説します。

2　日本の組織における情報漏洩・紛失の発生状況

　日本ネットワークセキュリティ協会では、毎年新聞やインターネットニュースなどで報道されたり、ニュースリリースが出されたりした日本の組織における個人情報漏洩インシデントの情報を集計し、その傾向（業種、1件当りの漏洩人数、漏洩原因、漏洩媒体・経路等）を分析・公表しています。2014年版の概要は以下のとおりとなっています（表1、2参照）。

表1　業種別のインシデント件数（上位5業種）

業種	件数	比率(%)
①公務（他に分類されるものを除く）	540	33.9
②金融業、保険業	503	31.6
③教育、学習支援業	190	11.9
④医療、福祉	65	4.1
⑤情報通信業	63	4.0

（出所）　日本ネットワークセキュリティ協会「2014年情報セキュリティインシデントに関する調査報告書～個人情報漏えい編～第1.0版」（2016年7月11日改定）

表2　インシデントの発生原因

原因	件数	比率(%)
①管理ミス（注1）	696	43.7
②誤操作	491	30.9
③紛失・置忘れ	200	12.6
④盗難	47	3.0
⑤不正な情報持ち出し（注2）	44	2.8
⑥不正アクセス	38	2.4
⑦設定ミス	34	2.1
⑧内部犯罪・内部不正行為	20	1.3
⑨その他	21	1.3

（注1）　情報の受渡しや保管の不徹底による誤廃棄や行方不明を指す。
（注2）　業務上の必要性などからルールを逸脱して情報を持ち出した場合などを指す。
（出所）　日本ネットワークセキュリティ協会「2014年情報セキュリティインシデントに関する調査報告書～個人情報漏えい編～第1.0版」（2016年7月11日改定）

・漏洩件数：1,591件（前年比202件増）

・漏洩人数：合計4,999万9,892人（1件当り平均3万2,616人、被害者数不明のインシデントを除く）

　漏洩件数については、新聞やインターネット、ニュースリリースにより報道・公表されたもののみが対象であり、非公表のものを含めた実際の発生件数はさらに多くなると考えられます。

　業種別では「金融業、保険業」が全体の約3割、503件で第2位にランクされている点に留意する必要があります。このことから、金融機関の役職員は「自組織における個人情報漏洩・紛失のリスクは相対的に高い」という認識を新たにし、一人ひとりがインシデントの防止に努めなければなりません。

　原因をみると、①～⑤および⑦についてはヒューマンエラー（不安全

行動を含む)、⑥は外部者による不正行為、⑧は内部者による不正行為に該当します。

3 再発防止のポイント

(1) 個人情報の安全管理措置

　個人情報保護を徹底するために必要な措置には、一般に以下の4つがあります。
① 組織的安全管理措置：個人情報保護に関する組織としての方針・規程、取得から廃棄に至る各管理段階における取扱ルールの整備、責任者の任命等による運用態勢強化、外部委託先管理方針等
② 人的安全管理措置：教育訓練による方針・規程等の周知徹底、役割・責任の明確化、個人情報保護に関する誓約書の取得、遵守状況の確認等
③ 物理的安全管理措置：個人情報が記載・保存された媒体の保管場所の指定・施錠・整理整頓、保存場所への入退室管理、個人情報の持出し制限等
④ 技術的安全管理措置：ITを活用した個人情報利用者の識別・認証、管理区分設定およびアクセス制御、アクセス状況モニタリング、不正アクセスや誤操作を防止する機能の拡充等
　したがって、漏洩事故発生後の再発防止策を検討する場合には、上記4つの管理措置の現状を見直し、不備を浮き彫りにして改善を図るという取組みが基本となります。以下、ヒューマンエラー（不安全行動を含む）と不正行為に分けて、再発防止のポイントを解説します。

(2) ヒューマンエラーによる情報漏洩・紛失の再発防止

日本ネットワークセキュリティ協会の調査結果では、ヒューマンエラーによるインシデントが発生件数全体の9割以上を占めており、個人情報漏洩・紛失対策を強化するうえでは、まずヒューマンエラーの防止をいかに図るかが重要となります。ヒューマンエラーの発生原因についてはQ5において、防止の要点についてはQ8において、それぞれ全般的な解説をしましたが、ここでは、上記調査において示された主な原因別に再発防止のポイントをみてみましょう。

a 管理ミス

この類型の典型例は「店舗移転の際に、金庫に保管してあったはずの顧客元帳が紛失していることが判明」「お客さまや外部委託先との情報の受渡記録が不明確なために、書類が行方不明に」などです。つまり、漏洩・紛失の主たる発生原因が、組織における管理態勢の不備にあるインシデントが該当します。

したがって、管理ミスによるインシデントの再発を防止するためには、個人情報の保管や受渡プロセスに係るルールをより明確にするなど、まずは組織的安全管理措置の不備を改善しなければなりません。そのうえで、研修などの人的安全管理措置を講じて、ルールの周知徹底を図ります。

b 誤操作

誤操作は、事故者個人の不注意やルール軽視によるミスなどが原因で生じるインシデントで、その典型例は、電子メールやファクシミリの誤送信、郵便の誤送付、シュレッダーでの誤廃棄などです。したがって、まずはルールの周知徹底やリスク認識向上などの人的安全管理措置を強化することが再発防止の要点になります。また、物理的安全管理措置に

より、整理整頓の行き届いた職場において落ち着いて郵送作業などができる環境を整えることも重要でしょう。電子メールやファクシミリについては、誤送信防止機能などの技術的安全管理措置を強化すれば、人為的ミスを大幅に減らすことができます。

c　紛失・置忘れ、盗難

これらのインシデントは、基本的に個人情報を外部に持ち出すために発生します。したがって、組織的安全管理措置により「個人情報の持出しはいっさい禁止」のルールを明確化したうえで、物理的安全管理措置（施錠管理や持ち物チェック）、技術的安全管理措置（紙媒体や可搬記憶媒体への個人情報出力不能措置）を駆使して持出しを不可能にすることにより、再発防止を図ることができます。

しかし、それでは実務において多大な非効率や不便が生じますから、実際には、どこまでリスクを許容するかを組織として判断したうえで、人的安全管理措置を通じて、持出しをする者に注意喚起をし続けることが必要となります。

d　不正な情報持ち出し

上記cが、正当な許可を得て持ち出した情報に係るインシデントであるのに対して、この類型は、持ち出しに関するルールを意図的に無視した結果生じるものです。たとえば「週末に自宅で仕事をしたいので、上司に内緒で書類を持ち帰ったところ、帰宅途上で盗難にあった」などの事象が該当します。このようなインシデントは事故者の意図的な行為によって引き起こされますから、再発防止策としては、人的安全管理措置により情報持ち出し制限に関するルールを役職員全員に再徹底し、違反者は厳正に処分することが第一です。加えて、物理的、技術的措置によって、そもそも重要書類を内緒で持ち出せないようにすることも有効ですが、現実には、職員一人ひとりのコンプライアンス意識に依存せざ

をえない面が少なからずあります。

(3) 不正行為による情報漏洩の再発防止

上記調査において、不正行為によるインシデントは発生件数全体の5％に満たないレベルです。しかし、内部者または外部者が悪意をもって情報を盗む行為であるため、1件当りの被害件数が膨大な数にのぼるおそれがあり、情報漏洩リスクは非常に高いといえます。実際に、上記調査では「教育、学習支援業」の外部委託先社員による不正行為1件で4,858万人の個人情報が漏洩したため、漏洩人数ベースでみると「内部犯罪・内部不正」が全体の97.3％を占めるという異常な状況になっています。

a 不正アクセス

これは、外部の第三者が金融機関のネットワークにアクセス制御を破って侵入し、個人情報を盗み出す行為を指し、最近では、標的型メールなどが問題視されています。悪意の第三者は全世界に存在し、常に新手の手法が編み出されますから、完全に防止するのは容易ではありません。不正アクセスによる被害の再発防止には、まず、技術的安全管理措置の向上が求められます。加えて、人的安全管理措置により、役職員に対して不正アクセスの手口や兆候に対する認識を高めさせるとともに、「出所不明な受信メールは絶対に開封しない」「パソコンに異常を感じたら直ちにネットワークから切断してシステム部門に通報する」などの基本動作を徹底することも重要です。

b 内部犯罪・内部不正行為

内部者による不正行為の再発防止策の要点は「不正のトライアングルをつくらせない」管理態勢の構築です。安全管理措置については、物理的および技術的措置により不正の機会を可能な限り低減するとともに、

人的安全管理措置により、不正行為の重大性を認識させ、不正は必ず発覚し厳正に処分されるという意識を喚起して不正の抑止を図ることが必要です。

　なお、外部委託先（再委託先を含む）の従業員による不正行為もこの類型に含まれますが、委託先に対して金融機関が直接チェックやモニタリングをするには限界があります。委託先の選定や監査を厳正に行うなどの対応が求められます。

（甘粕　潔）

金融機関のための不祥事件対策実務必携

平成29年2月16日　第1刷発行

編著者　甘　粕　　　潔
　　　　宇佐美　　　豊
　　　　川　西　拓　人
　　　　吉　田　孝　司
発行者　小　田　　　徹
印刷所　株式会社太平印刷社

〒160-8520　東京都新宿区南元町19
発　行　所　一般社団法人　金融財政事情研究会
　　　　編集部　TEL 03(3355)2251　FAX 03(3357)7416
販　　　売　株式会社　きんざい
　　　　販売受付　TEL 03(3358)2891　FAX 03(3358)0037
　　　　URL http://www.kinzai.jp/

・本書の内容の一部あるいは全部を無断で複写・複製・転訳載すること、および磁気または光記録媒体、コンピュータネットワーク上等へ入力することは、法律で認められた場合を除き、著作者および出版社の権利の侵害となります。
・落丁・乱丁本はお取替えいたします。定価はカバーに表示してあります。

ISBN978-4-322-13034-8